Eef van Opdorp

GEK VAN GELD

Een positieve relatie met geld voor de financiële vrijheid om te leven zoals jij wil

Spectrum

Omslagontwerp: Moker Ontwerp
Foto auteur: Floris van Bergen
Opmaak: Elgraphic

ISBN 978 90 00 37882 1
ISBN 978 90 00 38070 1 (e-book)
NUR 770

Tweede druk, 2022

Spectrum maakt deel uit van Uitgeverij Unieboek | Het Spectrum bv,
Postbus 23202
1100 DS Amsterdam

www.spectrumboeken.nl
www.eefvanopdorp.nl
Spectrum Lifestyle Boeken
spectrumboeken
eef-van-opdorp

INHOUD

INLEIDING

Er zijn honderden boeken geschreven over hoe je in een paar stappen miljonair wordt. En als dat ook jouw doel is, dan is dat prima. Maar dit boek stelt je eerst een vraag: hoeveel heb je per maand nodig om het leven te leiden dat bij jou past? Zodat je geen geldstress hebt en gewoon tevreden bent. Je hebt helemaal geen miljoenen nodig om financieel vrij te zijn. Het gaat er vooral om dat je datgene doet wat belangrijk voor je is. Dat is ware rijkdom.

Geld gaat namelijk helemaal niet over geld. Er zijn rijke mensen die zich rijk voelen, maar er zijn ook rijke mensen die zich arm voelen. Er zijn arme mensen die zich toch rijk voelen en er zijn arme mensen die zich arm voelen. Voor jou ligt de uitdaging in de vraag: welk prijskaartje hangt er aan mijn eigen leven, zodat ik kan doen wat ik graag wil? Zonder me zorgen te hoeven maken. Het bedrag op het prijskaartje is voor iedereen anders. En het is spannend, omdat je prijskaartje vaak gepaard gaat met keuzes maken.

Neem bijvoorbeeld de klusjesman die bij mij de zolder isoleert. Hij werkt 36 uur per week bij een bank en verdient € 3000,- netto per maand. Hij baalt ervan om elke dag weer achter een bureau te zitten (geestdodend, saai en voorspelbaar). Toen hij klein was, droomde hij ervan om timmerman te worden. Maar omdat-ie goed was met cijfers, zit hij nu dus bij een bank. Door een reorganisatie moest-ie ineens aan de slag met een plan B. Wat inhoudt dat hij nu onder werktijd alsnog een klusopleiding doet. Op zaterdag oefent hij, en de klusaanvragen stromen binnen. Hij loopt bij mij door het huis heen en oogt extreem vrolijk. Maar de bank wil 'm nu toch houden. Wat ga je doen, vroeg ik 'm tijdens de koffie. 'Als ik echt een klusbedrijf start, dan weet ik niet zeker of ik dat ga redden. En qua geld verdien ik zeker niet wat ik nu bij de bank verdien.'

Zie hier de impact van geld op zijn leven. Kiest-ie voor klussen, voor minder geld met plezier, of voor de bank, voor meer geld met minder plezier? Hij liep fluitend weer naar boven, maar ik vrees dat-ie alsnog eindigt achter zijn bureau.

Tja, hoeveel heb je nodig om financieel vrij te zijn? Wat zou jij doen? Als je dit boek uit hebt, weet je in ieder geval welk prijskaartje er hoort bij jouw ideale manier van leven en hoe je daar komt.

Als je financieel wilt groeien gaat het totaal niet over cijfers. Het gaat wel over jou, over je geldovertuigingen en de gevoelens die je hebt bij geld. Je komt niet uit de lucht vallen. Wat je van huis uit hebt meegekregen heeft grote invloed op hoe je nu met je geld omgaat. Alleen ben je je daar vaak niet van bewust. Ik weet uit ervaring hoe belangrijk het is dat je goed voor jezelf zorgt. Sterker nog, ik ben ervan overtuigd dat geld een eerste levensbehoefte is. Je hebt het nodig om goed voor jezelf te kunnen zorgen. En omgekeerd: als je géén geld hebt, geeft dat stress en dat beïnvloedt werkelijk alles in je dagelijks leven. Door mijn eigen geldfouten heb ik de sleutel(s) gevonden die beter werken. Het liefst zou ik je willen behoeden voor alle valkuilen waar ik zelf in ben gevallen. Dat gaat natuurlijk niet lukken, want we hebben allemaal recht op onze eigen fouten. Maar ik hoop wel dat jij je iets sneller bewust wordt van je eigen gedrag en de keuzes die je maakt dan ik.

Zogezegd ben ik een prima voorbeeld van 'door schade en schande' wijs worden. Mijn verleden kan ik samenvatten in de volgende missers:

- Ik studeerde in Amsterdam aan de universiteit en was twintig kilo zwaarder dan nu. Die twintig kilo zou je kunnen omrekenen naar glazen bier en vakanties. Dan kom je op een bedrag van € 25.000,-. Dat geld heb ik opgefeest met behulp van mijn studiefinanciering. De lening moest ik na mijn studententijd terugbetalen.

- Na mijn studie begon ik als startende ondernemer met een veel te laag tarief. Daarnaast gaf ik mijn omzetbelasting uit, in plaats van het apart te zetten. Ik liep continu achter de feiten aan en was zo gestrest dat het ten koste ging van de kwaliteit van mijn werk.
- Als ondernemer had ik ook last van een te groot ego. Op aanraden van heren in een pak zette ik een ingewikkelde bv op die ik zelf helemaal niet snapte. Ik luisterde niet naar mijn instinct en had de kleine lettertjes niet goed gelezen. Dat kostte me zeker een paar duizend euro per jaar.
- Ook privé heb ik elke valkuil wel vanbinnen gezien. Ik ben niet één, maar twee keer gescheiden. Daardoor voelde ik me een dubbele mislukkeling. Scheiden is niet alleen emotioneel heftig, het is ook financieel zwaar. Ik hielp mensen in het tv-programma *Uitstel van Executie* terwijl mijn eigen huis onder water stond. Ik keek tegen een restschuld aan van € 40.000,-. Ondertussen viel er een kies uit mijn gebit door de financiële stress en hield ik alle ballen hoog als alleenstaande moeder. (Wat ik dan weer wel goed heb gedaan is keihard blijven werken aan een goede relatie met mijn exen. De beste investering ooit voor mijn kinderen!)

Ik weet nog precies het moment dat ik op een plastic tuinstoel in mijn lege huiskamer zat, zonder bank, tafel en stoelen. Ik dacht: dit is dus het dieptepunt. Lager dan dit kan ik niet vallen en erger dan dit wordt het niet. Nul euro spaargeld op de rekening en ik ben (weer) gescheiden. Mijn perfecte plaatje van huisje-boompje-beestje is volledig mislukt. Ik heb het totaal niet voor elkaar gekregen. En op dat dieptepunt ontmoette ik mijn oerkracht. Die had ik al heel lang niet meer gevoeld. En die zei: 'Je hebt toch jezelf?' Toen kwam er een rust over me heen en ik wist: ik bouw vanaf nul alles weer op. Ik heb mijn kinderen, familie en vrienden. We gaan er een mooi leven van maken. En ik kan wel stellen dat dat tot nu toe heel goed lukt. Alles is beter geworden vanaf het moment dat ik uit mijn plastic tuinstoel stapte.

Zou ik dit alles hebben willen missen? Ja, als die kiespijn, maar nee, ook weer niet. Want juist omdat ik weet hoe het niet moet, weet ik nu ook hoe het wel moet. En het allerbelangrijkste: ik vertrouw weer op mezelf. Ik ben zelf uit het dal geklommen en heb de boel weer opgebouwd. Ik besef sindsdien hoe belangrijk het is om in tegenspoed terug te vallen op een goede geldbasis. Dat je wél een buffer hebt als het tegenzit. Dat is wat dit boek je geeft: kennis over je geldbrein en een nieuwe start. Zodat je voortaan bewustere geldkeuzes maakt die passen bij jou. Van stress naar rust. En als ik het kan, dan kun jij het ook.

Hoe is je relatie met geld?

Als ik je vraag naar woorden die passen bij de vraag 'Hoe ziet voor jou de ideale liefdesrelatie eruit?', dan roep je waarschijnlijk: liefdevol, vol aandacht, veilig zijn, betrouwbaar, goede communicatie, humor, positief en genieten. Het fijne aan een relatie met een mens is dat, als de relatie niet bevalt, je het ook weer kunt uitmaken. Dat geldt niet voor je relatie met geld. Die kun je niet uitmaken, die is er altijd. Dat geldt voor iedereen. Je zit er de rest van je leven aan vast. Je kunt op je klompen aanvoelen dat een positieve relatie met geld je een ander soort werkelijkheid geeft dan een negatieve relatie. Geld heeft impact op alles wat je doet in je leven.

Dus hoe ziet jouw relatie met geld eruit? Behandel je geld met respect, ben je er lief voor, geef je er genoeg aandacht aan, heb je er lol mee en geniet je ervan (net als met een 'echte' relatie)? Als dat zo is, dan zie je dat terug op je bankrekening. Daar staat waarschijnlijk genoeg op. Heb je een slechte relatie met geld, ben je er bang voor en besteed je er te weinig aandacht aan, dan zie je dat terug op je bankrekening. Je merkt het ook aan je lijf en gedachten. Grote kans dat je last hebt van geldstress of geldzorgen.

Een positieve relatie met geld resulteert in een zorgelozer geldleven. En aangezien je voor (bijna) alle leuke dingen in het leven geld nodig hebt, is het wel zo fijn om je zaakjes goed voor elkaar te hebben. Het beste moment om dat te doen, is als er nog geen problemen zijn. De meeste mensen doen het precies andersom. Die gaan eerst keihard op hun gezicht en komen dan pas in actie. Dan komen ze in mijn coachpraktijk terecht met vragen als:

'Waarom heb ik toen toch alle schulden van mijn ex overgenomen?'
'Hoe kan het dat ik bakken met geld verdien, maar het ook zo weer kwijtraak?'
'Waarom red ik de hele wereld behalve mezelf?'
'Waarom vertrouw ik niet op mijn instinct en ben ik nu weer opgelicht?'
'Hoe kom ik van mijn angst voor geld af? Ik heb het goed en toch kan ik er niet van genieten.'
'Waarom spaar ik niet, terwijl ik wel elke dag bang ben voor tegenslag?'

Had ik maar... beter voor mezelf gezorgd, meer gespaard, op mezelf vertrouwd, mijn grenzen aangegeven.

Jij kunt er nu al voor kiezen om jezelf opnieuw uit te vinden. Als je jezelf begrijpt, maak je bewustere keuzes. Je geldbasis begint tussen je oren en niet bij je bankrekening. Het gaat hier wel om jouw euro's. En elke euro is er een. Je leven hangt aan elkaar van kleine keuzemomenten die bij elkaar opgeteld grote impact hebben. Je doet iets wel of je doet iets niet. Of je wordt gek van geld, of je bent gek van geld. Er is geen tussenweg! Aan jou de keuze.

Hoe werkt dit boek?

Het eerste deel van het boek gaat over je binnenkant. Dat wat je niet ziet maar wat er wel voor zorgt dat je geld overhoudt of tekortkomt.

Ik leg je uit hoe je geldbrein werkt. Want de keuzes die je maakt en wat je vervolgens doet, alles begint tussen je oren. Daarnaast ga je terug naar je eigen geldgeschiedenis, overtuigingen en geldpatronen. We zijn allemaal anders, maar als mens hebben we ook een aantal kenmerken en eigenschappen die universeel zijn. Dat zie je terug in de acht geldtypen die iedereen op de wereld in zich heeft. Je hebt de Struisvogel, het Slachtoffer, de Held, de Waaghals, de Sintbernard, de Creatieveling, de Controlfreak en de Magiër.

In Amerika heb ik de opleiding MoneyCoachTherapy gevolgd. De methodieken die ik daar heb geleerd, gebruik ik nu in mijn eigen coachpraktijk. Je leest in verschillende hoofdstukken de verhalen van mijn klanten. Wie weet herken je bepaalde patronen in jezelf, en haal je er inspiratie uit. Om je een idee te geven krijg je als voorproefje het verhaal dat Anoeska me vertelde tijdens haar eerste sessie. Ze gaf aan dat ze niet meer kan genieten en dat haar relatie onder druk staat. Haar dominante geldtype is de Controlfreak. En ja, dat is een probleem... Het beïnvloedt haar hele leven.

Ze kijkt me verbijsterd aan. Nog een laatste poging om de boel onder controle te houden en dan barst ze in tranen uit. 'Ik was negen jaar oud en mijn vader zat in zijn leren stoel. Mijn moeder zat op de bank. Ik kreeg Fanta en dat kreeg ik anders nooit. Mijn vader zei dat er schulden waren. Mijn moeder vertelde dat het huis werd verkocht. O ja, en ze gingen uit elkaar.

De aarde scheurde open en de grond zakte onder me vandaan. Ik was woest vanbinnen. Ik voelde me verraden. Mijn ouders geen geld? Onmogelijk! Mijn ouders zouden ervoor zorgen dat mijn leven goed was, dat alles geregeld was. Maar vanaf dat moment was het onveilig. Ik vertrouwde hen niet meer en de wereld ook niet. Ik heb me nooit gerealiseerd dat dit moment nog zo veel impact heeft op mijn leven nu.' Ze snikt.

Anoeska kreeg vorig jaar een burn-out en kon helemaal niks meer. Daar is ze inmiddels uit en haar werk loopt prima. Ze heeft meer dan €300.000,- op haar rekening staan, maar ze kan er niet van genieten. Ze kan sowieso niet genieten. Ze geeft niks uit als het niet hoeft, ook niet aan een ander. En daar heeft haar vriend genoeg van. Ze heeft geweigerd om postzegels voor hem te kopen. Dit ogenschijnlijke kleinigheidje was voor hem de druppel. De maat was vol. Die extreme zuinigheid beïnvloedde hun hele leven. Hij was het spuugzat. Niet meegaan naar een feestje, omdat je dan een cadeau moet kopen. Liever nog meer werken dan samen iets leuks doen. Niet uit eten gaan, want dat is zonde van het geld. Ze weet dat ze hem kwijtraakt als ze hier niks aan doet. Ze begrijpt maar niet waar haar vrekkigheid vandaan komt. Ze harkt en harkt en harkt als een malloot geld binnen. Ze houdt van haar vriend en toch wil ze hem niks geven.

Waarom doet ze dit en hoe komt ze in hemelsnaam van dit gedrag af? Het antwoord lees je in hoofdstuk 5.

In het tweede deel van het boek ga je aan de slag met je eigen geldzaken. Wie weet heb je het allemaal al hartstikke goed geregeld. Zo niet, dan ontdek je waar je geldlekkages zitten en kun je er wat aan doen. Je krijgt handige tips hoe je de beste deals voor jezelf regelt. Het klinkt misschien wat tuttebellerig, maar overzicht geeft toch echt inzicht. Je gaat hier flink aan de slag met je inkomsten en uitgaven. Dat moet ook wel, want zonder goede basis weet je niet waar je aan toe bent. En dat gun ik je juist wel.

Als beloning voor jezelf sluiten we het boek af met het allerleukste wat er is: plannen maken voor je toekomst. Waar droom je van, wat vind je belangrijk en hoe kom je daar? Het geldplan zorgt ervoor dat je je dromen vertaalt in gelddoelen, zodat je ervoor zorgt dat je dromen ook echt uitkomen. Dat hoeft allemaal niet groots en meeslepend te zijn. Weet wat voor jou genoeg is en dan is het een kwestie van DOEN.

Geniet van je reis!
May the force be with you – Star Wars

HOOFDSTUK 1

BEGRIJP JE GELDBREIN

An interest in the brain requires no justification other than a curiosity to know why we are here, what we are doing here, and where we are going.

– Paul D. MacLean

Niet zo heel lang geleden strompelde ik na een lezing naar huis. Wat deden mijn voeten zeer. Mijn schoenen zaten veel te strak, de hakken waren te hoog en mijn tenen schoten in de kramp. Dat was niet zo vreemd, aangezien ze met geen mogelijkheid in de neus pasten. Ik vroeg mezelf dan ook af: in welke vlaag van verstandsverbijstering heb ik deze schoenen gekocht? Toen ik ze ruim een maand geleden in de winkel zag staan, zaten ze al niet lekker. Maar ja, ze waren wel in de aanbieding, maar liefst 40 procent korting. En al was ik helemaal niet op zoek naar nieuwe schoenen, zo'n kans kon ik niet laten schieten. En wat is nou precies 'te klein'? Ik zou ze vanzelf uitlopen. Het was warm die dag, dus bij kouder weer zouden mijn voeten behoorlijk krimpen. Bovendien was dit echt leer, dat zag je zo. En leer geeft vanzelf mee, na een tijdje. Kwestie van even door de blaren heen lopen. Maar dan heb je ook wat. Superdure leren schoenen voor een schijntje. Daarom vond ik het een heel goed plan om niet één, maar meteen twee paar te kopen. In verschillende kleuren. Altijd handig met het combineren van mijn kleding. En ik was meteen klaar qua schoenen voor de komende twee jaar. Wat was ik toch een mazzelaar. Aan de kassa keek ik de mevrouw glimlachend aan. Zij zag vast ook wel wat voor een slimme koopjesjager ik was.

Hoe kon het in vredesnaam dat ik mezelf, daar in die winkel, zo voor de gek heb gehouden? Dat ik die schoenen ter plekke groter heb zitten denken en mijn voeten kleiner? Dat ik ook nog eens *twee* paar kocht, die ik never nooit meer aan ga doen? En erger nog, ik had ze helemaal niet nodig! Ik heb al meer dan genoeg schoenen. Dit was dus zeker geen briljante aankoop of superdeal. Dit was een ordinaire miskoop. Ik heb ruim tweehonderd euro de sloot in gegooid. Waar was mijn verstand gebleven?

Vraag jij je ook weleens af waarom je iets koopt wat je niet nodig hebt? Waarom je vol overtuiging iets koopt waar je later spijt van hebt? Wees niet te hard voor jezelf. Het is allemaal te verklaren vanuit de werking van je brein. De meeste koopbeslissingen neem je volautomatisch en onbewust. Als je bewustere keuzes wilt maken in je geldzaken, dan is het wel zo handig dat je weet hoe je geldbrein werkt. Dit hele boek gaat over jezelf begrijpen, zodat je je eigen brein te slim af bent. Minder aankopen op instinct en meer nadenken.

Niet één maar drie breinen

Het begint allemaal in ons hoofd. Onze hersenen bestaan uit verschillende delen die elk hun eigen karakter hebben. We hebben eigenlijk niet één brein, het zijn er maar liefst drie. En afhankelijk van welk brein er bij jou aanstaat koop je iets wel of koop je iets niet. Als je gaat begrijpen en voelen wanneer je koopknop wordt ingedrukt, kun je bewuster kiezen waar je je euro's aan uitgeeft. Of juist níét aan uitgeeft. Want niet uitgeven is net zo goed een keuze.

In de jaren negentig heeft onderzoeker, fysicus en neurowetenschapper Paul MacLean een breinmodel uitgedacht. In zijn boek *The Triune Brain in Evolution* (1990) legt hij op een praktische manier uit wat er allemaal in ons hoofd gebeurt. Het komt erop neer dat ons brein zich in miljoenen jaren tijd heeft geëvolueerd tot drie breinen. Elk brein heeft een eigen taak en eigenschappen.

Ons oudste brein, dat vooral bestaat uit de hersenstam, is het reptielenbrein. Dit brein is zo'n 500 miljoen jaar oud en heeft maar één doel: overleven. Daaromheen groeide vervolgens ons emotionele brein, dat ervoor zorgt dat we ons sociaal gedragen en dat we ervaringen onthouden en ervan leren. Ons allerjongste brein is het denkende brein. Dit gebruik je om na te denken, je impulsen te beheersen en te leren.

Je kunt de verdeling van de drie breinen visualiseren door een vuist te maken met je hand. Je pols staat voor je reptielenbrein. Het is de hersenstam die vastzit aan je ruggenmerg. Je handpalm kun je zien als je emotionele brein. En de vingers die daar als een soort overkapping overheen liggen staan voor het denkende brein. Dat is je allernieuwste deel, de grijze massa die verdeeld is in een linker- en rechterhersenhelft. Dit deel denkt na en maakt bewuste doordachte keuzes. Hoe dieper of lager je gaat in het brein, hoe meer je 'wordt geleefd' door automatisch onbewust gedrag. Dus ben jij baas in je eigen brein? Nee, 95 procent van ons gedrag gebeurt doorgaans onbewust. Kun jij meer baas worden in je eigen brein? Jazeker, als je meer tijd doorbrengt in je denkende brein, de prefrontale cortex.

Je gebruikt vaak je 'lagere breinen'. Zodra er een dreiging is volgt er een reflex: vechten, vluchten of bevriezen. Als je uit je ooghoek ineens iets ziet en je springt weg, dan is dat goed. Anders lag je onder een auto. Als je 's nachts wakker wordt van brandlucht is het goed om uit je bed te springen. Als er iemand op je af komt lopen, 's avonds in het donker, dan is het slim om je om te draaien en weg te rennen. Maar er zijn ook een heleboel situaties in je leven waarin het helemaal niet prettig of zinvol is om in je overlevingsmodus te blijven hangen. Dan is het zaak om je denkende brein aan te zetten. Om de situatie vanuit verschillende hoeken van een afstandje te bekijken. Om zelf datgene waar je zo sterk op reageert te bezien. Om daarover na te denken en op basis van je instinct, gevoel én gedachten een keuze te maken hoe je ermee omgaat. We gaan per brein kijken wat de functie ervan is en waar dat brein behoefte aan heeft.

Waar	Reptielenbrein (25%)	Emotionele brein (70%)	Denkende brein (5%)
Hoofdvraag	**BEN IK VEILIG?**	**BEN IK GELIEFD?**	**WAT KAN IK LEREN?**
Fysiek	Hersenstam en cerebellum	Limbisch systeem	Neocortex
Doel	Overleven en voortplanten	Overleven en voortplanten	Leren en anticiperen
Wat	Ademen, hartslag, doorbloeding, lichaams-temperatuur, slapen	Alarmcentrale: pijn vermijden	Logisch nadenken
Hoe	Seks, eten en drinken, genot boven pijn	Opslagplaats informatie Emotie-herinneringen / ervaringen	Abstraheren, plannen, organiseren, fantaseren, problemen oplossen
Reactie	Vechten, vluchten of bevriezen	Vechten, vluchten of bevriezen	Nadenken, terugkijken en vooruitkijken
	Onbewust Automatische piloot	Onbewust Automatische piloot	Bewust
	Impulsief/reactief	Impulsief/reactief	Impulsbeheersing proactief
Termijn	Hier en nu	Hier en nu	Verleden, heden, toekomst
	Kortetermijnkeuzes	Kortetermijnkeuzes	Langetermijnkeuzes
Context	'Zijn'	Erbij horen, sociale binding, gewoonten	Identiteit en aanpassings-vermogen

Wat gebeurt er in ons hoofd, en waarom doen we wat we doen? Als je begrijpt hoe je breinen werken, kun je beter kiezen welk brein belangrijke beslissingen mag nemen. In de dagelijkse praktijk denken we hier bijna niet over na. We worden vooral gestuurd door ons onderbewuste. Een bekende vergelijking is die met de ijsberg in het water. Die staat symbool voor het feit dat 95 procent van alles wat we de hele dag doen onbewust gebeurt. Oftewel, het speelt zich 'onder water' af. Het enige wat boven het water zichtbaar is, is het topje van de ijsberg. Dat staat voor ons bewuste gedrag, en dat is maar 5 procent! Dat is exact dat gedeelte waar ouders altijd op hameren als ze tegen hun kinderen zeggen: 'Eerst denken, dan doen!' Maar helaas... niets menselijks is ons vreemd. Wij zijn vooralsnog heel goed in eerst doen en dan denken. We komen vaak niet verder dan doen en voelen. We leven dan op de automatische piloot.

Als je bewustere keuzes wilt maken, dan moet je meer tijd doorbrengen in je allerjongste brein: je denkende brein. Het tegenstrijdige is dat je dan wel éérst de behoeftes van je andere twee breinen bevredigd moet hebben. Nadenken kunnen we alleen als we ons veilig voelen in ons lijf en in ons hoofd. Het is niet óf mediteren óf rationaliseren, het is niet óf sporten óf therapie, het is niet óf voelen óf nadenken – het is én én. Als je voor jezelf snapt hoe je reageert in een bedreigende situatie, dan kun je beter kiezen hoe je ermee omgaat. Ga je meteen doen (reactief) of denk je er eerst over na?

Per brein bekijken we samen waar het voor dient en waar het behoefte aan heeft. Welk brein bij jou de overhand heeft, is van invloed op je geldzaken. Vaak rood staan is bijvoorbeeld typisch reptielengedrag. Merkkleding kopen is gestuurd door je emotionele brein, omdat je graag bij de groep wilt horen. Als je een lekkere spaarbuffer hebt, dan is je denkende brein actief geweest. Schiet je in de stress van geld, dan zul je aan de slag moeten met je reptielen- en je emotionele brein.

Het reptielenbrein: ben ik wel veilig?

Dit deel van het brein gaat over de basisfuncties om te overleven. Zorgen voor een hartslag, het reguleren van je lichaamstemperatuur, ademhalen, slapen, eten en drinken. Alles wat hier gebeurt is instinctief, volautomatisch en gaat vliegensvlug. Het hoofddoel is overleven. Daarom is er een continue focus op gevaar. Is er gevaar, dan kiest dit brein voor vechten, bevriezen of vluchten. Een reptiel is koelbloedig en dat is dit brein ook. Er is hier geen hoge aaibaarheidsfactor. Denk maar aan een leguaan of een krab. Die zijn niet echt knuffelbaar. Een reptiel is niet bezig met persoonlijke relaties en sociaal doen. Bij dit brein draait alles om zelfbehoud. Het leeft in het nu en kijkt niet naar het verleden of de toekomst. Het leert ook niet van fouten, het 'is' er gewoon. Het reptielenbrein is totaal niet bezig met succesvol zijn, ambities of jezelf uitdagen. Het draait hier puur en alleen om overleven en voortplanten. Seks, drugs en rock & roll. Een gokverslaving, of te veel eten of drinken, het 'huist' allemaal in dit hersengebied. Het gaat er hier primair, impulsief, reactief en onbewust aan toe. Je denkt niet de hele dag na over je lichaamstemperatuur en als je bijna wordt platgereden door een auto, ga je waarschijnlijk schelden. Allemaal reptielengedrag. Dit deel van het brein is *wired to desire*. Als er gekozen moet worden tussen plezier en pijn, dan wint plezier het altijd. Overleven, plezier, genieten en een quick fix zijn hier het devies.

De basisbehoefte van je reptielenbrein is veiligheid. Op elke situatie die zich voordoet volgt een eenvoudig selectieproces in het reptielenbrein: is dit een bedreiging of is dit oké? Als je je veilig voelt, dan ben je niet bezig met overleven, maar voel je je vredig. Maar zodra je je zorgen maakt over geld, schiet je brein in angst en daarmee in de 'overlevingsstand'. Het is onveilig, dus de primaire reactie is vechten, bevriezen of vluchten. Vanuit het perspectief van het reptielenbrein gaat geld daadwerkelijk om overleven. Geen geld betekent namelijk: geen dak boven je hoofd, geen eten, geen bescherming, geen partner, geen voortplanting en uiteindelijk de dood. Op onbewust niveau denkt je brein bij geldtekort: dit overleef ik niet. Er is doodsangst aan de gang. Dit is de reden dat geldstress zo heftig is. Het knaagt aan ons overlevingsinstinct, het maakt ons bang. Dit is waarom mensen met geldstress vaak bozer zijn dan normaal, in huilen uitbarsten of juist verstarren en helemaal niks meer doen.

Typisch reptielengedrag

- Veel spullen kopen om je veilig te voelen. Van iets kopen krijg je een instant goed gevoel. Daarnaast koop je voor jezelf schijnveiligheid. Denk maar aan de holbewoners: hoe meer spullen in de opslag, hoe beter. Altijd handig voor later.
- Online shoppen en pas later betalen. Er is alleen het nu, de toekomst bestaat niet.
- Impulsaankopen doen bij de kassa. *Wired to desire*. Lang leve genieten, en het liefst nu. Het reptielenbrein is gevoelig voor visuele prikkels. Dus als je iets lekkers ziet, dan wil je het hebben.
- Online gokken of krasloten kopen aan de kassa. Nu genieten van de kick van een kans op miljonairschap. Snel geld en nooit meer werken. Briljant plan, volgens het reptielenbrein.

Het emotionele brein: hou van mij

Het hoofddoel van het emotionele brein is erbij horen en voortplanten. In dit deel van het brein is het limbisch systeem aan het werk. Het limbisch systeem houdt zich bezig met de verwerking van onze emoties, geheugen en motivatie. Het bestaat uit meerdere delen, waaronder:

De hippocampus oftewel de harde schijf van je hersenen. Zie het maar als een enorme opslagplaats van al je kennis en herinneringen uit je korte- en langetermijngeheugen.
De amygdala is je persoonlijke alarmcentrale. Als deze afgaat voel je veelal angst, paniek, boosheid of agressie. Hier wordt informatie gekoppeld aan een emotie. Een blauwe brief van de Belastingdienst kan ervoor zorgen dat de alarmcentrale aan gaat. Net als bij het reptielenbrein resulteert dit in vechten, bevriezen of vluchten.
De thalamus is het controlecentrum van onze hersenen. Hier wordt alle zintuiglijke informatie – dus dat wat we zien, horen, voelen en proeven (ruiken zit in een ander gebied) – verwerkt. De thalamus beslist dan vliegensvlug: is deze informatie belangrijk of onbelang-

rijk? En vertelt je vervolgens hoe je je voelt over die informatie.
De hypothalamus is de elektriciteitscentrale van je binnenkant. De hypothalamus heeft controle over je hormoonstelsel en geeft een seintje als je moet eten of drinken of als je een jas aan moet trekken als het koud wordt.

Ik spreek hier van het emotionele brein omdat in dit hersengebied je emoties zijn opgeslagen. Het emotionele brein zorgt ervoor dat we gebeurtenissen onthouden, zodat we ervan leren. Op basis van onze ervaringen kunnen we een nieuwe situatie herhalen of vermijden. Juist emoties die je vaak onbewust hebt gekoppeld aan geld, hebben een enorme impact op je relatie met geld en daarmee je geldgedrag. Als je bang bent voor geld (bevriezen of vluchten) handel je anders dan wanneer je juist vertrouwen hebt in geld.

Het emotionele brein wil niets liever dan het reptielenbrein van dienst zijn. Daarom gaat ook hier plezier boven pijn. De strategie luidt dat je pijn moet vermijden, dus zo min mogelijk angst, verdriet en frustratie hebben. Dit brein wil wel graag knuffelen en gezelschap. Het wil bij de groep horen, verbinding voelen en liefde ervaren. Bij de groep horen is sowieso van levensbelang. Denk maar terug aan de holbewoners. Je kon alleen maar overleven in groepsverband. Als je daar uit de groep werd gezet, dan was het einde verhaal.

Bij jongeren zie je dat het emotionele brein zeer gevoelig en actief is. Als er op TikTok een coole trui voorbijkomt, dan wil je die hebben. Want als je die trui niet hebt, dan lig je uit de groep. De gedachtegang is: als ik buiten de groep val, dan overleef ik het niet. Dan ga ik dood. Dit gebeurt allemaal onbewust, maar we willen dus wel die trui kopen...

Hetzelfde mechanisme herken je bij het fenomeen 'ik wil wat de buren hebben'. De buren hebben een nieuwe auto, die moet ik ook. Stel je voor dat ik als enige in de buurt geen nieuwe auto heb, dan lig ik eruit. Je emotionele brein ziet de bui al hangen, dan ga je dood en zit voortplanting er sowieso niet meer in. Dus koop je ook een nieuwe auto.

Een belangrijke functie van je emotionele brein is het opslaan van ervaringen zodat je ervan kunt leren. Alles wat je in je jeugd hebt meegemaakt, de lessen die je hebt geleerd, vind je hier. Ook de opvattingen die je van je ouders hebt meegekregen zijn hier opgeslagen. De invloed van deze herinneringen is groot. Hoe heftiger de gebeurtenis, hoe meer emotie eraan is gekoppeld. Je weet bijvoorbeeld nog dat je op je negende 50 euro kreeg van je oma. Die herinnering heeft dan een positieve emotionele lading. Of roep bij jezelf het gevoel op van toen je voor het eerst je eigen loon op je bankrekening kreeg. Herinneringen met een negatief geladen emotie zijn er ook, maar daar ben je je vaak niet van bewust. Toch sturen ervaringen van vroeger vaak je leven van nu. Zo kan het zijn dat je bang bent voor geld omdat je uit een gezin komt waar altijd werd gezegd dat er niet genoeg was. Dat gevoel van 'niet genoeg hebben' hoeft in werkelijkheid helemaal niet zo te zijn. Maar toch draag je het met je mee. Tot het moment dat je je ervan bewust wordt en kunt kiezen of dat gevoel nog wel bij je situatie nu past. Een ander voorbeeld is dat je een hekel hebt aan geld. Dat kan veroorzaakt zijn doordat je ouders na de scheiding continu ruziemaakten over de alimentatie. Je hebt als kind alles gehoord. Ook al ben je nu 42 jaar, je associeert geld met pijn en verdriet en een gevoel dat je niets waard bent.

Als je vastzit in je emotionele brein, dan maak je steeds weer keuzes op basis van je instinct en emoties. Je bent dan reactief. Je reageert onbewust en daarmee vaak vanuit boosheid, angst, verdriet of zorgen op een situatie. Stel, je bent opgegroeid in een onveilige thuissituatie. Je moeder was niet in beeld en je vader had continu schulden. Je krijgt een blauwe envelop in de bus van de Belastingdienst. Ook al is er bij jou niets aan de hand, de kans is groot dat er onbewust allerlei alarmbellen afgaan. Die blauwe envelop staat voor de niet benoemde benauwdheid in de lucht van vroeger. De gespannen sfeer die wekenlang kon aanhouden. Het gevoel van op je tenen lopen om te zorgen dat er niet nog meer onheil zou komen. De situatie waar je nu in zit is onschuldig. De blauwe envelop ging over een adreswijziging. Maar je instinctieve en emotionele brein zeggen iets anders. Je raakt in paniek en voelt je slecht.

Net als bij het reptielenbrein reageert het emotionele brein met vechten, bevriezen of vluchten. Stress belemmert je denkvermogen en daarmee de mogelijkheden om problemen op te lossen. In het boek *Schaarste* (2013) hebben Mullainathan en Shafir onderzoek gedaan naar het gedrag van mensen die langdurig in de schulden zitten. Daaruit blijkt dat je reptielenbrein en je emotionele brein het volledig overnemen. Door de stressreactie worden mensen boos, gefrustreerd, overmand door zorgen of futloos. Hun IQ daalt gemiddeld met 15 punten. Er is sprake van een tunnelvisie, waardoor je niet op de lange termijn kunt denken en alleen focust op dagelijks overleven. Je voelt je niet veilig en steeds meer alleen. Het feit dat je in Nederland, met behulp van schuldhulpverlening, na drie jaar ook weer met een schone lei kunt beginnen, dringt dan niet door. Je ziet het grotere plaatje niet meer. Je kunt niet relativeren en ervan uitgaan dat de situatie niet eeuwig duurt omdat je vastzit in je reptielen- en emotionele brein.

Typisch emotionele brein-gedrag

- Al mijn vriendinnen gaan op vakantie. Ik heb er geen geld voor, maar ik ga toch mee. Anders val ik buiten de groep. Dan maar lenen, terwijl ik daardoor dieper in de problemen kom.
- Nieuwe tv kopen net voor het EK of WK voetbal. Dat doet iedereen, dus ik ook. Dan hoor ik er weer helemaal bij.
- Ik heb een rotdag, tijd voor een nieuwe garderobe. Spullen geven me een goed gevoel.
- Ik werk me nog liever dood dan dat ik minder ga werken. Ik moet wel, want mijn ouders gingen vroeger bijna failliet. Het kan zomaar allemaal weg zijn.

Het denkende brein: wat kan ik leren?

We maken continu keuzes op basis van ons instinct en onze emoties. Ik gun je dat je meer tijd doorbrengt in je denkende brein. Dat brein heb je namelijk niet voor niets. Het kan logisch denken, analyseren, problemen oplossen, plannen maken, keuzes maken, terugkijken en vooruitkijken. We kunnen onszelf beoordelen en analyseren en we hebben het vermogen om voor gepast gedrag te kiezen. We kunnen doelen stellen en onze impulsen remmen. Dit is het deel van het brein dat niet meteen in slaap valt bij het woord 'pensioen' en snapt dat het handig is om dat juist voor de lange termijn wel goed te regelen.

Je kunt wat vaker een pas op de plaats maken en even rust nemen als je stress voelt. Dan gaat vanzelf de deur naar je denkende brein open. Je kunt bij jezelf merken dat de twee 'lagere breinen' aan de gang zijn geweest als je vaak spijt hebt van dingen die je hebt gedaan. Het denkende brein is er zodat je kunt reflecteren op een situatie, zodat je het in het vervolg anders kunt doen. En juist dat is hetgeen dat ons anders maakt dan alle andere dieren (behalve dolfijnen en bepaalde chimpansees). Wij mensen kunnen *na*denken en *vooruit*denken.

Je denkende brein observeert eerst voordat het handelt. Het gaat erom dat je jezelf van de automatische piloot af haalt en zelf gaat sturen. Door zelfsturing kies je bewust voor een samenwerking tussen je instinct, je gevoel en je verstand. Het reptielenbrein wil veilig zijn, het emotionele brein wil verbinding en nabijheid, het denkende brein wil leren en bewuste keuzes maken.

Typisch denkende brein-gedrag

- Eens even uitrekenen hoeveel ik per maand moet sparen om over drie jaar een wereldreis te maken.
- Dank je wel voor de aanbieding, maar ik denk er toch nog even over na.
- Als ik een eigen bedrijf wil starten, moet ik eerst uitrekenen hoeveel omzet ik moet draaien om mezelf elke maand 'loon' uit te betalen.

Drie jaar geleden mocht ik mezelf 'bijsturen'. Het was keihard werken om al mijn breinen te gebruiken. Ik moest wel aan de bak, want mijn werk hing ervan af. Ik werd verrast door het leven en kwam ongevraagd in mijn eigen 'Dela- situatie' terecht.

Het was bloedheet die dag en ik zat achter in de bus. Ik was op weg naar de crematie van de vader van een vriendin. Ik had het warm, was moe en had al wekenlang hard gewerkt. Ik was mijn brood vergeten en kon alleen een zachte, oude appel in mijn tas vinden. Die at ik op en terwijl ik uit de bus stapte dacht ik nog dat ik daar verder helemaal niemand kende. Ik kwam het gebouw binnen en de tegels lagen schuin. Daar maakte ik me druk over, want waarom leg je tegels schuin als je ze ook recht kan leggen?! Dat oogt veel rustiger. Ik nam een kop koffie en haakte aan bij een oude bekende. De koffie was bitter en ineens kreeg ik het heel warm. Mijn hart begon te kloppen. Ik voelde me duizelig en ik moest slikken. Ik begon te zweten en ik dacht: hoe hoog zijn mijn hakken? Ik stort hier dadelijk neer op die lelijke schuine vloer en dan... Op dat moment kwam er een vrouw naar me toe die vroeg: 'Gaat het wel met u? U bent lijkbleek, ga maar even zitten.' Ik had geen enkele ervaring met dit soort gedoe. Ik was nog nooit flauwgevallen en ik raakte een beetje in paniek. Ik was bang, maar dacht ook: te weinig gegeten en een lage suikerspiegel, dus eten erin, probleem opgelost. Een aardige Dela-mevrouw kwam met een rol Mentos Fruit en een broodje kaas. De deuren werden geopend en de dienst kon beginnen.

Behalve voor mij, want ik lag inmiddels op een bankje in dezelfde aula waar ik was begonnen. Mijn hart ging tekeer en ik was wazig in mijn hoofd. Inmiddels was ik ervan overtuigd dat ik een TIA *kreeg. De doktersassistent die ik aan de lijn had, dacht daar toch echt anders over. Bel over een kwartiertje maar terug als het niet beter gaat. En ja hoor, na een kwartier ging het beter. De crematie had ik jammer genoeg gemist, maar mijn Dela-moment had wel grote impact. Het was onder mijn huid gekropen. Steeds als ik in een situatie kwam met veel mensen, kreeg ik het warm en voelde ik mijn hart pompen. Stond ik in een volle trein, dan dacht ik: wat als ik hier neerval? Was er een feestje, dan keek ik naar de vloer. Is die hard of zacht, en wie vangt mij op? Ik was me superbewust van mijn lijf en raakte steeds sneller in paniek bij elke kleine verandering. Ik begon me ervan bewust te worden dat dit een soort vlek-op-vlek-*

reactie begon te worden. En niet onbelangrijk: dit ‘geDela’ had ook invloed op mijn werk. Dat bestaat namelijk uit praten voor grote groepen mensen op een podium... Ik verdien mijn boterham met het geven van lezingen, mijn geld dus. Maar ja, ik kan toch moeilijk tegen de vlakte gaan of doodgaan met al die mensen voor mijn neus?

Mijn reptielenbrein en emotionele brein vonden het daarom een goed plan dat ik zou stoppen met mijn werk. Als ik daarnaar geluisterd had (het voelde als een opluchting en een goed besluit), dan was ik nu geen ondernemer meer. Dan was mijn wereld kleiner geworden en mijn angst groter. Mijn paniekreactie zou ik hiermee niet oplossen. De angst die in mij was gekropen zou wel weer een andere route vinden om mij te beperken. Ik moest een andere manier vinden om hiermee om te gaan. Om dit monster van angst dat steeds groter groeide te temmen. Het is me gelukt door mijn breinen te koppelen. Ik ben van huis uit een straatvechter, dus ik laat me niet kleinmaken door angst, ik kijk het monster recht in ‘de bek’. Daarnaast houd ik van de Stoïcijnen. Die oude Grieken waren gespecialiseerd in omgaan met tegenslag en stellen de goede vraag: waar heb je wel invloed op en waar heb je geen invloed op? En ga vooral uit van het ergste scenario, dan kan het daarna alleen nog maar meevallen.

Ik begon met een gedachtespel:

Stel dat ik flauwval in de trein, ga ik dan dood? (Als dat zo is, dan merk ik het zelf toch niet meer.)

Het is waarschijnlijker dat iemand me helpt en ik weer bijkom.

Stel dat ik flauwval op het podium? Ga ik dan dood? Kleine kans.

Is het vervelend voor het publiek? Ja. Helpen ze me? Ja.

Stel dat ik wel een hersenbloeding krijg...

Dit hele proces voltrok zich onzichtbaar in mijn hoofd als tegenreactie op mijn fysieke angst. Wat ik deed was mijn grootste angsten onder ogen komen. Word ik ziek, ga ik dood, eindig ik hulpeloos en alleen? Ik kwam tot de conclusie dat ik daar niet over ga. Ik heb er geen invloed op. Ik ga niet over de ziektes die ik krijg en ik ga niet over het moment waarop ik doodga.

Er viel een last van mijn schouders. Dit besef gaf me enorme rust. Ik kon mijn angst loslaten omdat ik had bedacht dat het niet meer mijn pakkie-an was. Ik had wél invloed op mijn leven en hoe ik met mijn Dela-moment omging.

Ik had zeker de eerste paar keer bij een lezing nog last van paniek. Maar dat had ik ingecalculeerd en ik had mezelf een ademhalingstechniek aangeleerd die ik op elk moment kon doen zonder dat iemand het zag. Dat werkte prima. Inmiddels ben ik drie jaar verder en heb ik nergens meer last van.

Maar hoe was mijn leven gelopen als ik alleen maar had geluisterd naar mijn instinct en gevoel? Dan was ik gevlucht en had ik een baan in loondienst. Misschien wel in een kantoortuin (mijn grootste nachtmerrie). En het ergste: dan had ik het monster alsnog moeten verslaan.

Dit is natuurlijk mijn manier van omgaan met stressvolle situaties. Er zijn nog veel meer wegen die naar Rome leiden. Het gaat erom dat als je het moeilijk hebt, je dan niet alleen luistert naar je reptielen- en emotionele brein, maar dat je ook je denkende brein meeneemt in het verhaal. De lagere breinen willen overleven, maar met je denkende brein erbij kun je léven. Neem geen grote beslissingen alleen op basis van emoties.

De coachpraktijk

Je hoofd zit je vaker in de weg dan je denkt. Ons instinct, onze emoties en gedachten wonen allemaal in onze bovenkamer, maar werken niet altijd goed samen. Als dat gebeurt kun je daar flink last van krijgen. Dat was het geval toen Bernd aanklopte bij mijn coachpraktijk. Het is een stoere vent. Gespierd, tattoos, mooie tanden en van die echte werkhanden. Hij is wat mij betreft de vervolmaking van ruwe bolster blanke pit. Hij heeft een aannemersbedrijf, maar hij is het overzicht kwijt. Hij heeft geen idee hoe het er financieel voor staat. En hij heeft steeds minder vertrouwen in het fenomeen geld. 'Elke keer als ik goed geld heb verdiend, gebeurt er wel iets waardoor ik het weer kwijtraak. Ik word er helemaal gestoord van, want waar werk ik dan nog voor? Ik word steeds teruggetrokken door een onzichtbare hand. Dan zit ik weer met een financiële tegenvaller waar ik niet op had gerekend. Blijkbaar doe ik iets niet goed, maar ik weet niet wat, en ik wil vooruit.' We gaan samen aan de slag en kijken terug naar zijn jeugd.

Ik was een lastig mannetje, ik sloeg er meteen op. Ik heb nog steeds een kort lontje trouwens. Ik weet niet precies waarom, maar ik had geen echte vrienden. Ik hoorde er niet bij. Ze vonden me denk ik te druk en irritant. Op mijn vijftiende werd ik van school gestuurd. Ik ging werken en uiteindelijk verdiende ik op mijn achttiende bakken met geld. Echt duizenden euro's. Ik had van mijn ouders niet echt meegekregen hoe ik met al dat geld om moest gaan. Ik had geen idee hoe ik sowieso met alle geldzaken om moest gaan. Ik woonde nog thuis en ik ging veel naar de kroeg. Daar was ik helemaal het mannetje. Ik gaf iedereen rondjes. Als ik er nu op terugkijk was ik degene die steeds betaalde, ik kocht vrienden en ik kreeg er bijna niks voor terug. Die zogenaamde vrienden, die heb ik nooit meer gezien. Als ik het omreken dan heb ik in die drie jaar ongeveer voor €40.000,- aan rondjes weggegeven.

Zie hier het resultaat van de wisselwerking tussen twee verschillende delen van ons brein. Ons reptielenbrein wil overleven en ons emotionele brein wil er graag bij horen. Want als je uit de groep wordt gegooid eindig je alleen en ga je dood. Alleen gold dat voor holbewoners, en dat zijn we nu niet meer. Maar zo gedragen we ons vaak wel. We reageren nog steeds primair, emotioneel en onbewust.

Bernd heeft nu trouwens wel vrienden om zich heen, en meer zelfvertrouwen. Want ook al heeft hij zijn school niet afgemaakt, hij is extreem slim (dat zie ik vaker bij drop-outs). Zijn vechtersmentaliteit gebruikt hij nu in zijn voordeel. Zijn bedrijf draait inmiddels een topomzet. En dat is allemaal begonnen toen hij zijn geldovertuigingen veranderde en meer gebruikmaakte van zijn denkende brein. Zijn nieuwe 'probleem' is veel leuker: financieel leiderschap in zijn bedrijf voor de lange termijn. Want deze ruwe bolster heeft inmiddels twaalf man in dienst.

Sandra heeft mijn hulp ingeschakeld omdat ze het idee heeft dat haar verleden haar in de weg zit. Ze heeft het gevoel dat er een zwaard van Damocles boven haar hoofd hangt. Dat binnenkort het noodlot aanklopt. Ze maakt zich zorgen over geld en ze is ontevreden over zichzelf en hoe ze haar werk doet. Tien jaar geleden heeft ze flink in de schulden gezeten en dat wil ze nooit meer meemaken. Tijdens een sessie vertelt ze terloops dat ze een rare ruzie kreeg met haar vriend. We ontrafelden wat er nou eigenlijk echt was gebeurd.

Die ochtend viel er een blauwe envelop van de Belastingdienst in de bus. Ik kreeg er hartkloppingen van en mijn keel werd dichtgeknepen. Ik raakte in de stress. Dat gevoel van machteloosheid van tien jaar geleden was helemaal terug. Ik voelde me slecht en zat binnen een seconde in mijn oude leven. Ik had weer schulden terwijl dat hier en nu niet zo is. Ik heb mijn geldzaken goed voor elkaar en een prima baan. Maar ik was zo bang voor die brief. En op dat moment kwam mijn partner binnen en die vraagt: 'Schat, zullen we vanavond lekker uit eten gaan?'

Normaal gesproken reageer ik enthousiast. Want het is toch lief dat-ie na vijf jaar nog steeds zin heeft om met mij aan een tafeltje te zitten. Maar op dit moment dacht ik alleen maar: IK WIL NOOIT MEER IN DE SCHULDEN. *Dus het voorstel om uit eten te gaan viel volledig verkeerd. 'Dit is wel het meest belachelijke idee ooit,' zei ik. 'Wat denk je wel niet? Dat alles zomaar kan? Twee weken geleden heb je ook al een horloge gekocht. En straks staat het huis onder water, en wie heeft er dan een restschuld? Nou, wie? Juist, ik. En dan mag ik het weer oplossen. Niks uit eten. Vissticks en erwten uit blik.' Mijn vriend keek mij verbaasd aan en snapte er helemaal niks van. Vond het maar een rare ruzie.*

Dit is nou een mooi voorbeeld van onbewust irrationeel gedrag. Het reptielenbrein wil veilig zijn, en hartkloppingen krijgen betekent dat er iets ergs aan de hand is. Het emotionele brein, dat zich de stress van vroeger nog herinnert, drukt op de alarmknop. En daardoor reageer je in deze situatie irrationeel. Je schiet in de overlevingsstand en kiest ervoor om te vechten (ruziemaken). Nogmaals, dit gebeurt allemaal onbewust. Als je niet begrijpt wat hier gebeurt, dan krijg je een nog grotere ruzie over alles wat hij zomaar heeft gekocht het laatste jaar. Ook al heeft-ie dat van zijn eigen geld betaald, dat doet er niet toe. Je onderbewuste wil veilig zijn. Hoe fijn zou het zijn als je zou afkoelen en zou snappen waarom je zo heftig reageert. De blauwe brief van vandaag roept oude paniek op, en daar handel je in het nu naar. Als je daarover nadenkt begrijp je je eigen niet-logische gedrag beter. Je hoeft dan geen ruzie te maken. Je kunt een stap terug doen en kijken naar je eigen situatie. Heb ik een baan? Ja. Heb ik schulden? Nee. Ben ik veilig? Ja.

Tim is dertig jaar, installateur, single. Zijn probleem is dat hij dolgraag meer geld wil verdienen, maar dat dat niet lukt. Hij heeft het idee dat-ie tegen een onzichtbare muur aan loopt. Hij werkt keihard en toch zijn er te weinig inkomsten. Als hij extra uren draait, dan rekent hij die niet door. Zo mist hij zeker 300 euro per maand aan inkomsten. Wat is er aan de hand? Toen ik Tim naar zijn allereerste herinnering aan geld vroeg, vertelde hij me het volgende verhaal:

> *Ik was pas zeven. Mijn vader was weer dronken en haalde me uit mijn bed terwijl ik sliep. Hij legde een dik pak met geld op tafel. Hij stonk uit zijn mond en hij wilde me een tientje geven. Ik wilde dat niet. Alleen als hij dronken was, kwam hij aanzetten met een cadeau. Als hij niet had gedronken, dan sloeg hij mij en mijn moeder. Hij kon zijn liefde niet tonen, behalve dus met geld. Maar ik wilde dat geld niet, ik wilde zijn liefde. Ik heb dat briefje niet aangenomen. Zakgeld wilde ik trouwens ook niet. Ik heb altijd alles voor mezelf betaald, hoe jong ik ook was. Ik was machteloos. Als ik het geld toen had aangenomen, dan zou ik geen hoop meer hebben op het krijgen van echte liefde. En dat is nou net datgene wat ik wel wilde. Ik wijs geld nu nog steeds af.*

Zijn relatie met geld is beladen, en daar zijn we bewust mee aan de slag gegaan. Die kleine jongen die hij toen was bepaalt namelijk onbewust zijn leven nu. Pas nu hij erop terugkijkt begint hij zijn eigen geldpatroon te herkennen. Het enige waar hij wel controle over had, was het afwijzen van zijn vaders geld. Als ik geen liefde krijg, dan hoef ik dat geld ook niet. Dat is onbewust wat hij nu nog steeds doet. Inmiddels heeft hij nog meer ontdekkingen gedaan over zijn moeite met ontvangen.

Als je bij jezelf herkent welk brein, in welke situatie, bij jou de dienst uitmaakt, dan kun je kiezen of je dat wel wilt. Zo krijg je meer invloed op je eigen gedrag en de keuzes die je maakt. Zodat je geen eendagsvlieg bent in je eigen leven, maar bewuster je eigen pad bewandelt en vormgeeft. Aan jou de uitdaging om bewustere keuzes te maken. Alles wat je aandacht geeft, groeit. Zou je andere koopkeuzes en spaarkeuzes maken als je een betere relatie hebt met geld? Zou je je minder zorgen maken over geld als de manier waarop je over geld nadenkt positiever is? Daar gaan we mee aan de slag in het volgende hoofdstuk.

HOOFDSTUK 2

GELDGEDACHTEN

Changing the destructive things you say to yourself when you experience the setbacks that life deals all of us is the central skill of optimism.

– Martin Seligman

Hoe belangrijk het is om je bewust te zijn van je denkpatroon ontdekte ik in mijn studententijd. Ik was pas 21 en had het volste vertrouwen in de mensheid. Ik was dan ook een zondagskind. Altijd mazzel. Het motto van Pippi Langkous was ook het mijne: ik heb dit nog nooit gedaan, dus ik denk dat ik het wel kan. Ik werkte elke zaterdagmiddag in een kroeg in Utrecht. Op een dag stond daar een dame met lang blond haar, enorme blauwe ogen en een zwart jurkje. Ze fonkelde aan alle kanten met gouden oorbellen, een parelketting en diamanten ringen. Er scharrelde een hele groep mannen om haar heen en na een tijdje had ik door waarom. Ze was handen aan het lezen. Stoere mannen wachtten braaf op hun beurt om te horen hoeveel kinderen ze zouden krijgen, hoe oud ze werden en of ze de lotto zouden winnen. Uiteindelijk wenkte ze mij. Ze pakte mijn linkerhand en volgde secuur de lijnen. Toen keek ze me recht in mijn ogen en zei: 'Tja, ik weet niet hoe ik het moet zeggen, maar je gaat niks bereiken. Helemaal niks.' Ik was perplex. Ik lachte wat schaapachtig omdat ik dacht dat ze een grap maakte. Ik vroeg: 'Maar ik zal toch wel iets bereiken?' 'Nee helaas, sorry, niks. Er is niks wat je gaat lukken.' Ze pakte een biertje en liep weg.

Ik was 21 en ik was helemaal niet voorbereid op zo'n troosteloos lot. Ik had deze hele ontmoeting kunnen wegdenken. Wie was die vrouw nou helemaal in mijn leven? Maar dat deed ik niet. Ik werd er onzeker van. Ik begon te twijfelen en alles wat me overkwam langs de meetlat van haar voorspelling te leggen. Ze had een zaadje geplant in mijn hoofd. En elke keer als iets me tegenzat, dacht ik: zie je wel, ik bereik toch niks. Het werd zo erg dat ik tijdens het schrijven van mijn scriptie dacht: ik kap ermee, want ik haal mijn diploma toch niet. Dat was het punt waarop ik mezelf tot de orde riep: *En nu is het genoeg! Dit ben ik niet. Ik ben van huis uit positief. Dus ik ga elke dag bewijslast vinden voor het feit dat dingen me wél lukken*. En zo geschiedde.

Pas na dit moment begon ik te beseffen hoe belangrijk het was hoe ik zelf dacht. Tijdens mijn diploma-uitreiking dacht ik terug aan de oorbellenvrouw (en ik gaf haar in gedachten een middelvinger, sorry, niet zo verlicht van me). Tijdens de geboorte van mijn kinderen dacht ik aan haar terug. En nog steeds denk ik weleens aan haar. Wat was er van me geworden als ik haar had geloofd? Dan was ik gestopt met mijn studie. Dan had ik geen carrière kunnen maken en dan had ik niet kunnen verdienen wat ik nu verdien. Dan was mijn verhaal heel anders gelopen.

Tot nu toe is duidelijk dat we vooral onbewust handelen. We doen, we voelen en daarna denken we. We nemen beslissingen op basis van de automatische piloot, ons onderbuikgevoel en denken er daarna nog eens over na, of niet. Wat kunnen we doen om dit natuurlijke proces om te draaien? Zodat we van onbewust handelen overgaan tot bewuster actie ondernemen.

Als je de tijd die je in je denkende brein doorbrengt wilt vergroten, is het belangrijk om in grote lijnen te weten hoe je denkt. Je hebt de pessimistische en optimistische denkstijl. We leggen datgene wat er gebeurt in ons leven allemaal op onze eigen manier uit. Hoe je tegen de wereld aankijkt beïnvloedt je leven, elke dag weer. Het is het verhaal dat je aan jezelf vertelt als je iets overkomt. Hoe je denkt, hoe je naar situaties kijkt en hoe je ze vervolgens aan jezelf uitlegt heeft grote impact op je leven. Omdat je op basis van wat je denkt, het verhaal dat je jezelf vertelt, actie onderneemt.

Hoe je tegen de wereld aankijkt is afhankelijk van een aantal factoren. Te beginnen bij de plek waar je wieg staat. Je wordt geboren en komt in het leven van je ouder(s) of verzorger terecht. Het verhaal dat zij jou vertellen is het verhaal dat jij jezelf gaat vertellen. Of dat nou een prettig verhaal is of niet, dat is wat je kent en dus is het voor jou 'normaal'. Hoe je alles wat je meemaakt in je leven aan jezelf uitlegt, is voor een groot deel bepaald door je jeugd. Als dat verhaal je steeds weer pijn doet en tegenhoudt, dan is het tijd om jezelf een nieuw verhaal te vertellen. Bij een nieuw verhaal hoort het vermogen om te reflecteren. Om van bovenaf naar een situatie te kijken en je af te vragen: wat gebeurde hier en hoe reageer ik daarop? Wil ik hier op deze manier op blijven reageren in het nu?

Zo is de manier waarop je over geld denkt van invloed op je bankrekening. Zijn je opvattingen gebaseerd op angst of vertrouwen? Op tekort of overvloed? Leef je van salaris naar salaris of heb je altijd meer dan genoeg? Als je elke maand tekortkomt, dan is er iets aan de hand met je *moneymindset*. Het goede nieuws is: daar kun je iets aan doen.

Je moneymindset is de verzameling van al je overtuigingen en gedachten die je hebt over geld. Je mindset is gevormd door alle gebeurtenissen die je hebt meegemaakt tot nu toe. Stel jezelf eens een perenboom voor. Wat je ziet is de stam, de takken en de bladeren. En als het zomer is, groeien er peren aan. Tenminste, als de wortels, die je niet ziet, voldoende water en voeding hebben gehad. Hoe beter de voedingsbodem, hoe sterker de wortels en hoe groter de peren. Nu verander je de perenboom in een geldboom. Boven de grond zie je de stam, de takken en de bladeren. Onder de grond gebeurt het echte werk. Hier groeien alleen sterke wortels door de juiste voedingsbodem. De geldboom groeit alleen groot en sterk in een voedingsbodem van positieve overtuigingen. Na een tijdje groeien er 'vanzelf' bankbiljetten aan. Als je je geldboom voedt met gedachten over tekort en angst, dan groeit er weinig. Dan krijg je een uitgemergelde geldboom, zonder briefjes. In dit hoofdstuk gaan we op zoek naar de ideale voedingsbodem voor jouw geldboom.

Een boom staat er niet in één dag, die maakt steeds weer een groeiproces door. Zo gaat het ook met je moneymindset. Het is niet zo dat als je vanaf vandaag heel hard roept dat er genoeg geld is, het dan morgen op je rekening staat. Het is ook niet zo dat als je nu begrijpt dat het goed is om van geld te houden, je dan morgenvroeg ineens een sporttas met bankbiljetten in het park vindt. Het is wel zo dat een optimistische moneymindset ervoor zorgt dat je geldboom kans krijgt om zich te ontwikkelen, te groeien. Dat resulteert in ieder geval in meer mogelijkheden en kansen. Hoe je denkt bepaalt je werkelijkheid. Dat zul je merken als je je steeds bewuster wordt van je eigen manier van denken. Je moneymindset is altijd in ontwikkeling. Het heeft aandacht nodig, bewustzijn en focus. Als het je lukt om steeds meer te denken in de richting van het leven dat je wilt, kríjg je ook steeds meer het leven dat je graag wilt. Dat heb je echt niet zomaar voor elkaar. Begin met jezelf toestemming geven om met een frisse blik naar je opvattingen te kijken.

Wat is een winstgevende moneymindset?

Hoe kijk je nu naar geld? De manier waarop je naar geld kijkt, is van invloed op hoe je met geld omgaat. Als je niet tevreden bent met je eigen financiën, bekijk dan hieronder hoe je nu denkt en hoe je graag wilt denken. Als je beperkende overtuigingen hebt die er niet tussen zitten, vul die dan zelf in. Je krijgt vanzelf je pessimistische gedachten in beeld. Je kunt een overtuiging gewoon weggooien en er een betere voor in de plaats zetten die je meer mogelijkheden biedt. Dat is echt niet verboden. Je hoeft iets wat je ooit bedacht hebt niet voor eeuwig te denken. Vervolgens besluit je voor welke overtuiging je kiest. Die overtuiging zal je op de lange termijn verder helpen. Het zorgt er in ieder geval voor dat alles wat je doet en beslist is gebaseerd op die nieuwe overtuiging.

Moneymindset-geldovertuigingen

Pessimistische overtuiging	Optimistische overtuiging
Ik maak me zorgen. Er is niet genoeg. Er is te weinig geld.	Er is genoeg.
Geld is noodzakelijk maar slecht.	Geld is een middel om dromen te bereiken.
Investeren in mezelf moet iemand anders maar betalen.	Ik zie investeren in mezelf als noodzaak om te groeien.
Ik kan nooit meer verdienen. Ik zit aan het einde van mijn salarisschaal.	Ik kan altijd meer verdienen door andere keuzes of nieuwe manieren.
Ik kom altijd geld tekort aan het einde van de maand. Zo ben ik.	Ik ga ervan uit dat ik mezelf kan aanleren om geld over te houden.
Ik hou niet van geld.	Ik hou van geld.
Ik moet hard werken om veel geld te verdienen.	Je mag hard werken voor geld. Het hoeft niet.
Ik kan alleen geld verdienen met een goede opleiding.	Geld ligt voor het oprapen.
Ik kan geen geld verdienen met mijn passie.	Ik kan wel geld verdienen met mijn passie.
Het is óf geld óf liefde.	Het is én geld én liefde.
Ik kan geen geld verdienen met iets 'leuks' doen. Dat is niet voor mij weggelegd.	Iets 'leuks' doen en daar geld mee verdienen is een prima combinatie.
Ik word gek van geld.	Ik ben gek van geld.

Vul zelf verder in...

Hoe kom je van een pessimistische moneymindset af?

Je mindset is van invloed op hoe je met je geld omgaat. Stel jezelf steeds de vraag: welk verhaal vertel ik mezelf? Wat is mijn overtuiging? Zorgt mijn overtuiging ervoor dat ik dichter in de buurt kom van het leven dat ik wél graag wil? Als het antwoord nee is, dan wordt het tijd voor een grote schoonmaak. Weg met blokkerende overtuigingen en welkom stimulerende overtuigingen.

Stap 1 – Denk gericht na over jezelf en wat je doet

Kijk terug op je eigen gedachten en gedrag bij belangrijke financiele keuzes die je hebt gemaakt. Heb je bijvoorbeeld een persoonlijke lening die je dwarszit? Wat is je overtuiging? 'Ik wil er wel vanaf, maar ik kom er nooit vanaf omdat ik te weinig verdien.' Of: 'Ik kom er vanaf en ik moet daarvoor keuzes maken.' Bijvoorbeeld fietsen naar het werk en je auto de deur uit doen, of op een andere manier op vakantie gaan. Het gaat erom dat je je blik verruimt en daardoor wel mogelijkheden ziet. Dat je jezelf niet voor de gek houdt en keuzes maakt. Want als die lening weg is, dan kun je voortaan vertrouwen op jezelf en genieten van het gevoel dat je leeft vanuit een plus.

Stel dat je met jezelf hebt afgesproken om eindelijk te gaan sparen. Maar je ziet ook de perfecte camera die nu is afgeprijsd voor € 1400,-. Ga je alsnog je creditcard trekken? Vertel je jezelf vervolgens het verhaal dat je die camera nu verdient, want sparen lukt toch nooit? Of neem je jezelf serieus en houd je je aan je eigen afspraak: ik ga sparen. 'Als ik die camera echt wil, dan verkoop ik mijn andere camera's.' Wees je bewust van je overtuiging en het verhaal dat je jezelf daarmee vertelt. En wees eerlijk. De keuze die je maakt, bepaalt je werkelijkheid de komende tijd. Of je koopt de camera meteen en hebt steeds een gevoel van teleurstelling in jezelf elke keer dat je foto's maakt, óf je hebt geduld. Je bent trots op jezelf dat je je wel aan je eigen afspraak houdt en schiet over twee jaar foto's met een goed gevoel.

Als je overtuiging is dat je het niet waard bent om in te investeren, dan begin je niet aan die ene studie of training. Dat betekent dat je jezelf de mogelijkheid ontzegt om meer te leren en op termijn meer te verdienen. Een lage eigenwaarde vertaalt zich vaak in een laag inkomen. Natuurlijk heeft je opvoeding en waar je geboren bent een flinke stempel gedrukt. Maar ook hier geldt het belang van het verhaal dat je jezelf vertelt. Jij bepaalt welke richting je vanaf nu op wilt gaan. Wat gebeurt er als je tegen jezelf zegt dat je een 8 bent en geen 4? Dat je het meer dan waard bent om een opleiding te volgen? Op basis van die overtuiging neem je de stap wel en schrijf je je in voor een studie. Die haal je. Je krijgt zelfvertrouwen. Je ontmoet nieuwe mensen. Je krijgt een nieuwe baan en voor je het weet verdien je elke maand € 300,- meer. Dat begon allemaal in je hoofd, en nergens anders. Jezelf ontwikkelen en jezelf een studie gunnen, geldt trouwens ook voor iedereen vanaf dertig jaar!

Stap 2 – Praat over geld met anderen

Als je niet tevreden bent over je eigen geldzaken, dan heb je de halve wedstrijd al gewonnen omdat je je ervan bewust bent. Als je last hebt van een overtuiging, dan is het zeker in het begin moeilijk om een alternatief te bedenken. Om goede ideeën op te doen over hoe je iets op een andere manier kunt aanpakken, heb je andere mensen nodig. Twee weten echt meer dan één. Dus scan je omgeving op optimistische mensen. Vraag zo'n vriend, vriendin of collega om met je mee te denken. Je zult verbaasd zijn hoe leuk anderen het vinden om hun ervaring en kennis te delen. Uiteindelijk kom je dan vanzelf bij de juiste overtuiging en bijbehorende stappen terecht die je verder helpen. Je denkt, je kiest je overtuiging, het voelt goed en je doet.

Vanuit welk denkkader leef je?

Zoals je net al zag in de tabel met pessimistische en optimistische geldovertuigingen zijn er vaak twee manieren om tegen dingen aan te kijken. Omdat overtuigingen vaak onbewust spelen, is er nog een andere manier om jezelf te onderzoeken. Om te ontdekken bij jezelf hoe je denkt over alles wat je de hele dag overkomt. Martin Seligman heeft een prachtig denkkader beschreven dat je helpt om je denkproces in beeld te krijgen. Hij is hoogleraar en een van de grondleggers van de positieve psychologie. Er zijn grofweg twee manieren van denken: pessimistisch of optimistisch. Een optimistische manier van denken staat niet gelijk aan de hele dag opgewekt zijn en als een blij ei rondlopen. Het gaat niet om de stemming die je hebt, maar hoe je reageert op de dingen die je de hele dag door overkomen. Uit onderzoeken blijkt dat pessimisten korter leven en minder gelukkig zijn dan optimisten. Optimisten hebben minder depressies en last van angst, en zijn beter in het oplossen van problemen.

Mocht jij nou vaak een pessimistische insteek hebben, dan is er goed nieuws: optimisme kun je aanleren. Je kunt ervoor kiezen om dat wat er in je leven gebeurt vanuit een optimistische invalshoek te bekijken. Ook als optimist krijg je tegenslag en slaat het noodlot toe. Je gaat er alleen op een andere manier mee om. Of je (tot nu toe) wel of niet optimistisch bent, hangt af van verschillende factoren: je ouders, inkomen, schoolervaringen, *life events*, je vrienden en waar je woont. Wat het verschil is in denken tussen een optimist en een pessimist heeft alles te maken met de verklarende denkstijl. Oftewel de betekenis die je zelf geeft aan een gebeurtenis. De manier waarop je aan jezelf uitlegt waarom iets gebeurt. Hoe je reageert op een moeilijke situatie hangt af van de betekenis die je eraan geeft. Er zijn drie grote verschillen in het uitleggen van exact dezelfde gebeurtenis tussen een optimist en een pessimist:

Niet persoonlijk versus wel persoonlijk

Als een optimist tegenslag krijgt, dan is dat een gegeven en geen persoonlijke aanval. Tegenslag hoort erbij en iedereen heeft er weleens last van. Het pakte gewoon even ongelukkig uit, denkt een optimist. Een pessimist gaat ervan uit dat tegenslag je wordt aangedaan. 'Zie je wel, dat heb ik weer. Ik heb ook altijd pech.'

Tijdelijk versus permanent

Bij de optimist is er altijd ruimte voor verandering. Een probleem is tijdelijk en gaat gewoon weer voorbij. Niks duurt eeuwig. Bovendien is elke tegenslag een mooi moment om er iets van te leren. Voor de optimist is het altijd ergens goed voor. Een pessimist denkt dat het nooit meer ophoudt, weggaat of goed komt. Elk probleem is weer een tegenslag in een lange reeks van tegenslagen.

Specifiek versus allesomvattend

Een optimist ziet een tegenslag als een probleem op een specifiek gebied. Het loopt niet lekker op het werk, maar thuis is gelukkig alles oké. Voor een optimist lopen andere delen in het leven wel goed. Een pessimist ziet een probleem als allesomvattend. Als een relatie slecht gaat, dan voelt het alsof alles in het leven slecht gaat. Problemen zijn er altijd geweest en stapelen zich alleen maar op. Een doorgewinterde pessimist leeft op problemen, mislukkingen en teleurstellingen.

In een notendop zien de verschillen er zo uit:

Pessimist	Optimist
Persoonlijk	Niet persoonlijk
Permanent	Tijdelijk
Allesomvattend	Specifiek

De optimist en de pessimist in de praktijk

Zoals je kunt zien in de tabellen hieronder kun je exact dezelfde gebeurtenis steeds op twee totaal verschillende manieren uitleggen. Aan jou de uitdaging om beide kanten te bekijken en je eigen denkpatroon te onderzoeken. Als je voor jezelf helder krijgt hoe je denkt, kun je kiezen of je (nog) meer de optimistische kant op wilt.

Gebeurtenis: Je hebt gesolliciteerd en je bent niet aangenomen.

Pessimist	Optimist
Persoonlijk	**Niet persoonlijk**
Ik heb de baan niet gekregen omdat ik niet goed genoeg ben.	Ik heb de baan niet gekregen omdat er een ander nog beter is met meer diploma's.
Permanent	**Tijdelijk**
Niemand gaat mij ooit nog aannemen.	Ik krijg binnenkort een nieuwe baan.
Allesomvattend	**Specifiek**
Zie je wel. Ik ben niks waard. Niks lukt mij. Ook dit heb ik weer verpest.	Oké, even geen werk. Dan kan ik nu lekker sporten, meer lezen en mijn vrienden zien.

Gebeurtenis: Je bent gaan beleggen en je aandelen dalen en dalen.

Pessimist	Optimist
Persoonlijk	**Niet persoonlijk**
Mijn beleggingen zijn gekelderd omdat ik de verkeerde beleggingen heb genomen.	Mijn beleggingen zijn gekelderd door ontwikkelingen op de wereldmarkt.
Permanent	**Tijdelijk**
Ik ga nooit meer beleggen, want ik kan het niet.	Daling hoort erbij. Beleggen gaat over de lange termijn, dus ik moet geduld hebben.
Allesomvattend	**Specifiek**
Ik maak altijd slechte keuzes, dat blijkt wel weer.	Ik ben blij dat ik een goede baan heb en spaargeld.

Gebeurtenis: Je bedrijf is failliet gegaan tijdens de lockdown door corona.

Pessimist	Optimist
Persoonlijk	**Niet persoonlijk**
Mijn bedrijf is failliet doordat ik een slechte ondernemer ben. Ik had te weinig buffers en had corona moeten voorzien.	Mijn bedrijf is failliet doordat ik te weinig buffer had, en door corona.

Permanent	Tijdelijk
Ik heb gefaald en ik ga nooit meer ondernemen. Niemand in het bedrijfsleven neemt mij ooit nog serieus.	Corona gaat voorbij en dan begin ik opnieuw. Ik heb in ieder geval geleerd hoe belangrijk een buffer is.
Allesomvattend	**Specifiek**
Ik ben failliet en ik heb altijd pech. Dat heb ik weer. Een eigen bedrijf in coronatijd. Mijn relatie gaat ook al slecht. Zul je zien dat ik ook nog ziek word.	Ik kan nu meer tijd besteden aan de kinderen. Wat een openbaring. Die ervaring zou ik anders mooi niet hebben gehad.

Gebeurtenis: Je bent gescheiden en hebt nu schulden.

Pessimist	Optimist
Persoonlijk	**Niet persoonlijk**
Ik zit in de schulden door de scheiding. Nu kan ik mijn kinderen niet hetzelfde geven als daarvoor en dat is mijn schuld.	Ik zit in de schulden door de scheiding. Ik ben verrast dat het zo veel impact heeft op mijn leven. Ik moet voor nu andere keuzes maken, want ik heb minder budget.
Permanent	**Tijdelijk**
Door de scheiding moet ik het allemaal alleen doen. Mijn ex wil mij onderuit halen en betaalt te weinig alimentatie. Nou kan ik mijn kinderen nooit meer geven wat ze nodig hebben.	Ik kan voorlopig even niet drie keer per jaar op reis en alles met de kinderen doen waar we maar zin in hebben. Dan doen we het maar met minder en leren ze dat geld ook weleens op kan zijn. Ik ga meer werken om financieel onafhankelijk te zijn.
Allesomvattend	**Specifiek**
Alles wat ik had is weg omdat mijn ex voor iemand anders heeft gekozen en ons in de steek heeft gelaten. Mijn leven is één grote mislukking.	Die schulden horen er nu even bij, maar die werk ik de komende jaren weg. Ik heb wel mezelf weer terug. De kinderen hebben nu een leukere moeder. Wat een rijkdom.

Gebeurtenis: Je blijkt als een van de weinige mensen in Nederland een tandprothese nodig te hebben die 5000 euro kost en niet wordt vergoed.

Pessimist	Optimist
Persoonlijk	**Niet persoonlijk**
Volgens mij klopt het niet wat de zorgverzekeraar zegt. Waarom wordt deze behandeling bij mij niet vergoed? Ik betaal al zoveel aan de zorgverzekering. Doen ze alleen vanwege mijn leeftijd zeker.	Balen dat het niet wordt vergoed, maar wat ben ik blij dat ik geld heb gespaard. Ik kan het bedrag zo betalen.
Permanent	**Tijdelijk**
Als de operatie mislukt kan ik niet meer werken. Als-ie wel lukt moet ik heel lang werken om weer een buffer te krijgen. Ik werk de rest van mijn leven dus voor niks.	Die tandprothese is gedoe, maar ik ben wel een mazzelaar. Dit kan tenminste verholpen worden. Over een tijdje ben ik weer helemaal de oude. Mijn spaarpot groeit vanzelf weer aan.
Allesomvattend	**Specifiek**
Door die ziekte kan ik alles wel vergeten. Mijn vrouw regelt ook nooit iets. Als de auto het niet meer doet, kan ik niet eens meer naar mijn werk. De kinderen kunnen niet naar school gebracht worden. En ik wil niet in een huis zitten en ziek zijn met de kinderen in de buurt.	Dit laat maar weer eens zien hoe belangrijk het is dat ik goed voor mezelf zorg, ook financieel. Ik ga kijken hoe ik verder ben verzekerd en ik ga mijn automatisch spaarbedrag verhogen. Mijn werkgever gaat tijdens mijn ziekteverlof merken hoeveel werk ik echt doe.

***CHECK VOOR JEZELF:* Hoe ga jij om met belangrijke gebeurtenissen?**

Gebeurtenis:

Pessimist	Optimist
Persoonlijk	**Niet persoonlijk**

Permanent	Tijdelijk

Allesomvattend	Specifiek

De coachpraktijk

Hieronder lees je het verhaal van Marit uit mijn coachpraktijk. Ze klopte bij me aan met het probleem dat haar eigen bedrijf maar niet van de grond kwam. Ze is een alleenstaande moeder en heeft het idee dat haar tijd wordt opgeslokt door de verkeerde dingen. Ze vraagt zich af of haar tarief wel klopt. Is het niet te laag? En ze is continu bang om geld te verliezen.

Mijn jongere broer kreeg alles van mijn vader. Op zijn verjaardag stond er een gloednieuwe scooter voor de deur. Hij was zestien en had geen bijbaan. Hij deed helemaal niks in huis of op school. Hij maakte er een grote puinhoop van. Hij had toen al gokschulden. Ik kon maar niet begrijpen dat mijn broer beloond werd voor zijn – in mijn ogen – slechte gedrag. Mijn vader was sinds tien jaar afgekeurd op zijn werk. Sinds die tijd is hij veel meer gaan drinken. Er was nooit geld in huis, maar elke vrijdag moesten er twee kratten bier in de keuken staan. Ik kon niet op schoolkamp, want daar was geen geld voor. Mijn moeder was huisvrouw. Ons gezin leefde van een uitkering en er werd van alles op afbetaling gekocht. Ik ben de oudste en ik maakte me de hele tijd zorgen over de financiën. Er stonden deurwaarders op de stoep en dan moesten we stil zijn. Mijn zus is een dramaqueen. Ze vindt dat ze recht heeft op van alles, maar doet er niks voor. Ze werkt niet, leeft 'op de pof' en heeft al twee schuldhulptrajecten achter de rug. Ze is wel mijn vaders oogappeltje. Mijn broer werkt wel, maar ligt in scheiding en heeft weer flinke schulden. Hij heeft me vroeger gekleineerd en gepest samen met mijn zus. Ik werd steeds stiller en kleiner en probeerde alles zo perfect mogelijk te doen voor iedereen.

Ik ben onzichtbaar, ik ben er niet. Mijn vader heeft altijd gezegd dat hij maar twee kinderen heeft. Mijn broer negeert me en mijn zus belt me alleen als ze iets nodig heeft. Ondertussen ben ik wel de probleemoplosser voor het hele gezin. Ik ga elke week bij iedereen langs, want het is toch familie. Vorige maand deed ik alle moeite om op mijn moeders verjaardag te zijn. Ik had een mooi groot cadeau voor haar gekocht. Ik realiseer me nu dat ik naar al hun verjaardagen ga en dat er nooit iemand op mijn verjaardag komt.

Marit heeft een aantal onbewuste overtuigingen: zodra zij mij accepteren ben ik waardevol. Als ik maar genoeg voor mijn familie zorg, gaan zij voor mij zorgen. Als mijn vader me lief vindt, dan ben ik goed genoeg. Ze wil eigenlijk gewoon gered worden en een flinter liefde van haar ouders krijgen. Haar handelen is afhankelijk van hun handelen. Dat maakt dat ze tot nu toe op een onbewust niveau geen beslissingen neemt en niet voor zichzelf kiest. Ze zit niet achter het stuur maar op de achterbank. Ze heeft een gat in haar hart en probeert het iedere week te vullen op de verkeerde plek.

Dit verhaal doet pijn. Hoe graag je ook wilt dat de werkelijkheid anders wordt, dit is wat het is. Wat nog meer pijn doet, is dat Marit steeds weer teruggaat naar dezelfde situatie. Elke week weer. Wat voelt ze zich daarna slecht en niet gezien. Ze is dagen van slag omdat ze maar niet kan begrijpen dat haar familieleden zo met haar omgaan. Het gevolg daarvan is dat ze somber wordt en als ondernemer weinig energie overhoudt om haar werk te doen.

Je kunt de wereld en de mensen om je heen niet veranderen, maar je hebt wel invloed op de situaties die je opzoekt of juist niet. Je hebt invloed op datgene wat je overkomt door de manier hoe je ernaar kijkt en ermee omgaat. Ik vraag haar hoe lang ze nog van plan was om in haar oude supermarkt boodschappen te doen. Dat is de supermarkt waar ze is opgegroeid en waar alleen maar dezelfde spullen te koop zijn. Pesten, negeren, teleurstelling, gebrek aan waardering. Elke week weer gaat ze daar haar boodschappen halen. Ze denkt dat als ze de schappen maar vaak genoeg langsloopt en heel aardig doet, dat de spullen in de supermarkt dan veranderen. Dat ze er toch een compliment kan krijgen. Dat ze toch waardering en vertrouwen bij de kassa krijgt. Maar vertrouwen en eigenwaarde zijn daar simpelweg niet te koop. De enige zekerheid die ze heeft, is dat ze steeds weer verdrietig en teleurgesteld achterblijft. Als ik haar vraag welk cijfer ze zichzelf geeft, moet ze huilen. Een 4 misschien? We kijken samen eens rustig naar dit cijfer. Waar heb je dit lage cijfer voor jezelf vandaan gehaald? Uit de oude supermarkt. Het is aan Marit om haar eigen gedachten, haar eigen verhaal te maken. Het wordt tijd dat ze zichzelf redt.

Wat zou er gebeuren als je naar een andere supermarkt gaat? Dat is een keuze, naar een nieuwe supermarkt gaan. Dat is spannend en nieuw en onbekend. Maar de kans is groot dat in die nieuwe supermarkt mogelijkheden liggen. Zoals waardering, zelfvertrouwen en een liefdevolle benadering door anderen. Je hoeft de rest van je leven niet die oude supermarkt in te lopen. Je hebt de keuze om daar veel of weinig tijd door te brengen en je mag jezelf toestaan om een nieuwe supermarkt binnen te gaan. Je verleden is al geweest, waar je invloed op hebt is het nu en de toekomst.

Tijdens de volgende sessies blijkt er een wereld te zijn met mensen die Marit wel waarderen. Die haar de hemel in prijzen omdat ze zo lief en zorgzaam is. Die blij zijn met haar, gewoon om wie ze is. Die mensen waren er al, alleen zag ze die niet omdat ze in de oude supermarkt was. Ze krijgt een grote opdracht. Hoe vaker ze naar haar nieuwe supermarkt gaat, hoe leuker haar leven wordt. Voor Marit is het de uitdaging om zich bewust te zijn van haar gedachten. Haar overtuiging was dat ze elke week naar haar familie moest. Dat heeft ze losgelaten. Haar nieuwe overtuiging is dat ze het waard is om van te houden. En dat ze zelf mag kiezen aan wie ze haar tijd besteedt. Na drie maanden vraag ik haar welk cijfer ze zichzelf nu geeft. Ze kijkt me met een grote grijns aan: een 8!

Ben je iemand die alles overkomt of denk je na over hoe je zelf naar de wereld kijkt? En wat je vervolgens op basis van je perspectief wel of niet doet? Zo vroeg ik Marit hoe lang ze nog van plan was haar leven in te richten om haar familie heen. Is het nodig om daar elke week teleurstellingen op te lopen, of mag je er ook één keer per maand naartoe op je eigen voorwaarden? Kies je voor nog meer van hetzelfde of wil je energie overhouden om je bedrijf te laten groeien? Dat gaat over keuzes maken. Dat kan pas als je je ervan bewust bent dat je jezelf een verhaal vertelt. Daar liggen de mogelijkheden. Hoe denk je, en is je manier van denken goed voor je? Misschien is het voor jou ook tijd om naar een nieuwe supermarkt te gaan.

Hoe ziet je wereld eruit als je je bewuster bent van wat je denkt? Dat je gedachten vervolgens een positieve invloed hebben op je gevoel en dat je daarnaar handelt. Dit klinkt allemaal heel theoretisch, maar in dit hoofdstuk kijken we samen naar concrete manieren waarop je denkt. Hoe meer tijd je doorbrengt in je denkende brein, hoe meer harmonie of balans er ontstaat in jezelf. Het is niet óf denken, óf voelen, óf doen. Het is én denken, én voelen, én doen. Hoe fijn zou het zijn als je meer keuzes maakt die in harmonie zijn met je hoofd, je hart en je handelen.

Je relatie met geld

In de inleiding heb ik je al kort verteld over je relatie met geld. Die is onzichtbaar, maar daardoor niet minder belangrijk. Als je relatie met geld gebaseerd is op houden van, dan zie je dat terug op je bankrekening. Die staat in de plus. Als je niet van geld houdt, dan hoef je ook niet te verwachten dat het met bakken bij je binnenkomt. Je zult een beetje moeite moeten doen voor je geldrelatie. Net als bij een echte relatie, dat is ook geen eenrichtingverkeer. Het is een wisselwerking. Het gaat er niet alleen om wat die ander voor jou kan betekenen. Het gaat er ook om wat jij voor die ander kunt doen. Als je je partner geen aandacht geeft, dan kun je lang wachten op een romantisch etentje. Zo is het ook met je relatie met geld. Als je zegt dat je geen bal om geldzaken geeft en uit laksheid te laat betaalt, dan is het niet vreemd dat er een deurwaarder op de stoep staat. Als je geen enkele aandacht besteedt aan je geldzaken, dan heb je geen respect voor geld. Dan hoef je ook niks terug te verwachten. Als je elke minuut van de dag als een neuroot je bankierenapp checkt, dan is je relatie met geld onevenwichtig. Je vertrouwt geld niet. In een echte liefdesrelatie zou je dan doorgaan voor een stalker.

Hoe jij je verhoudt tot geld, zo verhoudt geld zich tot jou. Als je je veel zorgen maakt, als je geld niet vertrouwt, als je geld links laat liggen en er niks mee te maken wilt hebben, dan is het tijd om in geldrelatietherapie te gaan met jezelf. Van een echte partner zou je het niet pikken als je genegeerd wordt. Van een echte partner zou je toch wel willen houden, neem ik aan? Met een echte partner zou je leuke dingen willen doen. Behandel geld zoals je zelf in een relatie ook behandeld wilt worden. Hoe zou de wereld eruitzien als je wel over geld zou praten? Als je je erin zou verdiepen? Als je het zou respecteren? Er aandacht aan zou besteden? Er lief voor zou zijn? En het elke dag weer met open armen zou ontvangen en het met liefde weer uitgeeft?

De schrijver Ken Honda beschrijft in zijn boek *Happy Money* (2020) een prachtig ritueel. Elke keer als je geld ontvangt, zeg je dank je wel. Of het nou je salaris is of een uitkering, je zegt dank je wel. En ook elke keer als je geld uitgeeft, zeg je dank je wel. Je zegt dank je wel tegen de rekening die je betaalt, de lening die je aflost. Je zegt dank je wel bij het tankstation. Op elk moment dat er geld van je rekening gaat, zeg je dank je wel. Op deze manier bekrachtig je dat je dankbaar bent voor wat je hebt. Dat je erop vertrouwt dat er weer geld binnenkomt en dat je blij bent als het er weer uitgaat. Je zegt dank je wel tegen je relatie met geld. Een relatie die stroomt, in evenwicht is en liefdevol.

Neem de tijd om je geldrelatie te onderzoeken. Het bijzondere is dat de eigenschappen die je belangrijk vindt bij je partner ook van toepassing zijn op je relatie met geld.

Met deze relatiechecklist kun je kijken of je relatie met geld fijn is of verbeterd kan worden:

- o Ik heb het gevoel dat ik geld met respect behandel.
- o Ik kan erop vertrouwen dat als ik een afspraak maak met mezelf over geld, ik die ook nakom.
- o Ik ben eerlijk en open over geld tegenover mezelf.
- o Ik geniet van de leuke dingen die ik kan doen met geld.
- o Ik geef geld het voordeel van de twijfel als er iets fout gaat.
- o Ik investeer graag tijd en energie in geld.
- o Geld is er voor mij als ik het nodig heb.
- o Ik praat graag over geld en ik ben er eerlijk en open over.
- o Ik heb vertrouwen in geld.
- o Ik heb geduld met geld en geld heeft geduld met mij.
- o Ik heb het gevoel dat geld mijn dromen steunt.
- o Ik heb het gevoel dat ik met geld kan lachen en genieten.
- o Ik voel me geliefd door geld.
- o Ik voel liefde voor geld.
- o Ik voel me veilig in mijn geldrelatie.
- o Ik mag leren, vallen en opstaan met geld.
- o Ik mag leuke dingen doen met geld.

Ik zal je een voorbeeld geven van hoe mijn optimisme uiteindelijk heeft gezorgd voor een boost in mijn werk. Mijn optimisme zorgde uiteindelijk voor brood op de plank op de lange termijn. Ik had net mijn eigen Budgetbureau In Orde opgericht. Een vriendin had een mooie website voor me gemaakt. En in die tijd (2007) was dat behoorlijk flitsend. Doordat mijn mobiele nummer zichtbaar was op die site werd ik gebeld. Een meneer vroeg of ik zin had om mee te doen aan een tv-programma. Wat voor programma dan? Nou, iets met financiële problemen. Ik had geen idee wat nou eigenlijk de bedoeling was. Maar ik kreeg wel een dag en een tijdstip waarop ik auditie mocht doen. Ik had helemaal niks met tv. Ik gaf trainingen budgetcoaching in de welzijnssector. Dus ik dacht: ze gaan me sowieso niet aannemen met die Brabantse zachte g. Maar goed, als ik niet ga, dan heb ik de rest van mijn leven spijt dat ik het niet heb geprobeerd. En spijt hebben is in mijn woordenboek nog erger dan afgewezen worden.

Dus ik ging braaf naar de auditie. Ik praatte wat in de camera en dat was het dan. Ik ben zo goed als blind aan één oog dus ik heb geen last van een camera. Die zie ik namelijk helemaal niet. Je praat sowieso tegen de regisseur achter de camera. Ik hoorde weken niks. Toen kreeg ik weer dezelfde beste man aan de lijn. 'Gefeliciteerd, je mag meedoen in het programma *Uitstel van Executie*. Het is nog wel een soort van pilot, dus qua betaling kunnen we je maar weinig bieden.' Tuurlijk zeiden mensen in mijn omgeving dat ik daar echt niet aan mee moest doen. 'Kost je veel te veel tijd en je verdient er bijna niks mee. Je bent net met je bedrijf begonnen, dus je moet omzet draaien.' Maar ik dacht: wat een kansen! Ik kan opkomen voor mensen die dat zelf niet kunnen. Dat is toch wel mijn favoriete bezigheid. Een gratis training social media. Een creatief avontuur. Een totaal nieuwe wereld waarin ik dingen leer die ik anders nooit zal leren. En wat ben ik blij dat ik toen die keuze heb gemaakt. Mogen werken met Martijn en Duncie en Alex. En alle supergemotiveerde mensen achter de schermen. Inmiddels hebben we er dertien seizoenen op zitten. We hebben met zo veel plezier het verschil kunnen maken voor mensen. We hebben best wel wat levens de goede kant op kunnen sturen. Zo zie je maar dat een paar ogenschijnlijk kleine, optimistische keuzes grote gevolgen hebben gehad. Ik heb inmiddels de leukste baan van de wereld, geef lezingen en schrijf dit boek. Wat als ik toen nee had gezegd tegen *Uitstel van Executie*?

Gaat dan altijd alles bij mij van een leien dakje? Nee hoor, er gaat bij mij van alles mis. Alles waar je in doorschiet, zowel positief als negatief, werkt niet. Balans is het sleutelwoord, al ga ik er als optimist natuurlijk van uit dat een muntje bij mij de goede kant op valt.

Als mijn denken de pessimistische kant op gaat, dan is dat meestal omdat ik ergens te 'overenthousiast' over ben. Zo had ik als startend ondernemer een gouden idee. Het was zo briljant dat ik niet snapte waarom niemand dit al op de markt had gebracht. Want als iedereen zo'n moeite had met de administratie, dan was het toch superhandig om een koffertje te hebben waar je al je papieren zo in kon stoppen. Op volgorde, met mooie tabbladen. Ik bestelde meteen vijfhonderd koffers en doopte die om tot BudgetBox. Ik plakte 's nachts honderden tabbladen in de koffers en na een week was ik klaar. Het feest kon beginnen. Alleen zat er niemand, maar dan ook echt helemaal NIEMAND op mijn BudgetBox te wachten. Ik was even vergeten om te checken of er wel vraag naar was. Het antwoord was dus nee. Er was geen enkele vraag naar. Toen stond ik op het punt de handdoek in de ring te gooien. Wat ben ik voor ondernemer, als ik een product op de markt breng dat niemand wil kopen? Hoe kon ik zo stom zijn? Ik ben al failliet voordat ik begonnen ben, en ga zo maar door. Maar na een tijdje dacht ik: knop om, ik heb ervan geleerd. Niet elk idee lukt. Ik ga door, vallen en weer opstaan. Dat principe stopt echt niet als je eenmaal volwassen bent.

HOOFDSTUK 3

JE WAARDEN, GELDGESCHIEDENIS EN GELDBIOGRAFIE

You may not be able to alter reality, but you can alter your attitude towards it, and this, paradoxically, alters reality. Try it and see.

– Margaret Atwood

Je komt niet uit de lucht vallen, je komt ergens vandaan. Mijn klanten zijn vaak verbaasd als ze hun geldgeschiedenis hebben ingevuld. Hoe kan het toch dat ik mijn geldzaken nooit heb gekoppeld aan mijn jeugd en mijn opvoeding? Dat ik geen link heb gelegd tussen wat ik van huis uit heb meegekregen, en de manier waarop ik nu financieel voor mezelf zorg? Zoals je in het vorige hoofdstuk hebt gelezen, maak je vaak onbewust keuzes op basis van het verhaal dat je jezelf vertelt. Het klinkt wat onsmakelijk, maar het wordt tijd om jezelf vanbinnen financieel te 'ontleden'. Als je je verleden, je eigen geschiedenis beter begrijpt, dan snap je waarom je iets wel of niet hebt gedaan. Je hoeft je dan niet meer schuldig te voelen, te schamen of jezelf naar beneden te halen. Je kunt jezelf niet de schuld geven van gedrag of keuzes waar je je niet bewust van was. Een terugblik op je eigen geschiedenis verontschuldigt je voor de financiële keuzes die je (niet) hebt gemaakt. Natuurlijk vind je het lastig om overzicht te krijgen in je geldzaken, als het je nooit is geleerd. Het is voor de hand liggend dat je een auto koopt op afbetaling als dat normaal was in je gezin. En het is begrijpelijk dat je niet van je geld kunt genieten als je moeder als een onzichtbaar duiveltje in je oor fluistert dat je altijd zuinig moet zijn.

Als je tot nu toe nooit hebt gespaard, dan is dat vaak te herleiden naar je verleden. Waarom je die stap niet hebt gezet komt ergens vandaan. Dat je een grote schuld van je ex op je hebt genomen, ten koste van jezelf, is te herleiden naar je eigen geschiedenis. Je hebt daar patronen ontwikkeld, overtuigingen meegekregen en gevoelens aan heftige gebeurtenissen gekoppeld. Vanaf het moment dat je je bewust wordt van je eigen gedrag en waar dat vandaan komt, kun je daar verantwoordelijkheid voor nemen. Dan kun je er in het nu voor kiezen om een andere afslag te nemen, om nieuwe keuzes te maken. Dat betekent dat je zelf aan het stuur zit en je eigen route neemt. Je kunt ervoor kiezen om wél een buffer op te bouwen. Of om wél een nieuwe studie op te pakken, ook al ben je 33 jaar. Je gedrag komt niet uit de lucht vallen, het komt ergens vandaan. Zodra je weet waar je je gedrag vandaan hebt gehaald, kun je er ook iets aan doen.

Je onzichtbare kompas

Je gedrag wordt voor een groot deel beïnvloed door je waardensysteem. Dat is je onzichtbare kompas. Het gaat over de fundamentele overtuigingen die je hebt, over dat wat je echt belangrijk vindt. Dat zijn dus alle zaken die voor jou van waarde zijn, die je aan het hart gaan. Waarden bepalen de richting die je aan je leven geeft, de manier waarop je je leven inricht. Op basis daarvan doe je iets wel of niet. Wat het zo ingewikkeld maakt, is het feit dat je waardensysteem onzichtbaar is. En inmiddels weet je dat juist datgene wat onzichtbaar is grote impact heeft op de keuzes die je maakt. Het is zaak om datgene wat onzichtbaar is kraakhelder en zichtbaar te maken voor jezelf. Dat kan door je binnenkant te onderzoeken en de uitkomsten over jezelf op te schrijven. Dat is precies wat je in dit hoofdstuk gaat doen. Je gaat begrijpen waar je financieel vandaan komt. Wat je kernwaarden zijn. Zo kun je de balans opmaken voor jezelf. Als je niet tevreden bent, dan is het aan jou om te besluiten welke kant je op wilt gaan. En daarvoor heb je een paar handige hulpmiddelen nodig. We beginnen met het in kaart brengen van je waardensysteem. Daarna ga je aan de slag met het invullen van je geldgeschiedenis en je geldbiografie. Daarmee reconstrueer je jouw geldleven. Om vervolgens te bekijken welke overtuigingen je belemmeren en welke geldgevoelens er opgeruimd mogen worden.

Ontwikkeling van je waardensysteem

Wie je nu bent is een product van alles wat je in je leven hebt meegekregen en meegemaakt. Je bent de optelsom van ideeën, waarden en meningen die vanaf je geboorte in je zijn gestopt. En van alle ervaringen en gebeurtenissen die je hebt meegemaakt. Je herinneringen hierover zijn opgeslagen in je onderbewuste. In verschillende perioden ben je beïnvloed door de mensen om je heen.

Drie ontwikkelingsperioden

Socioloog Morris Massy heeft in de jaren zeventig een model gemaakt waarin je kunt zien hoe je waardensysteem door de tijd heen is opgebouwd. In grote lijnen creëer je in deze perioden je waardensysteem.

0-7 jaar: imprintperiode

De imprintperiode loopt vanaf je geboorte totdat je ongeveer zeven jaar oud bent. Je bent afhankelijk van je ouders en gedurende deze tijd leer je grotendeels onbewust van je ouders. Je vader en je moeder (of je directe opvoeders) spelen de grootste rol in de programmering van je eerste waarden. Je krijgt van je ouders te horen wat je wel en niet mag doen. Wat goed is en wat slecht is. Als jong kind slik je dat allemaal voor zoete koek. Je trekt niets in twijfel van alles wat je hoort, leert en ziet. Je absorbeert alles als een spons en alles is 'waar'. Dat geldt ook voor de emoties van de mensen om je heen. Als je in een gezin geboren bent waar vuurwapens normaal zijn, dan is dat je norm. Als je wieg in een villawijk stond, dan is een auto de norm (en niet de bus). Tijdens de imprintperiode kopieer je onbewust de waarden en overtuigingen van de mensen om je heen. Denk maar aan een eend met kuikens. Die kuikens doen precies na wat hun moeder doet en na zes tot twaalf uur kunnen ze zwemmen. Na 55 dagen vliegen ze zelfs. Je kijkt hoe het moet en je doet het na. Je hebt een blind vertrouwen en geloof in degene die je opvoedt. Als je opvoeding niet goed is, dan kan dat leiden tot het begin van de vorming van trauma's en andere diepe problemen.

7-14 jaar: modelleerperiode

Tussen je achtste en veertiende jaar neem je niet alles meer klakkeloos voor waar aan. Wat je dan wel doet is je vrienden kopiëren (modelleren). Je modelleert je ouders nog steeds het meest, maar ook andere mensen in je directe omgeving. Je vrienden spelen een steeds grotere rol, maar ook 'die ene juf' of ouder van een vriendje. Dit is ook de periode waarin je idolaat bent van een artiest of een superheld. Tot diegene verhoud je jezelf. Op diegene wil je lijken, diegene wil je zijn, dat is je voorbeeld. Sommige van je belangrijkste waarden, je kernwaarden zijn al gevormd voordat je tien jaar bent.

14-21 jaar: socialisatieperiode

In deze fase identificeer je je met klasgenoten, teamgenoten of clubgenoten. Je wordt vooral beïnvloed door de groep van gelijkgestemden om je heen. Je ontwikkelt je steeds meer als individu en probeert je af te zetten tegen je eerdere opvoeding (puberen). Je sluit je aan bij mensen die zijn zoals jijzelf bent. Je waarden, dat wat je in je hart echt belangrijk vindt, worden ook ingekleurd door social media. In een interview met een zeventienjarige jongen over de anti-wapendemonstraties in Amerika zei de jongen tegen de verslaggever: 'Ik strijd tegen wapens en dat komt niet door mijn ouders, dat komt doordat ik ben opgevoed door YouTube.' Je gaat in deze fase meer relaties aan en ontwikkelt je sociale waarden.

Ik denk dat we wel kunnen concluderen dat wie je bent en wat je denkt voor een groot deel bepaald is in je jeugd. Juist in je jonge jaren heb je een persoonlijk waardensysteem opgebouwd. Rond de leeftijd van tien jaar heb je 90 procent van je waardensysteem ontwikkeld. En rond je twintigste is de boel 'klaar'. Je wijkt dan niet meer van je waardensysteem af. Tenminste, niet als je je er niet bewust van bent. De keuzes die je maakt zijn dan gebaseerd op wat er van huis uit in is gestopt en wat de buitenwereld ervan vindt. Niet per definitie op wat je er zelf van vindt.

Je waardensysteem

Waarden geven richting aan wat je de hele dag doet. Jouw kernwaarden zijn anders dan de mijne. Ze zijn typerend voor jou. Het geeft aan waar je voor staat, het zijn je drijfveren. Op basis van je kernwaarden neem je beslissingen. In de ideale situatie is de invulling van je leven volledig in lijn met je waardensysteem. Zodat je binnenkant (jijzelf) klopt met je buitenkant (je leven). Alleen gaat deze ideale situatie voor de meeste mensen niet op. Gewoon omdat je er nooit echt over hebt nagedacht. Als minimalisme bijvoorbeeld erg belangrijk voor je is, dan is het niet handig om op de marketingafdeling van de Action te werken. Dat gaat in tegen je waarde van 'genoeg is genoeg'. Als je heel veel waarde hecht aan zekerheid, dan past een flexbaan niet bij je. Dat is vragen om stress en gedoe. De prachtige puzzel die je zelf gaat maken is: klopt de invulling van mijn leven bij mijn waarden? Als het ergens in je leven wringt, dan kun je je waardensysteem ernaast leggen en begrijp je veel sneller wat er dan precies wringt. Als innerlijke rust en de natuur kernwaarden voor je zijn, dan is het geen verrassing dat je gillend gek wordt in een callcenter. Als je op een fijne manier met jezelf door een deur wilt kunnen, is leven in overeenstemming met je eigen waardensysteem essentieel.

Ontdek je eigen waardensysteem

Je waardensysteem is je kompas bij het nemen van belangrijke beslissingen. Ben je op zoek naar een nieuwe baan? Dan zoek je een baan die past bij je waardensysteem. Wil je meer balans tussen werk en privé? Dan haal je je lijstje met persoonlijke kernwaarden erbij en kijk je waar de schoen wringt. Wil je een baan waarin je veel verdient als manager of wil je liever in het magazijn werken? De ene baan is niet beter dan de andere. Het gaat erom dat je doet wat bij je past. Maar nu is het tijd om je eigen waardensysteem te bepalen. En het is helemaal niet verboden om over drie jaar opnieuw je waardensysteem onder de loep te nemen. Wie weet ben je ondertussen wel veranderd.

Oefening: Je waardensysteem

Stap 1. Kies tien waarden

Neem de tijd en kies tien woorden die het meest bij je passen.

(Dit is een voorbeeldtabel; er zijn er veel meer, googel vooral op 'lijst kernwaarden'.)

Aandacht	Gehoorzaamheid	Ontdekken	Traditioneel
Assertiviteit	Gelijkwaardigheid	Ontmoeten	Troost
Authenticiteit	Geloof	Ontspannen	Trouw
Autonomie	Geluk	Ontwikkelen	Uitdaging
Avontuur	Gemak	Onvoorwaardelijk	Uitmuntendheid
Balans	Genuanceerdheid	Openheid	Veelzijdigheid
Behulpzaam	Gevoeligheid	Optimisme	Veerkracht
Betrouwbaar	Gezag	Ordelijkheid	Veiligheid
Bescheiden	Gezamenlijkheid	Originaliteit	Verantwoordelijkheid
Bescherming	Gezondheid	Overgave	Verbeeldingskracht
Betrokken	Groei	Overvloed	Verbetering

Bevrijding	Harmonie	Passie	Verbinding
Bewustzijn	Hulpvaardigheid	Persoonlijke ontwikkeling	Verbondenheid
Bezieling	Humor	Pionieren	Verdraagzaam
Bloei	Inlevingsvermogen	Plezier	Vergeving
Collegiaal	Innovatief	Presteren	Vernieuwing
Communicatie	Inspiratie	Puurheid	Vertrouwen
Competentie	Integriteit	Rationaliteit	Vindingrijk
Continuïteit	Intimiteit	Rechtvaardig	Vitaliteit
Creativiteit	Inzet	Respect	Volharding
Daadkracht	Inzicht	Resultaat	Volmaakt
Dankbaarheid	Kennis	Rijkdom	Vrede
Deskundig	Klantgericht	Rust	Vreugde
Doorzetter	Krachtig	Samen	Vriendschap
Doelgericht	Leiderschap	Samenwerken	Vrijgevig
Discipline	Kwaliteit	Schenken	Waardering
Duidelijk	Levenslust	Schoonheid	Waardevol
Duurzaam	Liefde	Simpelheid	Waarheid
Eenheid	Loyaliteit	Soevereiniteit	Wijsheid
Eenvoudig	Mededogen	Solidariteit	Zekerheid
Eerlijkheid	Meesterschap	Speelsheid	Zelfbehoud
Effectiviteit	Meeveren	Spiritualiteit	Zelfkennis
Efficiëntie	Mildheid	Spontaan	Zelfstandig
Eigenheid	Moedig	Stabiliteit	Zelfvertrouwen
Energiek	Mogelijkheden	Stilte	Zelfwaardering
Enthousiasme	Mondig	Teder	Zingeving
Erkenning	Muzikaal	Tevreden	Zorgvuldig
Fijnzinnig	Nederigheid	Toegankelijk	Zorgzaam
Flexibiliteit	Nuchter	Toewijding	Zuiver
Geborgen	Onafhankelijk	Tolerantie	
Geduld	Ondernemend	Vrijheid	

Stap 2. Top vijf kernwaarden

Kies uit de tien waarden de vijf waarden die het meest bij je passen. Maak een top vijf met de belangrijkste waarde op nummer 1. Nu weet je wat jouw waardensysteem is. Dit is bijvoorbeeld het mijne:

1. Vertrouwen
2. Liefde
3. Simpelheid
4. Harmonie
5. Samen

Stap 3. Gebruik dit lijstje bij belangrijke keuzes die je maakt

Met dit lijstje kun je jezelf bewuster sturen in de richting van het leven dat je graag wilt leiden. Past de manier waarop je je geld verdient wel bij je waarden? Als het antwoord nee is, dan is dat de reden dat je uitgeblust of ontevreden bent. Aan jou de keuze om werk te zoeken dat beter bij je past. Het kan best zijn dat je dan veel minder verdient, maar wat krijg je ervoor terug? Meer plezier, meer rust, minder reistijd? Stel jezelf bij dit soort belangrijke keuzes vooral de vraag: hoeveel heb ik per maand netto nodig om op een voor mij prettige manier te leven? Met je eigen waardensysteem heb je altijd je persoonlijke kompas op zak.

Financiële opvoeding

Hoe meer je je bewust bent van je geldgedrag tot nu toe, hoe gerichter je financiële keuzes kunt gaan maken. Voor je bewustwordingsproces is het logisch om bij het begin te beginnen. Waar kom je vandaan, hoe zag je jeugd eruit en hoe ben je financieel opgevoed? Ook als je geschiedenis niet vlekkeloos is verlopen, is terugkijken een manier om vooruit te komen. Dat komt doordat je jezelf beter begrijpt en daardoor nieuwe, bewustere keuzes kunt maken. Alles wat je hebt meegekregen, en dat geldt zeker voor je ontwikkeling in de eerste tien jaar, heeft impact op je gedrag van nu.

Of je een goede of slechte relatie hebt met geld is sterk afhankelijk van de boodschap die je van je ouders hebt meegekregen. De manier waarop je denkt *en voelt* over geld zijn van invloed op je gedrag. Je doet iets wel of je doet iets niet. Je geldgedrag tot nu toe is een uiting of spiegel van je binnenkant. Hoe je denkt over geld en welke gevoelens je hebt over geld, bepalen je werkelijkheid.

Neem alle tijd die je nodig hebt bij het invullen van de oefeningen. Je zult versteld staan van de nieuwe inzichten die je over jezelf krijgt. We zijn niet gewend om onszelf met een financiële bril te bekijken. Maar jij gaat dat nu wel doen. Geniet van dit schrijfavontuur. Je komt hiermee sowieso een stap dichter bij jezelf.

Oefening: Invullen van je geldgeschiedenis

Deze oefening is bedoeld om je in grote lijnen bewust te worden van je financiële opvoeding. Vul alle vragen die van toepassing zijn op jouw situatie zo uitgebreid mogelijk in.

1. Hoe was het, financieel gezien, om in jouw gezin op te groeien?

   ....

   ....

   ....

2. Wat doen of deden je ouders voor de kost?

   ....

   ....

   ....

3. Wie had er thuis de leiding over het geld?

   ....

   ....

   ....

4. Spraken je ouders met je over geld?

....

....

....

5. Voelde je je financieel veilig?

....

....

....

6. Hadden je ouders (vaak) ruzie over geld?

....

....

....

7. Waren er thuis zorgen over geld?

....

....

....

8. Waren er financiële problemen in het gezin?

....

....

....

9. Heb je broers en/of zussen? Werden jullie financieel gelijk behandeld (zakgeld, verjaardagen, cadeaus etc.)?

....

....

....

10. Werd je tijdens je studie financieel gesteund door je ouders?

....

....

....

11. Zijn of waren je ouders spaarders of spenders? Hoe gingen andere familieleden zoals opa's en oma's om met geld?

....

....

....

12. Voelde je je veiliger bij je vader of bij je moeder?

....

....

....

13. Wie van de twee kwam het meest tegemoet aan je behoeften?

....

....

....

14. Vierde je thuis verjaardagen en feestdagen? Was dat een positieve ervaring?

....

....

....

15. Vond je dat je er qua geld bij hoorde op school?

....

....

....

16. Heb je je ooit financieel beoordeeld of minder gevoeld dan anderen?

....

....

....

17. Woon je alleen, samen of anders?

....

....

....

18. Is (of was) geld ooit een probleem in je relatie?

....

....

....

19. Heb je thuis ruzie over geld?

....

....

....

20. Ben je een spaarder of een spender?

....

....

....

21. Is je partner een spaarder of een spender?

....

....

....

22. Wie beheert bij jou thuis het geld?

....

....

....

23. Past deze situatie bij jou?

....

....

....

24. Heb je op dit moment schulden?

....

....

....

25. Vind je je werk (of studie) leuk?

....

....

....

26. Is je inkomen voldoende?

....

....

....

27. Ben je tevreden met je inkomen? Zo niet, wat wil je dan wel?

....

....

....

28. Zit je in een overgangsfase privé of qua werk (scheiding, ontslag, promotie etc.)?

....

....

....

29. Wat is je overtuiging over geld? Geef voorbeelden.

....

....

....

30. Beschrijf je relatie met geld.

....

....

....

31. Welk gevoel geeft geld je?

....

....

....

32. Is geld op dit moment een bron van stress of angst in je leven? Zo ja, wat is dan je grootste zorg?

....

....

....

33. Wat zou je ten opzichte van geld het liefst willen veranderen?

....

....

....

34. Welk resultaat wil je bereiken?

....

....

....

35. Hoe ziet je ideale geldleven eruit in de toekomst? (Wees zo uitgebreid mogelijk.)

....

....

....

Oefening
Invullen van je geldbiografie

Deze oefening is bedoeld om herinneringen/gebeurtenissen naar boven te halen die te maken hebben met geld en het gevoel dat je daarbij had en hebt. Aan een herinnering is altijd een gevoel gekoppeld. Als dat een fijn gevoel was, dan is dat mooi. Dan koppel je een financiële gebeurtenis onbewust aan een positieve relatie met geld. Bijvoorbeeld je eerste vakantie met vrienden die je helemaal zelf hebt betaald met je vakantiebaantje. Dat je je hierover goed voelde, omdat je dat helemaal zelf had geregeld. Het kan ook zijn dat je eerste vakantie bol stond van de stress omdat je geld meteen op was. Dat je moest lenen van vrienden en dat je je daar slecht over voelde.

Begin deze oefening met het sluiten van je ogen. Ga terug naar de allereerste herinnering die je hebt aan geld. Misschien vond je toen je vijf was geld op straat. En kwam er een gevoel van rijkdom en geluk over je heen. Of je bedenkt je ineens weer dat je van je eerste zakgeld heel veel snoep hebt gekocht. En dat dat je een heerlijk gevoel gaf (voordat je misselijk werd). Of je herinnert je ineens dat je spaarpot was leeggehaald door een ouder. En dat je daar woedend en verdrietig over was. Bedenk hoe oud je was bij je allereerste geldherinnering.

Als het goed is komen er vanzelf meer herinneringen naar boven. Vul je biografie zo uitgebreid mogelijk in. Je zult merken dat er door de dagen heen steeds meer herinneringen omhoogkomen. Neem de tijd en schrijf ze op. Benoem de personen die meedoen (ouders, grootouders, etc.). Als er bij bepaalde leeftijden geen herinnering opkomt dan is dat oké. Het belangrijkste is dat je dat wat je je wel herinnert zo specifiek mogelijk beschrijft, inclusief je gevoel. Vul je biografie in chronologische volgorde in en neem de tijd.

Beschrijf alle belangrijke gebeurtenissen en momenten die gaan over geld. Bijvoorbeeld een ruzie die je ouders tijdens de vakantie hadden over geld. Het moment dat je je allereerste loon gestort kreeg en het gevoel van zelfvertrouwen en kracht. Maar ook het gevoel dat je kreeg toen je ouders over en weer klaagden over de alimentatie. Of het moment dat je van je spaargeld eindelijk dat grote 'ding' kocht. Het gaat erom dat je een beeld krijgt van je eigen financiële levensloop tot nu toe. Als je zorgelijk bent over geld, dan is de kans groot dat je die zorgen hebt verinnerlijkt door gebeurtenissen uit het verleden. Zo kan het ontslag van een van je ouders op jou als kind een enorme indruk hebben gemaakt. Als kind ervaar je de spanning en stress van de volwassenen. Als kind kijk je op een andere manier naar de werkelijkheid. Het gevoel en de spanning thuis kun je dan vertalen in een innerlijke boodschap. Dat geld ineens weg kan zijn, kan verdwijnen en dat de wereld 'instort', onveilig is. De negatieve emotionele lading die daar voor jou als klein kind is ontstaan op geld neem je vervolgens onbewust mee in je volwassen leven.

Die heftige gebeurtenis van toen beïnvloedt je geldleven hier en nu. Dan kan het zijn dat je te zuinig bent of helemaal niet van geld kunt genieten. Als je dit eenmaal weet, kun je besluiten om je stressgevoel bij geld los te laten. Door het schrijven van je geldbiografie krijg je een totaalplaatje van het financiële pad dat je bewandelt. Van je relatie met geld, je overtuigingen, je patronen en je gedrag. Als je een andere richting op wilt, dan is het begrijpen van je eigen geschiedenis een prima begin voor een nieuwe route.

Geldbiografie

Leeftijd	Gebeurtenis	Gevoel
Allereerste herinnering ... jaar		
5-10 jaar		
10-20 jaar		

20-30 jaar		
30-40 jaar		
40-50 jaar		
50-60 jaar		
60-70 jaar		

70-80 jaar		
80-90 jaar		
90-100 jaar		

Klaar met schrijven?

Neem de tijd om op een rustig moment je biografie nog eens door te lezen. Als het goed is, ga je geldpatronen bij jezelf herkennen. Bijvoorbeeld dat je al vanaf je puberteit meer geld uitgaf dan je had. Of dat je jezelf niks gunde omdat je je ouders aan het redden was. Omdat je nu met een afstand terugkijkt op je eigen verleden, ontdek je al snel of een overtuiging of een gevoel over geld van jou is of toch van iemand anders.

Zo blikte Ronald terug op zijn biografie en begreep eindelijk het schuldgevoel dat hij met zich meedroeg. Hij had een goede baan en voelde zich schuldig over zijn salaris. Dat was voor zijn gevoel te hoog. Hij beschreef diverse momenten waarin zijn moeder klaagde over 'die mensen aan de overkant'. Hij kreeg een vriendinnetje en zij kwam van 'de overkant'. Ze had kennisgemaakt met zijn moeder en toen ze weg was zei zijn moeder tegen zijn vader: 'Heb je haar ring gezien? Die was zo groot dat haar hele arm zowat over de grond sleepte. Dat is toch niet normaal, dat je daar je geld aan uitgeeft. En wij maar werken!' Ronald kreeg daardoor het idee dat veel geld hebben slecht was. Zijn moeder was depressief, maar moest wel hard werken voor brood op de plank. Er lag een deken van zwaarmoedigheid over alles wat er in zijn huis gezegd en gedaan werd. Hij voelde zich als kind schuldig over het feit dat ook hijzelf geld kostte. Dat schuldgevoel over te veel geld hebben, dat was niet van hem. Dat was van zijn moeder. Hij heeft in de volgende sessie bewust afscheid genomen van zijn schuldgevoel. Het hoorde helemaal niet bij hem, het was van haar. Hij maakte bewust de keuze om de overtuiging 'geld is slecht' los te laten. Het was vervolgens ook een bewuste keuze om er een nieuwe overtuiging voor in de plaats te brengen. *Geld is liefde en ik mag ervan genieten. Hoe meer ik heb, hoe meer ik kan delen.*

Zo kun je in jouw biografie ontdekken dat bepaalde pijn, stress of verdriet niet van jou is. Dat je opvattingen of waarden die je hebt overgenomen over geld van een ander zijn. In veel gevallen van je vader, moeder, verzorger of opa of oma. Als je terugblikt en jezelf als kind in die situatie terugziet, dan mag je als volwassene dat gevoel of die emotie loslaten.

Hetzelfde geldt voor belemmerende overtuigingen. Die heb je wel degelijk meegekregen, maar het wil niet zeggen dat je die voor altijd moet vasthouden. Je mag overtuigingen wegdoen die niet meer bij je horen of sowieso al van een ander waren. Je begint hiermee aan je eigen mentale schoonmaak. Wat niet van jou is, mag de vuilnisbak in.

Het kan zijn dat je geldpatronen, zoals lenen en kopen op afbetaling, terugziet in je biografie. Dat is een patroon dat is ontstaan in je geschiedenis. Je kunt ervoor kiezen om dat patroon in stand te houden, maar je mag het ook vervangen door een nieuw patroon. Dat is helemaal aan jou. Je maakt dan in ieder geval een bewuste keuze.

Praktijkvoorbeeld: geldbiografie en gevoel

Alles in de wereld is energie. Einstein was er kraakhelder over: '*Everything is energy and that's all there is to it. Match the frequency of the reality you want, and you cannnot help but get that reality. It can be no other way.*' Wijzelf en de wereld om ons heen bestaan uit atomen. De katten, bomen, tafels, badkuip, gedachten en gevoelens, het is een grote verzameling van atomen. En die atomen, die trillen, die hebben een frequentie. Een gedachte is een ding, het is energie. Als je de hele dag negatief denkt, raak je uitgeput. Je energie raakt op. Hetzelfde geldt voor je gevoel. Ook dat is een ding dat bestaat uit energie, alleen zie je het niet. Als je verliefd bent knal je uit elkaar van energie. Je kunt de hele wereld aan. Als je je goed voelt heb je veel energie; voel je je down, dan heb je weinig energie. Nu is het de uitdaging om jezelf bewuster de kant op te sturen van wat je wel wilt. Alles is energie. Wat je aandacht geeft, groeit. Als je gedachten én gevoelens in harmonie zijn, dan zie je dat terug in je werkelijkheid. Alleen vinden wij mensen het hartstikke moeilijk om dat wat we willen te laten 'kloppen' met wat we voelen. Je kunt de volgende overtuiging in jezelf stoppen: ik verdien € 10.000,- per maand. Ik verdien € 10.000,- per maand. En nog een keer voor de spiegel: ik verdien € 10.000,- per maand. Als je gevoel stiekem vanbinnen aangeeft: dat gaat toch niet lukken, dan gaat het ook niet lukken. Je kunt nog zo graag iets willen, als je het niet 'voelt' gaat het niet gebeuren. En dat ligt niet aan de wet van de aantrekkingskracht. Dat ligt aan jezelf. Je gedachten en gevoel zijn niet in harmonie.

Gelukkig heb je daar meer invloed op dan je zelf denkt. Wat zou er gebeuren als je een grote schoonmaak houdt onder alle gedachten en gevoelens die je elke dag weer in je hoofd en je lijf toelaat? Wat zou er gebeuren als je ervoor kiest om ook je gevoelens af te stoffen, te kijken welke je graag in je lichaam wilt hebben en welke niet? Stel dat je je ervan bewust wordt dat je pijn, schuld, schaamte of angst met je meedraagt. Natuurlijk is het goed om gevoelens te doorleven. Er is onderzoek gedaan naar het volledig doorvoelen van een emotie. Dat duurt maximaal 90 seconden en dan ben je ervan af. Alleen doen we dat vaak niet. We zijn bang voor het verdriet of de boosheid. Dat gevoel laten we dan wel in ons zitten. We doorleven het niet en houden het vast. We herbeleven het, of we stoppen het weg. Dat is het verschil tussen overleven en vasthouden of loslaten en leven. Overleven geeft een emotionele vuilnisbelt vanbinnen. Leven betekent loslaten en kiezen voor iets anders. In dit geval iets veel fijners. Gevoelens van rust, vrijheid, plezier en liefde. Ik ben ervan overtuigd dat ook jij, na een mentale en innerlijke schoonmaak, op een fijnere manier door kunt met je leven. Zoals het bij Freek is gegaan.

Freek mailde me en gaf aan dat-ie al jaren bezig is met innerlijk werk. Het enige waar hij niet uitkomt zijn zijn financiën. Het gaat allemaal wel, maar hij moet er wel hard aan trekken. Hij heeft het gevoel dat hij voor een deur staat, waar een wereld van rust en vrijheid achter zit. Maar dat hij die deur met geen mogelijkheid open krijgt. Of ik mee kan helpen om de sleutel te vinden? Natuurlijk zit de oplossing van dit probleem in hem. Maar soms heb je verbinding met een ander nodig om jezelf met een frisse blik te bekijken. Dus dat deden we. Hij vertelde over zijn geldleven tot nu toe. Vervolgens koppelden we elke herinnering aan het gevoel dat hij bij elke ervaring had.

Leeftijd	Herinnering	Gevoel
10 jaar	Ik was met mijn vader in de Kijkshop. Ik kreeg een mp3-speler cadeau, dat was toen net een nieuwe ontwikkeling. Ik zag de moeder van een jongen uit het dorp. Ik voelde me ongemakkelijk, omdat ik wist of dacht te weten dat hun gezin niet zo veel geld had. Ik voelde me ongemakkelijk dat ik 'zomaar' een 'dure' mp3-speler van mijn vader cadeau kreeg. Alsof dat niet oké was, niet eerlijk naar dat gezin.	Onrechtvaardig, schuldig en schaamte
12 jaar	Ik had een fiets met fietstassen. Als ik bij de supermarkt was geweest en geld van mijn moeder had meegekregen om iets te halen, deed ik het muntgeld dat ik als wisselgeld kreeg altijd in de fietstassen. Mijn moeder zag dat wisselgeld	Schuldig, schaamte, slecht

	een keer in de fietstassen liggen. Ze vertelde me dat dat niet zo hoort. Misschien is hier een gevoel aan overgebleven dat ik niet eerlijk was, dat ik het verkeerd deed? *Zijn opa en oma van moeders kant zijn altijd zeer zuinig geweest. Ze hebben de oorlog meegemaakt. Zijn moeder is daardoor ook extreem spaarzaam. Slordig omgaan met geld heeft voor haar een zware lading. Dat doe je niet. Die energie voelde Freek. Alleen was hij nog maar een jongen en snapte dit niet.*	
12 jaar	Ik ging naar de middelbare school. Iedereen wist dat mijn ouders vermogend waren. Ik was het rijke kind tussen de andere kinderen. Ik heb dat altijd gevoeld. Ik had moeite met vrienden maken op school. Het was eenzaam.	Onveilig, schuldig, eenzaam
13 jaar	Rond deze leeftijd kwam ik voor het eerst in aanraking met porno via internet. Ik kwam op websites uit waar 'webcamseks' werd aangeboden. Door met de huistelefoon een betaalnummer te bellen, kreeg ik toegang tot deze websites. Ik vond dit erg spannend, omdat ik me altijd afvroeg of mijn ouders hierachter zouden komen. Ik ben tot ongeveer mijn 23e verslaafd geweest aan internetporno. Gedurende al deze jaren heb ik me onveilig en ongemakkelijk gevoeld, omdat ik me afvroeg of mijn ouders erachter zouden komen dat dit heel veel geld heeft gekost gedurende die jaren. *Wat je vaak ziet bij een verslaving is dat er een leegte gecompenseerd wordt met drugs, alcohol of in dit geval seks. Die leegte is een onvervulde behoefte. In dit geval warmte, aandacht van zijn ouders. Zijn vader toonde zijn liefde door spullen te geven. Zijn moeder toonde haar liefde door praktisch te zijn. Eten, drinken en de juiste kleren. Waar Freek behoefte aan had, was knuffels en gerichte aandacht voor hem. Zijn (onbewuste) roep om aandacht is niet gehoord.*	Spannend, onveilig, ongemakkelijk, schuldig, schaamte, angst
13 jaar	Vanaf mijn 13e heb ik krantenwijken gehad als bijbaantjes om extra geld te verdienen. Ik vond het leuk om zo veel mogelijk geld te verdienen op deze manier. Op een gegeven moment had ik drie krantenwijken in het dorp. Dit is ook de leeftijd waarop mijn opa en oma me één of	Trots, verantwoordelijk, positief, vrij, fijn, vertrouwen, vol leven

	meerdere keren geld geschonken hebben om mee te gaan beleggen op de beurs. Ik kocht aandelen en beleggingsfondsen. Meestal lukte het me ook om hier wat winst mee te maken. Voor mij was dit een erg leuke ervaring; ik herinner me dat het me een levendig positief gevoel gaf als ik winst maakte op de beurs.	
17 jaar	Ik ging aan het eind van de middelbare school na mijn eindexamen vrij vroeg en snel op mezelf wonen. Ik ging studeren. Mijn ouders hebben de huur van mijn appartement en andere studiekosten betaald. Ik voelde me nog steeds ongemakkelijk over het geld dat ik uitgaf aan internetporno. Ik ben vrij snel extra geld bij de IB Groep gaan lenen. Veel van dit geld gaf ik ook uit aan internetporno.	Schuld, schaamte, stress, eenzaam (met mijn geheim)
18 jaar	Toen ik 18 of 19 was hebben mijn ouders een appartement gekocht voor mij. Hier heb ik mijn hele studietijd gewoond. Als ik hieraan terugdenk, voel ik dankbaarheid. Anderzijds voel ik ook ongemak. Het heeft ook ongemakkelijk gevoeld naar andere mensen met minder vermogende ouders dat mijn ouders een appartement voor me hebben gekocht.	Dankbaar, onrechtvaardig, schuldig, schaamte
21 jaar	Ik begon met mijn masteropleiding in Utrecht. Om minder te hoeven reizen huurde ik een kamer in Utrecht, terwijl ik ook nog mijn appartement in Amsterdam had. Ik herinner me dat het elke maand heel krap voelde om de huur van de kamer in Utrecht te betalen. Heen en weer schuiven met geld tussen rekeningen, rood staan. Dat is wat ik me herinner. En het gevoel dat deze krapte kwam door het geld dat ik aan internetporno had uitgegeven.	Schuld, schaamte, stress, angst
24 jaar	Toen ik 23/24 was vertelde ik mijn ouders over mijn verleden met internetporno en het geld dat het gekost heeft via de telefoonrekening, die werd betaald door het werk van mijn vader. Ze reageerden gelukkig erg begripvol en steunend op dit voor mij zeer emotionele en moeilijke gesprek.	Opluchting, vrij
25 jaar	Mijn eerste fulltime betaalde baan na mijn studie was op mijn 25e/26e. Ik had een sterk verlangen om financieel onafhankelijk te zijn	Onafhankelijk, vrij, trots, verantwoordelijk

	van mijn ouders, die ook aan het einde van mijn studie, toen ik ging samenwonen, nog mijn kosten hielpen betalen. Samenwonen en mijn eerste 'echte' baan waren twee momenten om mijn financiële onafhankelijkheid te markeren.	
27 jaar	Ik veranderde van baan naar semi-zelfstandig binnen een franchiseconstructie in de IT. Twee jaar ging het vrij goed, ik had plaatsingen en opdrachten. Tot de eigenaar besloot ineens de samenwerking te verbreken. Dit gaf me grote gevoelens van spanning, zorgen, tekort. Hoe ga ik nou weer geld verdienen? Financieel tekort en gevoelens van schaarste legden ook een behoorlijk grote druk op mijn relatie, omdat mijn vriendin op dat moment vrij weinig inkomsten had.	Tekort, schaarste, stress, zorgen, spanning, druk, angst
30 jaar	Tussen 30 en 31 jaar is er iets veranderd in mijn financiën. Nu heb ik iets meer dan een jaar een stabiele freelance opdracht, die ongeveer 80 procent van onze maandelijkse kosten voor levensonderhoud dekt. Dat geeft meer rust in de basis. Tijdens dit jaar ben ik me ook weer actiever gaan richten op mijn doel: financiële vrijheid. Vanuit dat doel/verlangen heb ik een sessie voor moneycoaching geboekt.	Verantwoordelijk, rust, krachtig, vrijheid

Aan Freeks verhaal zie je hoe belangrijk het is om terug te kijken. Niet om je te wentelen in het verleden, maar om bewust in kaart te brengen welke gevoelens je onbewust hebt over geld. Freeks rugzak zit vol met schuld, schaamte, stress en angst. En die zak mag geleegd worden. Dan komt er meer ruimte voor zijn positieve gevoelens over geld, zoals vrijheid, rust en overvloed.

Zolang Freek onbewust voelt dat geld onrechtvaardig is en iets is om je voor te schamen, zal geld niet optimaal naar hem toe komen. Er zit een negatieve lading op geld. Zijn willen (denken) is nog niet in harmonie met zijn gevoel. Dat zorgt ervoor dat zijn deur naar vrijheid en overvloed niet opengaat. Stress, angst, onrust, schaamte en bezorgdheid zijn de grootste slurpers onder de gevoelens. Ze helpen je niet verder. Ze stelen je energie en je krijgt er niks voor terug. Wat voor beperkende overtuigingen geldt, geldt ook voor beperkende gevoelens. Je kunt erin blijven hangen of ze loslaten. Ook hier kun je kiezen: focus ik me op gevoelens die me energie geven of op gevoelens die me alleen maar energie kosten? Wat je aandacht geeft, groeit.

Overtuigingen: vasthouden of loslaten?

Je hebt met de oefeningen tot nu toe jezelf door een financiële bril bekeken. Je opvoeding, je vrienden en familie, ze hebben allemaal invloed gehad op je overtuigingen. Het is de uitdaging om bij jezelf na te gaan of je bepaalde overtuigingen nog wel wil hebben.

Familieovertuigingen

Vaak worden belemmerende overtuigingen, als een hete aardappel, van generatie op generatie doorgegeven. Dat zijn familieovertuigingen. Het is aan jou wat je met die hete aardappels wilt doen. Vasthouden of loslaten. Je overtuigingen spelen veelal onbewust mee in je leven. In die zin dat je ze voor waar aanneemt. Het kan zijn dat je familie de volgende boodschap heeft: 'Wij zijn geen ondernemers. Dat zijn van die gladde glibbers die snel geld verdienen. Die vertrouwen we niet. Wij werken tenminste voor ons geld.' Tja, wat doe je met deze boodschap als je diep in je hart een webwinkel wilt beginnen? De meeste mensen zullen het idee in eerste instantie diep wegstoppen. Een baan kiezen die wel zekerheid biedt maar ongelukkig maakt. Om uiteindelijk veel later alsnog te gaan ondernemen.

Stel je voor dat je belandt in een gezin met het motto: 'Bij ons is het "doe maar normaal dan doe je al gek genoeg".' Of: 'Wij praten niet in onze familie. Daar doen we niet aan. We zijn van "niet lullen maar poetsen".' Daar ben je dan mooi klaar mee, als je hooggevoelig bent. Kom je uit een familie waar de norm is: 'Je moet keihard werken om geld te verdienen en zuinig zijn.' Dan gaat het een uitdaging voor je zijn om te genieten van het geld dat je verdient. Mocht er thuis weinig geld zijn en je vader of moeder rookt door, dan is de kans groot dat je het gevoel krijgt dat je niet de moeite waard bent om geld aan uit te geven. De keuze gaat naar een pak sigaretten en niet naar jou. De overtuiging die ontstaat is: 'Ik ben het niet waard.' Die lage eigenwaarde zie je vervolgens vaak terug in een te laag salaris. En dat is doodzonde. Je verleden kun je niet veranderen, maar je overtuigingen wel. Daar ga jij over. Als een overtuiging niet van jou is, dan mag je die loslaten. Maar dan moet je natuurlijk wel eerst onderzoeken welke overtuigingen er in je zitten. Die kun je terugvinden in je geldgeschiedenis en geldbiografie.

Oefening
Invullen van moeder/vader-spiegel

Als je je relatie met geld wilt verbeteren, dan is het belangrijk om te kijken waar je je overtuigingen vandaan hebt gehaald. In je kinderjaren waren je ouders hét voorbeeld. Daarom is het belangrijk om te ontdekken hoe je vader en moeder financieel in elkaar zaten of zitten.

Wees vooral eerlijk bij het invullen van deze moeder/vader-oefening. Je hoeft het niet mooier te maken dan het is. Doe deze oefening op een rustig moment. Sluit je ogen en visualiseer je ouders. Begin met je moeder. Als je eenmaal een duidelijk beeld van je moeder hebt gevormd, schrijf je alle woorden op die in je opkomen die gaan over haar kwaliteiten, kenmerken en energie gekoppeld aan geld. Denk ook aan specifieke uitspraken of speekwoorden. Misschien zegt ze altijd: 'alles is mogelijk' of juist dat 'een dubbeltje geen kwartje wordt'.

Laat de woorden die je moeder beschrijven naar boven komen zonder ze verder te analyseren. Totdat je voelt dat de lijst compleet is.

Doe vervolgens hetzelfde met woorden die opkomen bij je vader. Als er andere personen in je leven zijn geweest die een belangrijke rol in je opvoeding hebben gespeeld, dan kun je ook hen benoemen. Denk bijvoorbeeld aan je opa of oma.

Voorbeeldlijstje moeder:
Genereus
Naïef
Bang voor geld
Gaat uit van tekorten
Zorgt voor anderen
Teleurgesteld
Uitgeven
Schulden
Zorgen

Voorbeeldlijstje vader:
Bang
Kostwinner
Planner
Dominant
Statusgericht
Manipulatie
Nooit genoeg
Controle
Mislukte investeringen

Vul hieronder je moeder/vader-spiegellijsten in.

Moeder-spiegel
Woorden die mijn moeder beschrijven in relatie tot geld:
....
....
....

Haar overtuiging over geld:
....
....
....

Haar spreekwoord of opmerking over geld:

....

....

....

Vader-spiegel

Woorden die mijn vader beschrijven in relatie tot geld:

....

....

....

Zijn overtuiging over geld:

....

....

....

Zijn spreekwoord of opmerking over geld:

....

....

....

Belangrijke ander (opa, oma, broer of zus of verzorger)

Woorden die deze persoon beschrijven in relatie tot geld:

....

....

....

Zijn of haar overtuiging over geld:

....

....

....

Zijn of haar spreekwoord of opmerking over geld:

....

....

Belemmerende overtuigingen

Ook op een andere manier kan je familie je onbedoeld belemmeren. Je bent geprogrammeerd om loyaal te zijn aan je ouders. Je mag niet groter groeien dan je ouders, dat geeft een disbalans. Kinderen die het beter zouden kunnen doen dan hun ouders doen dat niet omdat ze dan in een loyaliteitsconflict komen.

Tijdens een lezing kwam een vrouw naar me toe. Ze herkende zichzelf in het loyaliteitsconflict. Ze vertelde: 'Mijn vader is monteur en mijn moeder huisvrouw. Ik ben in het gezin de vreemde eend in de bijt. Ik deed vwo en heb een goede baan bij de overheid. Tijdens een feestje had mijn vader het over verzekeringen. Ik gaf een tip en hij zei: "Ja, dat kun je wel zeggen, maar jij hoort bij 'de anderen'." Ik snap nu waarom ik al drie jaar geen promotie wil maken op mijn werk. Dan hoor ik nog meer bij "de anderen" en ben ik niet trouw aan mijn ouders. Ik zal mezelf hier toch toe moeten verhouden. Ik wil namelijk wel verder.'

Loyaliteit gebeurt onbewust en heeft grote invloed op alle gezinsleden. Als je kijkt naar armoede van generatie op generatie, dan is loyaliteit datgene wat ervoor zorgt dat het systeem in stand blijft. Je kunt het systeem alleen veranderen als je je hiervan bewust bent.

Het kan zijn dat je zelf belemmerende overtuigingen hebt bedacht. Overtuigingen waar je niks aan hebt maar die wel een grote rol spelen in de manier waarop je je leven leeft en ervaart. Ik weet nog dat ik na mijn scheiding mezelf flink onder handen heb genomen. Ik werd op mezelf teruggeworpen en werd me ervan bewust dat ik mezelf van alles had aangepraat. Hoezo kon ik niet boren? Ik had het nog nooit gedaan. Toen ik het vervolgens wel deed, bleek dat ik officieel niet goed was in boren. Maar daar gaat het niet om. Ik riep dat ik niet goed kon koken. Maar nu moest ik wel. En jawel hoor, ik kan prima koken. Soms heb je ooit iets bedacht en ga je daarnaar leven.

Ik heb niks met klassieke muziek. Dat riep ik altijd en dat is ook logisch, want ik ben er niet mee opgevoed. Maar ik houd toch echt van klassieke muziek, ook al mis ik de kennis en context ervan.

Nog een voorbeeld: tot een aantal jaren geleden wist ik maar weinig van beleggen. Dat was een hete aardappel die aan mij was doorgegeven. 'Beleggen is voor mensen die risico nemen. En moet je zien wat daarmee gebeurt...' vond mijn vader. Hij timmerde alles dicht qua pensioen en verzekeringen. Sparen ja, beleggen nee. En ik wilde onbewust loyaal aan hem zijn. Tot ik op een dag dacht: maar ik wil wel weten hoe het werkt. Als het dan mislukt, jammer dan. Dus ik ben toch gaan beleggen. Je bent het aan jezelf verplicht om te bekijken of wat je jezelf vertelt ook wel zo is. Belemmerende overtuigingen zijn je aangepraat door ouders, familie, partner, vrienden of jezelf. Aan jou de eer om te kijken welke belemmerende overtuigingen je hebt.

We hebben vaak het idee dat als we eenmaal iets bedenken en geloven, we daar dan de rest van ons leven aan vastzitten. Terwijl het helemaal niet verboden is om ook overtuigingen los te laten. Dat mag gewoon. Er is geen wet die stelt dat je moet vasthouden aan een idee dat niet meer past bij het leven dat je nu leidt. Als je een overtuiging loslaat en vervangt door een overtuiging die beter past, dan maak je een stap richting jezelf. Je bent meer in overeenstemming met je hoofd, je hart en je handelen. Of je tevreden bent met je leven hangt niet (meer) af van waar je wieg heeft gestaan en hoe je bent opgevoed. Natuurlijk heeft dat grote invloed op wie je bent. Maar jij zelf bent verantwoordelijk voor wat je er vanaf vandaag mee doet. Deepak Chopra zegt het natuurlijk iets mooier: 'Elke keer dat je de neiging hebt op dezelfde manier te reageren, moet je jezelf afvragen of je een gevangene bent van het verleden of een pionier van de toekomst wilt zijn.'

Op basis hiervan kun je nog een stap verder gaan met je mentale schoonmaak. Onderzoek nog eens heel precies je overtuigingen.

Mentale schoonmaakactie

1. Mijn belemmerende overtuiging is:
2. Van wie heb ik de overtuiging overgenomen?
3. Wil ik de overtuiging vasthouden of loslaten?
4. Nieuwe overtuiging die wel bij me past:

Belemmerende overtuiging	Van wie	Stimulerende overtuiging
Ik ben te laag opgeleid.	Familie	Ik ben goed in mijn werk (vakkennis is ook kennis).
Ik ben dom.	Zelf	Ik ben gemiddeld en dat is prima!
Ik ben niet van het sporten.	Vrienden	Wandelen is ook sporten.
Ik neem geen risico.	Familie	Ik durf risico te nemen.
Ik kan niet sparen.	Partner	Ik start met sparen.
Ik ben niet van de financiën.	Familie	Ik geef aandacht aan mijn geldzaken.
Ik hou niet van verandering.	Zelf	Ik kijk per verandering wat ik ervan vind.
Ik geef nooit grenzen aan.	Moeder	Ik stel mijn eigen grenzen.
Ik kan niet rekenen en kan dus niet met geld omgaan.	School/ Zelf	Omdat ik niet goed kan rekenen ben ik goed in inschatten en delegeren.
Alleen met hard werken verdien ik geld.	Familie	Ik verdien geld met relaxed werken als ik dat wil. Hard werken vind ik prima, maar wel zonder stress.
Ik ben altijd bang.	Zelf	Ik kies voor vertrouwen.
Ik kan nooit uit loondienst.	Partner	Het maakt niet uit hoe ik mijn geld verdien, als ik maar geld verdien (in vaste dienst of als ondernemer).
Ik ben geen hulpvrager.	Familie	Ik vraag hulp als dat nodig is.
Ik ben geen ondernemer.	Familie	Ik ben een ondernemer in hart en nieren.
Ik heb altijd pech.	Vader	Ik heb net zo veel pech als iedereen.
Ik ben lomp en onhandig.	Partner	Ik ben prima zoals ik ben.
Ik val ooit door de mand.	Zelf	Ik heb vertrouwen in mezelf en anderen in mij.
Ik ben onveilig.	Familie	Ik ben veilig.

Ik ben het niet waard om van te houden.	Zelf	Ik hou van mij. Ik ben het waard om van te houden.
Ik moet uitblinken en mag niet gemiddeld zijn.	Familie	Ik mag gemiddeld zijn.
Ik eindig in de goot.	Zelf	Ik werk, dus geen goot.
Ik moet perfect zijn.	Familie	Ik mag mezelf zijn en ik ben prima zoals ik ben.
Ik moet alles onder controle houden.	Zelf	Ik mag de teugels laten vieren.

Zelfonderzoek

Je kernwaardensysteem is helder: check.
Je geldgeschiedenis ingevuld: check
Je geldbiografie geschreven: check
Je moeder/vader-spiegel ingevuld: check
Je overtuigingen onderzocht en omgebogen: check

Bekijk je ervaringen en geldpatronen. Welke belemmerende overtuigingen heb je overgenomen of zelf bedacht? Heb je altijd te weinig geld? Welke overtuiging zit daarachter en van wie heb je die meegekregen? Ben jij in relaties altijd degene die financieel voor de ander zorgt? Waarom is dat, welke overtuiging zit daaronder en van wie heb je die?

Buig je beperkende overtuigingen om en zet er een stimulerende overtuiging voor in de plaats. Als je een andere financiële toekomst wilt, dan is daarvoor nieuw gedrag nodig, Zelfkennis is de snelste route naar gedragsverandering. In het volgende hoofdstuk ontmoet je verschillende geldtypen die bij jou aan het stuur zitten. Die hebben grote invloed op hoe je met je geld omgaat.

HOOFDSTUK 4

GELDTYPEN EN GELDGEDRAG

I think 'destiny' is just a fancy word for a psychological pattern.

– Jodie Foster

Jij en ik, alle mensen op de wereld, hebben acht geldtypen 'in' ons. Het ene geldtype is meer aanwezig dan het andere. Dat is afhankelijk van hoe je in elkaar steekt, op dit moment. We hebben allemaal een eigen, unieke combinatie. De geldtypen zijn gebaseerd op de twaalf persoonlijkheidsarchetypen van Carl Jung, de bekende ontwikkelingspsycholoog. Archetype betekent in het Oudgrieks 'het originele patroon'. Jung ging ervan uit dat je persoonlijkheid vastligt, maar dat is bij de geldtypen niet het geval. Elk geldtype heeft eigen gewoonten en gedragspatronen. Alleen liggen die niet 'voor eeuwig vast' in je persoonlijkheid. Je geldtypenprofiel geeft niet aan wie je bent. Het geeft wel haarscherp aan waar je nu staat. Hoe je op dit moment omgaat met je geld en hoe je relatie is met geld. Je kunt door je leven heen veranderen van geldtype. Dat is logisch, omdat je je ontwikkelt en verandert. Als je je focus verlegt kun je groeien naar een krachtiger geldtype, dat meer past bij het leven dat je wilt leiden. Als je je ontwikkelt, dan groeien de geldtypen met je mee.

Je kunt je voorstellen hoe belangrijk het is om te achterhalen welke geldtypen bij jou (en de mensen om je heen) dominant zijn. Deborah Price is oprichter van het Money Coach Institute in Amerika. Zij heeft in haar boek *Money Magic: Unleashing Your True Potential for Prosperity and Fulfillment* (2003) acht geldtypen beschreven. Ik heb ze vrij vertaald naar Nederlands gebruik en ze de volgende namen gegeven: de Struisvogel, het Slachtoffer, de Held, de Waaghals, de Sint-bernard(hond), de Creatieveling, de Controlfreak en de Magiër.

Durf je niet goed te onderhandelen over je salaris en heb je een bloedje hekel aan geldzaken? Dan is de kans groot dat er een flinke Struisvogel in je schuilt. Wil je graag voor iedereen zorgen? En sta je in je omgeving bekend als de nationale pinautomaat, waar iedereen naartoe gaat met schulden? Dan is de Sint-bernardhond actief bij jou. Je bent een magneet voor Slachtoffers, die gered willen worden. Ben je heel goed in geld verdienen, maar ben je het ook zo weer kwijt? Dan is de Waaghals bij jou aan het werk. Kortom, ons financiële gedrag is helemaal geen toeval. Je kunt je financiële gedrag verklaren vanuit de geldtypen die bij jou het meest actief zijn. Elk geldtype heeft eigen karaktereigenschappen. Het Slachtoffer wil graag gered worden door een ander en zal zich financieel afhankelijk opstellen. De Struisvogel wordt vaak opgelicht en de Controlfreak wil alles om zich heen onder controle houden.

Je gaat in dit hoofdstuk niet alleen je eigen geldtype herkennen, je doorziet ook de geldtypen bij de mensen om je heen. Er zijn geldtypen die je financiële skills sterker maken en er zijn geldtypen die je geldstroom blokkeren. Als je dat eenmaal doorhebt kun je ervoor kiezen om je aandacht te verschuiven naar een ander geldtype, dat beter voor je zorgt. Je zit dus niet de rest van je leven aan hetzelfde geldtype vast.

De acht verschillende geldtypen

1. De Struisvogel

Kenmerken van de Struisvogel

- Goedgelovig
- Besluiteloos
- Zorgelijk

- Angstig
- Financieel afhankelijk
- Ruzie vermijden
- Voelt zich machteloos
- Onderdrukt gevoelens en overtuigingen
- Op zoek naar zekerheid
- Op zoek naar veiligheid en bevestiging
- Bang voor cijfers en financiële taal

Basisbehoefte van de Struisvogel: hou van mij, dan ben ik veilig

Een Struisvogel staat erom bekend zijn kop in het zand te steken. In werkelijkheid doen struisvogels dat helemaal niet, dat is een fabel. Maar in spreekwoordelijke zin snap je wel dat het hier gaat om het uit de weg gaan van alles wat te maken heeft met Excel-bestanden, cijfers, kleine lettertjes, overeenkomsten en besluiten nemen. Als je hoog scoort op de Struisvogel, dan ben je vaak bang voor geld. Je voelt je al snel overweldigd door financiële informatie en schiet in de stress. Als Struisvogel vertrouw je niet op jezelf maar juist op de ander. Je hecht meer waarde aan de mening van een ander dan aan je eigen mening. Dat komt doordat een Struisvogel zich veilig wil voelen.

De basisbehoefte van de Struisvogel is: hou van mij, dan ben ik veilig. Dat kan alleen als je 'erbij hoort' en aardig gevonden wordt. Dat houdt in dat een Struisvogel ja zegt tegen een ander ten koste van zichzelf. Je neemt geen financiële beslissingen op basis van je eigen kompas. Je laat je leiden door het advies van een ander. Ook omdat een Struisvogel zich onzeker voelt over de eigen kennis en kunde. Struisvogels zijn een tikkeltje naïef. Dat hoeft helemaal niet erg te zijn, maar het is wel onhandig in combinatie met geldzaken. Struisvogels gaan ervan uit dat iedereen het beste met ze voorheeft. Dat een ander hetzelfde belang heeft als zij. Dat is een heel vredelievend uitgangspunt, alleen werkt de wereld niet zo. Ze worden dan ook vaak opgelicht. Er lopen namelijk altijd mensen rond die graag misbruik maken van de naïviteit en goedheid van een ander. Oplichters hebben een ingebouwde herkenningssensor voor Struisvogels. De uitdaging voor de Struisvogel is dan ook: begrijpen dat iedereen een eigen belang heeft en je kennis vergroten. Je veilig voelen met jezelf (daar is geen ander voor nodig), vertrouwen op jezelf. Het gaat erom actief je angst te overwinnen door wel te leren omgaan met geld. Stap voor stap. Een Struisvogel die ervoor kiest volwassen te worden kan de Held, de Creatieveling en de Magiër in zichzelf ontwikkelen.

Typisch Struisvogel

- Een driejarig contract aan de deur tekenen omdat het anders zo zielig is voor de verkoper. (Vervolgens zit je vast aan een heel slechte deal.)
- In paniek raken van enveloppen van de Belastingdienst en andere overheidsinstanties.
- Post wegmoffelen en e-mails wegklikken.
- Een error krijgen bij het zien van Excel-sheets.

Tip voor de Struisvogel

Het is niet zo dat Struisvogels niet kunnen omgaan met geld. Het is ze vaak van huis uit niet geleerd. Dat heeft niets te maken met niet kunnen of niet snappen. Maar het ontbreken van basiskennis zorgt onbewust voor het uit de weg gaan van geldzaken. Een Struisvogel zoekt als partner vaak een Held of Controlfreak uit om de geldzaken op zich te nemen. Deze afhankelijkheid van een ander ('als hij of zij maar van me houdt') zorgt voor een ongelijkwaardige relatie. De ander gaat uiteindelijk het gevoel hebben er alleen voor te staan. Het is niet aantrekkelijk om in een relatie degene te moeten zijn die alle financiële rompslomp moet opknappen. Natuurlijk kan de een hierin beter zijn en het voortouw nemen, maar je kunt wel in grote lijnen op de hoogte blijven. Die ongelijkwaardigheid zorgt anders voor een knik in de relatie. En uit praktijkervaring kan ik je vertellen dat scheiden duur is.

Tip

Ontstruisvogel jezelf en leer op eigen benen staan. Vergroot je financiële kennis. Een ander gaat dat niet voor je doen. Alleen jijzelf kunt zorgen voor een goede financiële basis. Kwestie van oefenen, en dat kun je!

Strategieën voor de Struisvogel

- Kom in actie! Hoe meer je aan de slag gaat met geldzaken, hoe meer zelfvertrouwen je krijgt. Je angst voor financiën wordt door te doen steeds kleiner. Je wordt als vanzelf steeds onafhankelijker.
- Vertrouw op jezelf. Als je instinct het niet vertrouwt, dan zeg je NEE.
- Jij bent verantwoordelijk voor jouw geld en niemand anders.
- Iedereen heeft een eigen belang. Vraag je bij geldzaken af: wat heeft die ander hierbij te winnen?
- Wees eerst aardig voor jezelf en dan pas voor de ander.
- Je bent veel meer waard dan je denkt, dus onderhandel beter.
- Reken uit: hoeveel geld heb ik per maand netto nodig om mezelf veilig te voelen? Stel dat als doel en jouw veilige geldbasis staat als een huis.
- Los leningen af. Vraag hulp als dat nodig is en heb geduld; Rome is ook niet in één dag gebouwd.
- Spaar elke maand automatisch een bedrag (kleine bedragen mag ook, het gaat erom dat je een nieuwe gewoonte aanleert).

2. Het Slachtoffer

Kenmerken van het Slachtoffer

- Geeft een ander de schuld
- Snel emotioneel (boos of verdrietig)
- Leeft in het verleden
- Financieel onverantwoordelijk

- Zoekt naar een redder
- Kan moeilijk vergeven
- Verslavingsgevoelig (alcohol, drugs, seks, gokken, eten)
- Leeft vanuit een selffulfilling prophecy
- Voelt zich machteloos
- Manipulatief

Basisbehoefte van het Slachtoffer: red mij (want ik ga dat niet doen)

Het Slachtoffer lijkt op de Struisvogel, maar er is één groot verschil: een Slachtoffer vindt dat hij of zij recht heeft op van alles, als compensatie voor al het leed uit het verleden. Financiële tegenslag ligt nooit aan het Slachtoffer zelf. Het probleem ligt bij een ander. Die moet het dan ook maar oplossen. Een Slachtoffer is erg goed in het aan de gang zetten van mensen. Hen iets laten doen of regelen waar het Slachtoffer zelf geen zin in heeft. Als dat niet gebeurt, wordt er een arsenaal aan emoties (boosheid of grote tranen) uit de kast getrokken.

Je herkent het Slachtoffer in jezelf als je vaak een ander de schuld geeft, omdat het leven niet loopt zoals jij vindt dat het moet lopen. Slachtoffers hebben vaak grote moeite met loslaten en klampen zich vast aan het verleden. Dat verleden wordt vervolgens gebruikt als een excuus om in het nu niet zelf te hoeven handelen (verantwoordelijkheid nemen). Je kunt als Slachtoffer pas van perspectief veranderen als je aan de slag gaat met oude wonden, het verleden langzaam loslaat. Dat is een bevrijding, omdat je anders eindigt als een soort langspeelplaat met steeds hetzelfde liedje.

Typisch Slachtoffer

- Als je naast een Slachtoffer hebt gezeten op een feestje voel je je daarna leeggezogen.
- Ja maar, ik kan niet meer uren werken, want ik heb kinderen.
- Hoezo gaat mijn toeslag omlaag als ik meer ga verdienen? Dat is toch niet eerlijk?
- Altijd als ik een voordeeltje heb, wordt het meteen weer van me afgepakt.

- Ik ga die lening echt niet afbetalen. Dan moet ik mijn auto verkopen en gaan fietsen?!

Tip voor het Slachtoffer

Blijf je in het verleden hangen en wil je gered worden? Dan is de kans groot dat je een Held of Sint-bernard aan de haak slaat. Die mag jouw problemen oplossen. Op deze manier blijf je altijd afhankelijk van anderen en houd je jezelf tegen. Wil je een beter leven, gun jezelf dan een nieuwe start.

Tip

Stel jezelf de vraag: wie is er verantwoordelijk voor mijn leven? Ik, of de rest van de wereld? Neem het heft in eigen hand en vertel jezelf een nieuw verhaal. Begin vandaag.

Strategieën voor het Slachtoffer

- Wees lief voor jezelf en vertrouw op je eigen kracht.
- Jij bent verantwoordelijk voor jouw leven, en dat betekent dat financiële zelfstandigheid jouw taak is en niet die van een ander. Red jezelf.
- Gebruik je geschiedenis als wijze les waar je juist kracht uit haalt voor de toekomst.

3. De Held

Kenmerken van de Held

- Krachtig
- Gedreven
- Loyaal
- Competitief

- Gedisciplineerd
- Doelgericht
- Financieel succesvol
- Zelfverzekerd
- Vrijgevig
- Redder
- Wijs
- Scherpzinnig

Basisbehoefte van de Held: de wereld redden

De Held is een soort Sjefkoning(in) die goed is in zowat alles. Regelen, samenwerken, organiseren, projecten opzetten en ga zo maar door. De Held is degene op wie we een beroep doen als we iets voor elkaar moeten krijgen op het werk. Als je veel Held in je hebt, dan vind je het een uitdaging om met geld bezig te zijn. Het geeft je een kick als je financieel de boel goed geregeld hebt. Sparen, beleggen, investeren en denken aan je pensioen is voor jou hetzelfde als de was doen. Het hoort erbij en dan maak je er meteen een sport van.

Een Held staat open voor ideeën van anderen, maar vertrouwt altijd eerst op zichzelf. Een Held gaat niet eindeloos zitten wikken en wegen, maar neemt snel beslissingen op basis van instinct, de juiste informatie en de mensen om zich heen. Uiteraard wordt er gewerkt met plannen. Plannen voor zowel de korte als de lange termijn. De Held in jezelf is degene die je dromen omtovert in plannen en die ook echt uitvoert. Zodat je het leven leidt dat bij je past. Als de Held in jou nu nog een beetje ligt te slapen, maak 'm dan wakker. Iedereen heeft het in zich, dus jij ook.

Typisch Held

- Oké, als niemand dat project op zich wil nemen, dan doe ik het wel.
- Een onlinetraining over beleggen bestellen en die ook echt gaan doen in de avonduren.
- Als vrijwilliger de Kindervakantieweek coördineren, in het bestuur zitten van de sportclub en ondertussen die vriend helpen die in scheiding ligt.

- Ja zeggen tegen die managementfunctie, met nog meer uren. Omdat je weet dat jij dat prima kunt. (En uiteindelijk een burn-out krijgen.)

Tip voor de Held

Als Held ben je gefocust, gedreven en doelgericht. Je krijgt dan ook een heleboel dingen op één dag voor elkaar. Dat is meteen ook je valkuil of achilleshiel. Omdat er zoveel lukt, ben je een vraagmagneet voor anderen. Kun jij dat project erbij doen? Kun jij die vrijwilligersklus doen? Kun jij dat even organiseren? Als Held zeg je dan vaak ja, omdat je weet dat het dan ook gebeurt en lukt. Maar dat je alles kunt, wil nog niet zeggen dat je dan ook alles maar moet doen. Daarvoor betaal je een prijs. Je kunt je tijd namelijk maar één keer uitgeven. Dus de vraag is dan: geef je je tijd uit aan datgene wat voor jou echt belangrijk is?

Tip

Denk bij elk verzoek dat je krijgt eerst goed na. Als je ja zegt tegen het een, zeg je nee tegen iets anders. Als je ja zegt tegen nog meer werk, zeg je nee tegen je vrienden, je vrije tijd, je relatie en/of je kinderen.

Strategieën voor de Held

- Wat wil jij? Wat is belangrijk voor jou? Schiet niet te ver door in je geldzaken, want dan eindig je als een Controlfreak, als een workaholic.
- Zeg vaker NEE. Juist omdat je goed bent in regelen en organiseren komt iedereen naar jou toe met klussen. Zo krijg je vanzelf een burn-out.
- Als je steeds ja zegt tegen anderen, zeg je nee tegen jezelf (en je

gezin). Je hebt maar 24 uur per dag, dus wees je ervan bewust aan wie en waaraan jij je tijd geeft.

- Je hoeft niet alles zelf te doen, vraag hulp aan anderen! (Ook al doen zij niet alles perfect.)
- Geniet van je geld. Werk om te leven en leef niet om te werken.

4. De Sint-bernard

Kenmerken van de Sint-bernard

- Controlerend
- Voelt zich niet gewaardeerd
- Geven is makkelijk, ontvangen is moeilijk
- Zorgt voor anderen
- Zelfopofferend
- Teleurgesteld
- Redder
- Perfectionist
- Verwijtend
- Passief-agressief
- Vergevingsgezind
- Samenwerken
- Wijs

Basisbehoefte van de Sint-bernard: ik zorg voor jou, hou van mij

De Sint-bernard is druk, druk, druk bezig met zorgen voor anderen en vergeet zichzelf. Als je aan een Sint-bernard vraagt: 'Wat heb jij nodig, waar heb je behoefte aan?', dan is de kans groot dat twee verdwaasde ogen je aankijken. Een Sint-bernard heeft geen idee wat hij of zij zelf echt nodig heeft. In financieel opzicht betekent dit dat de Sint-bernard meer tijd en geld uitgeeft aan anderen dan aan zichzelf. Stel dat je kind, partner of een vriend(in) schulden heeft. Dan sta je als Sint-bernard meteen klaar om te redderen. Ook al gaat je spaarpot eraan of kun je het zelf niet echt missen. De ander gaat voor. Dit gebeurt allemaal niet geheel belangeloos. Je wilt graag een aai over de bol en waardering voor wat je doet. Maar die krijg je vaak niet en dan voel je je in de steek gelaten. Je hebt hoge verwachtingen van jezelf en anderen. Anderen voldoen daar meestal niet aan. Dat kan ook niet. Als Sint-bernard ben je waarschijnlijk perfectionistisch en doe je een heleboel dingen gewoon beter en accurater. Je geeft graag je zorg, tijd en geld aan de ander. En dat is niet erg zolang het niet ten koste gaat van jezelf. Als iemand iets terug wil doen voor jou, dan vind je dat lastig. Een compliment echt ontvangen is al lastig, laat staan hulp aannemen als je zelf ergens tegenaan loopt. Terwijl juist het 'op standje ontvangen staan' je verder brengt. Daarom is het voor de Sint-bernard belangrijk om meer aandacht te geven aan de eigenschappen van de Magiër.

Typisch Sint-bernard

- Slecht onderhandelen over je salaris. 'Het is mijn roeping en passie, het gaat me niet om het geld.'
- 'Laat maar, ik doe het wel.' Om vervolgens te balen dat je het moet doen.
- 'Ik heb geen zin in deze klus, maar als een ander het doet gebeurt het niet goed genoeg'. (Als in: perfect.)
- 'Jeetje, wat erg voor je. Komt goed, je kunt het wel van mij lenen.'

Tip voor de Sint-bernard

Stel dat er wordt gevraagd wie er extra kan koken voor oma deze week. De Sint-bernard zegt volautomatisch: 'Dat doe ik wel.' Als een broer of zus dan aangeeft: 'Maar ik kan het ook wel doen hoor, geen probleem', dan zegt de Sint-bernard: 'Nee hoor, ik doe het wel weer' (en denkt ondertussen: dan gebeurt het tenminste goed...).

Tip

Zorg voor meer balans tussen geven en nemen. Als je meer aandacht geeft aan de vraag waar je zelf behoefte aan hebt, dan verdwijnt de zelfopoffering en komen als vanzelf de Held en de Magiër naar boven.

Strategieën voor de Sint-bernard

- Je bent meer waard dan je denkt, dus onderhandel beter.
- Als je steeds ja zegt tegen anderen, zeg je nee tegen jezelf (en je gezin). Je hebt maar 24 uur per dag, dus wees je ervan bewust aan wie en waaraan jij je tijd geeft.
- Spaar voor jezelf, zorg dat je financieel onafhankelijk bent en blijft.
- Doneer alleen geld dat je kunt missen.

5. De Waaghals

Kenmerken van de Waaghals

- Rusteloos
- Ongedisciplineerd
- Financieel onverantwoordelijk
- Impulsief
- Optimistisch
- Zeer vrijgevig
- Roekeloos
- Avontuurlijk
- 'Pluk de dag'
- Veel energie

Basisbehoefte van de Waaghals: leef alsof het je laatste dag is

De Waaghals is van 'pluk de dag' en 'geen zorgen voor morgen'. Als je hoog scoort op de Waaghals, dan vliegen de mooie kansen je om de oren. Die grijp je ook met beide handen aan. Dat komt doordat je geen last hebt van angst. Je hebt een neus voor meevallers en je neemt graag risico's. Dat gaat vaak wel goed en soms ook niet. Financiële blunders zijn bijna allemaal te herleiden naar impulsieve beslissingen en vergeten de kleine letters te lezen. Het gebrek aan oog voor detail is een grote valkuil voor de Waaghals. Net als structurele zelfoverschatting. De focus ligt op het nu, zonder na te denken over de toekomst. 'Pensioen' is ongeveer het laatste woord dat een Waaghals in de mond zal nemen. Je herkent een Waaghals aan de positieve instelling. Het optimisme, ongeacht de omstandigheden, zorgt ervoor dat een beetje Waaghals je leven leuker maakt. Je moet de Waaghals alleen niet in zijn eentje belangrijke financiële beslissingen laten nemen.

Met een Waaghals verveel je je nooit. Er is avontuur, actie en enthousiasme. In dat opzicht lijkt de Waaghals op de Held. Ze komen altijd weer op hun pootjes terecht en laten zich niet snel uit het veld slaan. Je gunt het de Waaghals om soms iets langer na te denken in plaats van impulsief beslissingen te nemen. Een Waaghals zet gerust al zijn geld in op een cryptomunt, terwijl een Held zijn vermogen altijd zal spreiden met verschillende soorten aandelen. Een Waaghals leeft in het moment en is niet bezig met de toekomst. Geld verdienen is gewoon leuk en is iets om van te genieten. De Waaghals verdient in een handomdraai bakken met geld, maar is het ook zo weer kwijt. Gewoon omdat-ie niet oplet.

Typisch Waaghals

- Een landhuis in Frankrijk kopen voor een prikkie en dan tot de conclusie komen dat je geen Frans spreekt en dat er geen druiven groeien in de wijngaard.
- Een stuk grond kopen dat niemand wil hebben, maar dat ineens vier keer zoveel waard is.
- Online gokken voor de snelle kick. Je winst van € 5000,- vervolgens verspelen en uiteindelijk stoppen met € 3000,- verlies.
- Starten met beleggen en meteen kiezen voor de meest

risicovolle hefboomconstructie, waarbij je snel winst kunt maken, maar nog sneller grote bedragen verliest.

Tip voor de Waaghals

Ondernemend Nederland scoort natuurlijk hoog op het geldtype Waaghals. Je hebt ook optimisme, energie en lef nodig, anders begin je niet aan een eigen bedrijf. En dat is prima, zolang er een tegenbalans is. Zorg ervoor dat de Held, die overzicht biedt en focust op de lange termijn, aan het stuur zit van je onderneming. De Waaghals mag meedoen, maar geef hem niet de leiding. Anders neem je alleen impulsbesluiten voor de korte termijn.

Tip

Bescherm jezelf tegen impulsieve aankopen. Vertrouw op je instinct, maar check de voors en tegens van je keuzes voor de langere termijn eerst bij iemand anders die je vertrouwt. Een vriend(in), collega of financieel adviseur.

Strategieën voor de Waaghals

- Denk eerst na voor je iets gaat doen (of kopen)! Snel geld bestaat niet.
- Als je weinig discipline hebt, zorg dan voor een financieel vangnet dat geregeld is door een ander. Bijvoorbeeld een goede administrateur.
- Bouw een systeem in voor jezelf zodat je je impulsaankopen beter kunt beheersen. Een pauzeknop met bedenktijd. Spreek met jezelf af dat je pas beslist of koopt na drie dagen.
- Maak gebruik van een supersimpel inkomsten- en uitgavenoverzicht.
- Als je heel veel energie hebt (en dat is vaak het geval), wees je

hiervan bewust en *slow down*. Neem de tijd voordat je een beslissing neemt.

- Denk niet alleen op de korte termijn, maar kijk ook naar de lange termijn. Let bij je geldzaken altijd op de details, de kleine lettertjes!
- Los alle leningen af. Vraag om hulp als dat nodig is en heb geduld; Rome is ook niet in één nacht gebouwd.
- Spaar elke maand automatisch een bedrag (kleine bedragen mag ook, het gaat erom dat je een nieuwe gewoonte aanleert).

6. De Creatieveling

Kenmerken van de Creatieveling

- Artistiek en/of spiritueel
- Passief
- Innerlijk gemotiveerd
- Onthecht
- Niet gericht op bezit
- Visionair
- Op zoek naar de waarheid
- Haat-liefdeverhouding met geld

Basisbehoefte van de Creatieveling: creëren voor de wereld

De Creatieveling bewandelt een spiritueel, creatief en vaak artistiek pad. Denk bijvoorbeeld aan kunstenaars, schrijvers en yogaleraressen. Een Creatieveling vindt het vaak moeilijk om in deze materiële wereld te leven en heeft doorgaans een haat-liefdeverhouding met geld. Natuurlijk geeft geld vrijheid, maar het gaat niet samen met creatief zijn. Tenminste, dat is de aanname van de Creatieveling. De grootste angst van de Creatieveling is dat hij zijn ziel moet verkopen om geld te verdienen. Dat gaat ten koste van de authenticiteit. Van alle geldtypen heeft de Creatieveling de moeilijkste verhouding met geld. Te veel creatieve mensen geloven dat geld een slechte invloed heeft, dat het niet spiritueel is. Zolang de Creatieveling vasthoudt aan deze overtuiging, kun je wel fluiten naar een fijne geldstroom. Die overtuiging blokkeert alle mogelijkheden om geld te verdienen, om te ontvangen. Het is doodzonde om net te doen alsof geld geen deel uitmaakt van je leven. Een creatieveling roept al snel: 'Pfff, geld, daar ben ik niet van, daar ga ik mijn aandacht echt níét aan besteden.' Om vervolgens wel geldstress te krijgen. Wat een heleboel negatieve energie kost. De uitdaging is om de materiële wereld te omarmen en te integreren met de niet-materiële wereld. Je kunt ook én creatief zijn én daarmee je geld verdienen.

Typisch Creatieveling

- Alleen maar een bloemetje krijgen als je je ziel en zaligheid in een kunstwerk voor de benefiet hebt gestopt.
- Geld lenen bij je ouders omdat je te weinig geld vraagt voor je yogalessen om van rond te komen.
- Prachtige kunstwerken maken, maar ze niet verkopen.
- Prachtige kunstwerken maken, deze wel verkopen, maar er veel te weinig geld voor vragen.

Tip voor de Creatieveling

Een Creatieveling doet zichzelf een groot plezier door een betere relatie met geld op te bouwen en zichzelf vervolgens de vraag te stellen: 'Hoeveel geld heb ik elke maand nodig om me financieel vrij te voelen?' Helaas kijken veel Creatievelingen een beetje neer op mensen met (veel) geld. Er is meestal geen overzicht over wat er binnenkomt en uitgaat per maand. Maar juist het ontbreken van overzicht geeft onderhuidse stress en zorgen. Niet handig als je creatief wilt zijn.

Tip

Zorg ervoor dat je exact weet hoeveel je elke maand nodig hebt. Zodat je dat bedrag, op wat voor manier dan ook, binnen harkt. Dan heb je geen stress en kun je zorgeloos verder creëren.

Strategieën voor de Creatieveling

- Het is niet óf de creatieve spirituele wereld, óf de materiële wereld. Het is én én. Zorg dat je de twee werelden integreert.
- Zorg voor geldovertuigingen die je een goede geldbasis geven. Als je blijft roepen dat geld vies is, dan kun jij je eigen toekomst wel voorspellen... Je blokkeert je eigen geldstroom.
- Als je financieel onafhankelijk bent, kun je met een gerust hart creëren.

7. De Controlfreak

Kenmerken van de Controlfreak

- Overheersend
- Angstig
- Manipulatief
- Controlerend
- Onderdrukkend
- Opvliegend
- Kritisch, snel oordelend
- Agressief
- Weinig vergevingsgezind
- Gereserveerd
- Materialistisch

Basisbehoefte van de Controlfreak: hoe meer geld, hoe veiliger ik ben

De Controlfreak gebruikt geld om zich veilig te voelen. In de kern zijn alle Controlfreaks bang om iets te verliezen. Zichzelf, hun partner, werk of vermogen. Om die angst de baas te blijven proberen ze de situatie naar hun hand te zetten. En daar zijn ze goed in. Je komt weinig Controlfreaks tegen die op een houtje bijten. Eigenlijk zijn het een soort doorgeschoten Helden. Er staat bij alles het woordje 'te' voor. Bijvoorbeeld te zuinig zijn, is iets dat past bij de Controlfreak. Zuinig zijn en daardoor steeds meer geld hebben is een manier om zich veilig te voelen. Maar het is slechts schijnveiligheid. Daarom is een Controlfreak nooit echt relaxed of tevreden. Het is nooit genoeg. Als je een miljoen op de bank hebt staan, dan kun je dat geld ook weer verliezen.

De angst om hun greep op de buitenwereld te verliezen groeit alleen maar. De Controlfreak in ons komt vaak bovendrijven in stressvolle periodes. Dat is logisch, want juist bij onzekerheid wil je graag nog ergens controle over hebben. Bij sommige Controlfreaks gaat controle over in macht, hebzucht en eigenbelang. Dat zorgt ervoor dat een Controlfreak eenzaam is en geen echte vrienden (meer) heeft. Omdat niemand trek heeft om een warme band op te bouwen met iemand die niks wil geven maar wel wil nemen.

Typisch Controlfreak

- Ik heb inmiddels negen wagens in mijn wagenpark. Baal ervan dat die nieuwe Tesla nog niet binnen is.
- Dat boek *Rupsje Nooitgenoeg* heb ik stukgelezen. Ik wilde altijd weten wat er nog meer kwam.
- Arm zijn is een keuze.
- Mijn eerste doel, een miljoen op de bank, heb ik gehaald. Ik werk net zo lang door tot ik de vijf miljoen aantik.

Ondanks hun succes in de materiële wereld zijn Controlfreaks vaak bang, eenzaam en ontevreden. De Controlfreak lijdt aan een toestand van 'chronisch-niet-genoeg-hebben'. 'Alles van waarde is weerloos', schreef Lucebert ooit in een gedicht. En ergens diep vanbinnen is dat de richting die de Controlfreak zoekt. Je gunt de Controlfreak meer Magiër en Sint-bernard in zichzelf.

Tip voor de Controlfreak

Nog meer geld geeft je geen veiligheid en liefde. Je eigen gevoelswereld leren kennen en openstaan voor de mensen om je heen wel. Deel je kennis en je geld met anderen en geniet ervan.

Strategieën voor de Controlfreak

- Leg de lat eens wat lager, niemand is perfect en jij ook niet. Werk meer samen in plaats van alleen.
- Wat levert alle controle je op? Je kunt de wereld niet onder controle houden.
- Veel geld op je rekening zorgt niet voor de veiligheid die jij zoekt. Vraag je af: wanneer voel ik me veilig? Met een miljoen op de bank, met twee miljoen... Of heb je iets heel anders nodig (liefde)?
- Wat is voor jou genoeg, wat heb je echt nodig en wat zou je graag willen?
- Stel je open voor anderen en deel jouw financiële kennis en kunde met anderen.
- Gun het jezelf om aan de slag te gaan met je binnenkant. Wat zijn jouw basisbehoeften? Dit zal je helpen tegen eenzaamheid en onzekerheid.
- Maak geen misbruik van anderen.

8. De Magiër

Kenmerken van de Magiër

- Spiritueel
- Wijs
- Bewust
- Niet-gehecht
- Welwillend
- Vrijgevig

- Meebewegend met de stroom
- Leeft in het hier en nu
- Krachtig en authentiek
- Optimistisch
- Vol vertrouwen
- Vergevingsgezind
- Er is meer tussen hemel en aarde
- Financieel in evenwicht

Basisbehoefte van de Magiër: genieten en vertrouwen

De Magiër is het ideale geldtype. De Magiër gaat ervan uit onderdeel te zijn van een groter geheel. Door te leven naar de universele wetten kan de Magiër manifesteren en de werkelijkheid transformeren. Denk bijvoorbeeld aan de wet van de aantrekkingskracht. Alles wat je aandacht geeft groeit, want energie volgt aandacht. Een Magiër is altijd bezig met de vraag: wat kan er wel? Je hebt vast zelf ook weleens een moment dat je alle vertrouwen hebt in jezelf. Dat je je daardoor supergoed voelt en alles lukt. Of dat er ineens een prachtige kans voorbijkomt. De Magiër, die ook in jou schuilt, houdt van harmonie. Dat betekent dat de Magiër begrijpt waarom iets lukt. Dat gebeurt als je gedachten en gevoel volledig in lijn zijn met elkaar. Als je denken en gevoel in harmonie zijn. Dus als je gaat onderhandelen, dat je dan niet alleen dénkt dat je uurprijs klopt, maar dat je dat ook vóélt. Als je een uurtarief vraagt van € 95,- maar je gelooft stiekem niet dat je dat waard bent, dan krijg je de opdracht ook niet. Als je gelooft én voelt dat je dat wel waard bent, dan krijg je de opdracht wel. Magiërs steken dan ook veel energie in zelfontwikkeling. Door zelfkennis heeft de Magiër vrede met zijn eigen geschiedenis. Ervaringen uit het verleden zijn in beeld gebracht, doorleefd en geaccepteerd. De Magiër is zich bewust van de kracht van gedachten. Dat je kunt kiezen welke kant je op wilt denken. Dat je elke dag opnieuw en actief mag kiezen voor vertrouwen in plaats van angst, voor liefde in plaats van haat, voor harmonie in plaats van chaos.

Typisch Magiër

- Ik stop met die extreem goedbetaalde baan, omdat ik weet dat het tijd is voor een nieuw avontuur.
- Ik kan rijk zijn met heel weinig. Ik kan arm zijn met heel veel. Ik kan arm zijn met weinig. Ik kan rijk zijn met veel. Het gaat erom of ik me rijk vóél.
- Ik vertrouw erop dat er meer dan genoeg is.
- Geloof, hoop, liefde en genieten.

Tip

Een tip is helemaal niet nodig. Een Magiër weet dat spirituele rijkdom zich vanzelf vertaalt in overvloed in de materiële wereld.

Strategieën voor de Magiër

- Kies voor vertrouwen en een positieve relatie met geld
- Weet: er is meer dan genoeg.
- Het gaat niet om meer geld hebben. Het gaat om een ontdekkingstocht. Het gaat om jouw levenspad, je bestemming en wat voor jou betekenisvol is. Dat proces kost tijd.
- Heb geduld, geduld, geduld. Tegenslag hoort erbij en daarna komen er altijd weer betere tijden.
- Geloof, vertrouwen en liefde gaan hand in hand. Zoek het midden en geniet.
- Weet wat voor jou genoeg is en je bent tevreden.

Geldtypentest

Als je graag financieel onafhankelijk wilt zijn en je geen zorgen wilt maken over de toekomst, dan is onderstaande test een mooi startpunt. Je ontdekt welke geldtypen meer of minder invloed hebben op je leven. De geldtypen die je blokkeren kun je minder de ruimte geven, zodat je bewustere keuzes maakt die wél goed voor je zijn. '*When you know better, you do better*,' aldus Oprah. Je kunt je elke dag verbeteren, in de richting van de krachtige geldtypen zoals de Held en de Magiër. We gaan per type bekijken waar de kracht zit en wat er verbeterd kan worden.

Je kunt de geldtypetest in een minuutje online doen op www.eefvanopdorp.nl, of je vult de test hieronder in.

Vul de test in en wees zo eerlijk mogelijk. Kies geen woorden waarvan je weet dat ze 'goed' zijn, kies de woorden die op dit moment van toepassing zijn op jou. Denk niet te lang na, vul instinctief in wat goed voelt.

Onderstreep alle woorden die op jou van toepassing zijn als je denkt aan je eigen geldzaken:

Ik ben angstig 1
Ik zoek de schuld vaak niet bij mezelf 2
Financieel succesvol 3 & 7
Ik ben financieel onverantwoordelijk 2 & 5
Focus op het verleden 2
Ik voel me krachteloos 1 & 2
Ik ben financieel afhankelijk 1
Ik heb last van selffulfilling prophecies 2
Ik heb vertrouwen 1 & 8
Ik ben gedisciplineerd 3
Ik ben naïef 1
Ik voel me verraden 4
Ik oordeel snel 7
Ik ben zelfverzekerd 8
Ik red graag anderen 3 & 4
Ik ben lastig te bereiken (onbereikbaar) 2 & 4
Ik ben vindingrijk 3 & 8
Ik leef zonder zorgen 5
Ik manipuleer weleens 2 & 7
Ik ben overheersend 4 & 7
Ik offer mezelf op voor anderen
Ik onderdruk mijn gevoelens/overtuigingen 1
Ik ben compassievol 4 & 8
Ik ben bewust 8
Ik doe dingen op goed geluk 1 & 5
Ik heb moeite met loslaten 2 & 4
Ik ben ongedisciplineerd 5
Ik gedraag me soms passief-agressief 2 & 4
Ik ben impulsief 5
Ik ben wijs 3 & 8
Ik ben avontuurlijk 5
Ik ben optimistisch 5 & 8

Ik voel me onthecht 6
Ik ben authentiek 6 & 8
Ik ben innerlijk gemotiveerd 6
Ik ben materialistisch 7
Ik ben in evenwicht 8
Ik ben een visionair 6 & 8
Ik ben passief 6
Er is meer tussen hemel en aarde 8
Ik vermijd ruzie 1 & 6
Ik kan obsessief zijn 7
Ik ben creatief 6 & 8
Ik voel me eenzaam 7
Ik transformeer de werkelijkheid 8
Ik ben roekeloos 5
Ik ben spiritueel 6 & 8
Ik ben vaak boos 2 & 7
Ik verzet me tegen de 'echte' wereld 6
Ik ben bang 1, 2 & 7
Ik houd de boel onder controle 7
Ik ben te vrijgevig 5
Ik ben perfectionistisch 4
Ik ben succesvol 8
Ik ben vaak te emotioneel 2
Ik leef teruggetrokken 6
Ik wil graag gered worden 2
Ik ben niet-materialistisch 6
Ik heb moeite met vergeven 2 & 7
Ik neem moeilijk besluiten 1
Ik ben krachtig 3 & 8
Ik wil graag zekerheid 1
Ik ben doelgericht 3
Ik ben gereserveerd 7
Ik denk over de plussen en minnen 3
Ik werk graag samen 3
Ik ben van 'Pluk de dag' 5
Ik ben vrijgevig 3 & 8
Ik ben gretig/gulzig 5
Ik voel me vaak rusteloos 5
Ik geloof 8
Ik ben loyaal 3
Ik ben scherpzinnig 3
Ik twijfel vaak aan mezelf 6
Ik zorg graag voor anderen 4
Ik ben voorzichtig 3
Ik neem anderen vaak iets kwalijk 2 & 4

Achter iedere eigenschap of kenmerk in de test staan nummers. Die komen overeen met de acht geldtypen. Kijk hoe vaak je elk nummer hebt onderstreept en zet dat achter het geldtype.

Geldtype en nummer		*Voorbeeld*
Struisvogel	1	1 x
Slachtoffer	2	2 x

Held	3	5 x
Sint-bernard	4	2 x
Waaghals	5	1 x
Creatieveling	6	1 x
Controlfreak	7	3 x
Magiër	8	1 x

Het geldtype dat bij jou het hoogste scoort is je meest primaire, instinctieve geldtype. Als je een score hebt van vijf of hoger bij een geldtype, dan is dat actief bij jou. Scoor je vier of lager, dan is dat geldtype passief. Je primaire en actieve geldtypen zijn verantwoordelijk voor je geldleven. Dit zijn de typen die je beslissingen nemen, en die je financiële route bepalen (of juist niet). De geldtypen die in je zitten, laten je zien welke geldpatronen en gewoonten je hebt opgebouwd. Als je bijvoorbeeld hoog scoort op de Struisvogel en die eigenschappen herkent, dan kun je er iets aan doen. Tenminste, als je er zelf last van hebt. Je bént namelijk geen Struisvogel. Je gedráágt je als een Struisvogel. Je kunt ervoor kiezen om je bijvoorbeeld meer te richten op de Held in jezelf. Die kun je 'aanzetten', door meer aandacht te besteden aan je geldzaken. Je kunt ook je Magiër-eigenschappen versterken, zodat je meer leert vertrouwen op jezelf. Lees over de wet van de aantrekkingskracht. Verdiep je in meditaties. Het maakt niet uit wat je doet, als het maar iets anders is dan wat je normaal doet. Wees nieuwsgierig en leer nieuwe dingen. Want 'als je doet wat je deed, krijg je wat je kreeg'. Elk geldtype heeft zo zijn eigen kracht en zwakte. Het is aan jou om de juiste strategieën te vinden, die passen bij het leven dat het liefst steeds meer past bij jou.

Als je vier of minder scoort bij een geldtype, dan speelt dat geldtype geen actieve rol in je leven. Maar als je in een stressvolle situatie terechtkomt, kan zo'n geldtype zichzelf alsnog activeren. Als er bijvoorbeeld een ontslagronde in de lucht hangt op je werk, dan kan de Controlfreak ineens opspelen. Je maakt je in zo'n geval zorgen over je baan en je huis en dat maakt je bang. Van de weeromstuit kun je dan overheersend en zelfs agressief uit de hoek komen naar collega's. Terwijl dat normaal gesproken helemaal niet bij je past.

De perfecte combinatie van geldtypen

De meest krachtige geldtypen zijn de Held en de Magiër. Als je daar een beetje Creatieveling aan toevoegt, dan zit je op rozen. Als je goed kijkt kun je de geldtypen aan de gang zien op allerlei gebieden in je leven. Als ik je zou vragen waar je naartoe gaat op vakantie, dan is de kans klein dat je zegt: 'Geen idee. Ik pak mijn koffer en daarna loop ik de deur uit en zie ik het wel.' Als het goed is, heb je een land en een plaats in je hoofd en weet je ongeveer wat je budget is. Dat is de Held die hier achter het stuur zit. Die heeft een plan, de route alvast bepaald. In de ideale situatie heb je als bijrijder de Magiër. Die houdt het vertrouwen in een mooie vakantie, ook als je een eindeloze file in rijdt. Stel je voor dat je de Controlfreak naast je hebt zitten in plaats van de Magiër. Dat wil je niet. Want die zeurt eindeloos over verloren tijd, dat Google Maps niet klopt, en dat alles te duur is. De Magiër geniet van het onderweg zijn, terwijl de Controlfreak je ervan weerhoudt om te genieten. Die neem je dus niet mee in de auto. Alleen de Creatieveling mag erbij op de achterbank. Die kent de speciale plekken, wijkt af van de route en zorgt voor de meest bijzondere ervaringen. Als het gaat om je geldleven – dus: je inkomsten, uitgaven, sparen, beleggen, wel of niet lenen, de korte- en de langetermijnkeuzes, je toekomstplannen – dan wil je dat je financiële beslissingen worden genomen in samenspraak met de Held, de Magiër en de Creatieveling. Voor een beetje avontuur en optimisme mag de Waaghals best meedoen, maar alleen als de financiën klip en klaar zijn.

Waarschijnlijk herken je jezelf in een aantal geldtypen. Het is van grote waarde als je begrijpt hoe de verschillende geldtypen van invloed zijn op je leven. Om daar een idee bij te krijgen heb ik in het volgende hoofdstuk een aantal voorbeelden opgenomen van klanten uit mijn coachpraktijk.

HOOFDSTUK 5

GELDTYPEN IN DE PRAKTIJK

I want to be in the arena. I want to be brave with my life. And when we make the choice to dare greatly, we sign up to get our asses kicked. We can choose courage or we can choose comfort, but we can't have both. Not at the same time.

– Brené Brown

Ook in jouw leven loopt als rode draad je geldleven. Alleen sta je daar bijna nooit bij stil. Als het goed is begint het kwartje nu te vallen en zie je bij jezelf terug dat je door de tijd heen verandert. Je blijft niet dezelfde, je maakt andere keuzes. Tenminste, als je een beetje nadenkt onderweg. In dit hoofdstuk zie je hoe mooi het is dat mensen zich qua geldtypen ontwikkelen. Dat er steeds weer nieuwe kruispunten ontstaan waarbij ze nieuwe keuzes maken. Blijf ik doen wat ik doe of sla ik een nieuwe weg in? In dit hoofdstuk maak je kennis met de geldlevens van verschillende mensen. Zij reconstrueerden hun eigen geldgeschiedenis, moneymindset en geldtypen bij mij in de coachpraktijk. Er is niets verzonnen. Het gaat hier om echte mensen, met echte verhalen. Je ziet de transformaties van de geldtypen bij hen gebeuren. En als het bij hen kan, dan kan het bij jou ook. Welk geldtype er bij jou ook achter het stuur zit, daar ga je zelf over. Je kunt er elke dag opnieuw voor kiezen om de Held, de Creatieveling en/of de Magiër sterker te maken. Om dit trio een grotere rol in je geldleven te laten spelen. Hopelijk heb je na het lezen hiervan zin om je eigen weg te gaan.

De Struisvogel

Probleem: Ik word maar niet volwassen.
Doel: Mijn eigen broek ophouden en geen geldstress hebben.

Ik ben 39 jaar en goed opgeleid. Ik kom nooit echt in de problemen, maar erg goed gaat het niet financieel. Ik heb nog steeds geen buffer. Bij tegenslag val ik terug op mijn moeder. Daar schaam ik me voor. Het wordt tijd om de navelstreng door te knippen. Dat is lastig als je ziet hoe we verweven zijn met elkaar. Het liefst wil ik op eigen benen staan, maar het lukt me niet.

Als ik mijn geldbiografie niet had gemaakt, dan was ik nu nog steeds bezig om mezelf af te kammen. Om mezelf te vertellen dat ik geen ruggengraat heb. Dat ik waardeloos ben. Dat mijn beslissingen slecht zijn. Dat ik niets snap van geld. Dat ik niet goed genoeg ben. Dat heb ik mezelf wijsgemaakt, met de nodige hulp van mijn moeder. Mijn vader is overleden. Als ik terugkijk was ik van mezelf geen Struisvogel, maar meer een Waaghals en een Held. Ik was toen ik nog jong was optimistisch en doelgericht. Ik wilde genieten van het leven.

Mijn eerste herinnering is dat ik met mijn moeder naar de bank ging in het dorp. Ik kreeg een spaarboekje en mijn moeder deed daar heel feestelijk en belangrijk over. Als ik geld spaarde dan kreeg ik haar goedkeuring. Dus spaarde ik me mijn hele jeugd wezenloos, want dat was goed. Mijn zakgeld was spaargeld. Op mijn zestiende had ik € 4000,- op mijn rekening.

Daarnaast kreeg ik weleens geld van mijn oma. Dat wilde ik graag uitgeven aan popbladen. Maar dat mocht niet van mijn moeder, want dat vond ze zonde van het geld. Snoep kopen was ook een no go. Een single van Danny de Munk kon ook niet, want dat was nog meer zonde van het geld. Alles waarvan ik genoot was slecht. Als ik dan heel soms toch iets kocht, een kalender van George Michael bijvoorbeeld, dan voelde ik me meteen schuldig en slecht.

Ik wilde dolgraag een bijbaan. Mijn vriendinnen werkten in de horeca en verdienden hartstikke goed. Dat wilde ik ook. Mijn moeder verbood het me. Ze vond dat ik me moest richten op school. Op mijn zestiende had ik dus € 4000,- bij elkaar gespaard. Daar was ik echt wel trots op. Ik wilde dolgraag een tweedehands brommer kopen. Ik was al een jaar bezig met vooronderzoek, en het zou een Vespa worden. Ook dat vond mijn moeder maar niks. Ik moest van haar een splinternieuwe kopen. Dat was een eis. En die brommer mocht ik pas kopen als ik tien kilo zou afvallen.

Vanaf dat moment stond geld voor mij gelijk aan een verdrietig en destructief gevoel. De lol was er vanaf. Ik heb uiteindelijk al mijn spaargeld uitgegeven aan ik weet niet wat. Het interesseerde me niet meer. Vanaf dat moment had ik geen ambitie meer, geen plannen. Ik heb de sparende Held en de genietende Waaghals de deur uit gegooid. Ik mocht niet beslissen wat ik met mijn eigen geld deed. Ik was machteloos. Het enige waar ik wel controle over had was eten. Ik pikte vanaf toen geld van mijn moeder en kocht stiekem snoep en huzarensalade. Ik ontwikkelde een eetstoornis en die heb ik nu nog.

Ik ging studeren en mijn moeder betaalde ondertussen mijn studie, mijn huur en mijn rijbewijs. Ik was een soort afhankelijke studentenbaby. Soms kreeg ik een extra gift van mijn moeder van € 2000,- en die gaf ik dan meteen uit aan een bed of zo. Wat ik ook kocht, mijn moeder vond het sowieso niks. Toen kreeg ik een relatie en die wees me op een doorlopend krediet. Wist ik veel. We gingen samenwonen en ik heb zo'n lening afgesloten. Het huis opnieuw ingericht voor € 6000,-. Toen mijn moeder dit hoorde trok ze wit weg. Alsof ik de duivel zelf was. Ze heeft meteen die schuld afgelost. En me jarenlang verteld hoe dom ik wel niet was. Wat ik nodig had was een echte man die voor mij kon zorgen. Tja, dat ging ook niet gebeuren, want ik val op vrouwen.

Ik studeerde af aan de School voor Journalistiek en werd een hoofdredacteur met een minderwaardigheidscomplex. Ik had veel verantwoordelijkheden, maar ik durfde niet te onderhandelen. Onderhandelen over geld vond ik verschrikkelijk. Dat raakte me in mijn kern. Ik schaamde me voor mezelf en voelde me waardeloos. Hoe kon ik dan geld vragen voor wat ik deed? Dat zag mijn bazin ook en daar maakte ze gebruik van. Ik moest blij zijn met een vast contract in ruil voor een minimumloon. Het was ook maar een 'arme' non-profitorganisatie. Drie jaar later kocht ze een pand van een miljoen voor zichzelf. Wat was ik naïef en wat zorgde ik slecht voor mezelf.

Ik heb me altijd afhankelijk opgesteld. Aan de andere kant is me ook niet geleerd om zelfstandig te worden en mezelf op waarde te schatten. Ik was geëvolueerd in een enorme Struisvogel, gevangen in een gouden kooi. En hoe leuk het ook lijkt om elke maand geld op je bankrekening te krijgen van je moeder, het is niet fijn. Ik was mezelf daardoor namelijk kwijt. Mijn waarde hing af van haar goedkeuring. Aangezien ze nog steeds vraagt wanneer ik nou eindelijk ga afvallen, was en is dat een heel ongezonde relatie.

De ommekeer kwam toen ik mijn auto in de prak reed. Ik had geen € 2200,- om die te laten repareren. Ik kreeg een knoop in mijn maag bij het idee dat ik mijn hand weer moest ophouden bij mijn moeder. Ik was mezelf spuugzat. Ik was toch een volwassen vrouw? De Held in mij kwam eindelijk boven water en ik heb hulp gezocht. Ik begon bij de basis. Hoeveel heb ik per maand nodig om van te leven? € 1500,- netto. Dat viel me hartstikke mee, maar dat wist ik pas toen ik eindelijk de moeite nam om mijn inkomsten en uitgaven op een rijtje te zetten. Op dat moment kreeg ik een schrijfklus aangeboden. Twee dagen per week gruwelijk saaie medische teksten schrijven. Mijn Struisvogel zou dat niet hebben gedaan. Gedoe en geen zin in. Maar de Held zei: als je zelfstandig wilt zijn, dan moet je er ook wat voor doen. Kies ik voor aanmodderen en onderhuidse stress en ontevredenheid? Of kies ik voor rust en onafhankelijkheid? Ik koos voor het laatste. Ik ben als een echte Held, met een stalen hoofd, de onderhandelingen ingegaan. Ik vroeg € 100,- per uur (vier keer zoveel als de Struisvogel zou vragen). En ik kreeg

€ 100,- per uur! Dat het zo makkelijk zou zijn?! Ja, ik schrijf twee dagen teksten waar ik niet warm of koud van word. Maar daardoor heb ik de rest van de week alle tijd en ruimte voor mijn roman. Tuurlijk wil mijn moeder me terug duwen in de gouden kooi. Maar daar ga ik niet meer in. Ik vlieg zelf. Ik ben eindelijk vrij. En voor mijn werk in de toekomst geldt: ik verdien zo veel geld als ik zelf vind dat ik waard ben.

Het Slachtoffer

Probleem: Leegte en pijn voelen en dat gevoel verdoven met drugs.
Doel: Gered worden door een ander.

Helaas heb ik geen Slachtoffer gevonden om mee te werken aan dit boek. Daarom vind je hieronder het verhaal van een hele brave burger, die geen vlieg kwaad deed, maar wel in aanraking kwam met een Slachtoffer. Zoals je weet voelen Slachtoffers zich aangetrokken tot 'redders in nood'. Oftewel de Held en de Sint-bernard. Met alle gevolgen van dien...

Er is niks aan te merken op mijn jeugd. Die was fijn, vol liefde en warmte. Mijn eerste herinnering aan geld is dat ik mijn zakgeld in een oranje spaarpot stopte. Die had de vorm van een bijenkorf. De muntjes die erin vielen maakte een hol plofgeluidje. In ons gezin was er altijd geld. Niet veel, maar wel genoeg. Ik kreeg de waarde van geld al vroeg mee. We verspilden geen eten of drinken. De was werd alleen gedraaid als de ton echt vol was. Daar heb ik als puber nog wel vaak bonje over gehad. Mijn kleren moesten natuurlijk meteen schoon zijn, volle ton of niet.

Ik ben inmiddels bijna vijftig en heb van jongs af aan een prima relatie met geld. Ik hou van zekerheid qua werk en ik vind het fijn om precies te weten hoeveel er binnenkomt en uitgaat. Ik heb altijd een flinke buffer op de bank. Daar voel ik me goed bij. Qua geld ben ik een Held, qua relatie meer een Sint-bernard. De vrije vertaling daarvan is dat ik vooral viel op 'foute mannen'. Mijn vriendinnen hadden mij de bijnaam 'Rennie Redt' gegeven. Omdat ik ze altijd wilde helpen en 'open maken'. Dat lukte dan natuurlijk niet. Daar werden ze juist bang van en dan namen ze afstand. Waardoor ik ging stressen en misselijk werd. Mijn tweede bijnaam was dan ook 'Kokkie Kokhals'.

Al tijdens de eerste date met mijn ex gaf hij aan ooit verslaafd te zijn geweest aan heroïne. Hij was inmiddels clean, en ik was verliefd (en naïef, want wat wist ik nou van verslaving). Ik had me voorgenomen dat hij met mij een fijn leven zou krijgen. Ik zou hem wel laten zien hoe mooi het allemaal kan zijn. Ik had er alle vertrouwen in, precies zoals ik dat van huis uit had meegekregen. Hij werkte in de horeca en kwam al snel bij me inwonen. Zijn twee jonge zoons volgden. We spraken af dat we allebei een vast bedrag op de gezamenlijke rekening zouden storten voor de vaste lasten. Dat ging maar liefst twee maanden goed. Toen kwamen de smoesjes: zijn moeder had wat extra's nodig, de auto was kapot en kostte geld, zijn werk betaalde later uit, zijn ex zat moeilijk, de auto was nog kapotter. Er waren zo veel rode vlaggen dat ik er niet meer omheen kon. Ik vroeg: 'Gebruik je weer?' En het antwoord was ja. Hij kickte af.

Maar hij viel uiteindelijk weer terug. Dat had-ie dan weer niet verteld. Ik werd aangesproken door de juf van zijn zoon. Dat hij geld had geleend en het nog niet had terugbetaald. Twintig euro, precies genoeg voor een shotje. Anderen hadden hem honderden euro's geleend. Hoe meer ik dit soort verhalen hoorde, hoe kleiner mijn wereld werd. Mijn vriendinnen wisten niets van zijn verslaving, die mij inmiddels ook bakken met geld kostte. Ik kon niet meer met ze uit eten of een terrasje pakken. Ik, die altijd meer dan genoeg had, zat zelfs in de schulden. Het ergste vind ik nu nog dat ik hun niets heb verteld. Voor mijn gevoel heb ik tegen mijn vriendinnen gelogen. Ik heb niet verteld hoe het echt met me ging. En niets zeggen is ook liegen. Het is de waarheid ontwijken. Dat vond ik verschrikkelijk. Ik schaamde me dood, want ik begon op hem te lijken met dat gelieg.

Het ging van kwaad tot erger. Hij verkocht stiekem de Gibson-gitaar die ik van mijn broertje had gekregen. Hij werd ontslagen. Ik was ineens kostwinner en betaalde alles voor hem en zijn zoons. Ook de deurwaarders, voor allerlei boetes die hij had gekregen met mijn auto. Toen werd ik ineens opgepakt door de politie. Ik?! Voor verzekeringsfraude. Hij had samen met zijn dealer mijn autoverzekeraar opgelicht. Hij was met mijn auto expres in de zijkant van de auto van zijn dealer gereden. Ik heb de verzekeraar uiteindelijk huilend opgebeld en mijn verhaal gedaan. Dat was maar goed ook, want ik stond al bijna op een zwarte lijst. Ik was niet eens meer verbaasd over dit verraad, ik was helemaal murw.

De druppel was een avond waarop hij totaal opgefokt thuiskwam. Hij keek me aan met van die holle ogen. En ineens besefte ik: dit is geen mens meer, het is een roofdier dat rondjes loopt in mijn huiskamer. Het was klaar. Ik kon hem niet redden en ik wilde het ook niet meer. Hij had maar één doel en dat was scoren. Voor het eerst in mijn leven wilde ik iemand, hém, echt keihard slaan. Natuurlijk had hij een slechte jeugd gehad. Een verslaafde vader, geen moeder en al heel jong met drugs in aanraking gekomen. Maar waarom moest hij zijn kinderen, mij en iedereen om zich heen nu nog steeds kapotmaken? De man die ik dacht te kennen bestond helemaal niet. Ik was gebruikt. Hij was zijn verslaving. Dat was dus einde verhaal.

Waar ik wel dankbaar voor ben, is dat ik – al was het maar kort – ook financieel voor zijn zoontjes heb kunnen zorgen. Ik heb nog steeds contact met ze en het zijn inmiddels volwassen kerels die het prima doen. Hun vader zit in de gevangenis voor handel in drugs. Wat ik ervan heb geleerd? Dat ik veel sneller had moeten vertrouwen op mijn onderbuikgevoel. Op mijn instinct. Dat klopt namelijk altijd. Ik heb ooit uitgerekend wat deze leerschool me heeft gekost: ruim € 10.000,- en bijna mijn eigenwaarde. Inmiddels heb ik de boel weer lekker op een rij, inclusief een koophuis en spaargeld. Maar hoe leuk een volgende man ook is: een gezamenlijke rekening gaat er never nooit meer komen. Ik zorg goed voor mezelf. Mijn geldzaken zijn van mij, daar fietst niemand meer doorheen.

De Held

Probleem: Hard werken en te loyaal zijn.
Doel: Kiezen voor jezelf en genieten van je inkomen.

Mijn eerste herinnering aan geld gaat terug naar toen ik vijf jaar was. Mijn ouders gingen scheiden. Ik zat samen met mijn moeder en broertje in een Blijf-van-mijn-lijfhuis. Ik was bang, in de war en voelde me verscheurd tussen mijn vader en moeder. Er was geen geld voor eten of kleding. Er was helemaal niks. Ik mocht de kleren die ik bij mijn vader aanhad niet meenemen naar mijn moeder. Daar waren ze te duur voor. Dus op school en bij mijn moeder liep ik in losse flodders. Ik voelde me waardeloos en verloren.

Ik herinner me het knorren van mijn maag als ik ging slapen en wakker werd. Voordat ik naar school ging had ik honger. Als ik uit school kwam had ik honger. Dan ontdooide mijn moeder brood in de magnetron, maar dat deed ze net te lang, zodat het brood vochtig was en smaakte naar spons. Ik wilde graag iets anders eten, maar dat was er niet. Ik ontwikkelde rond mijn twaalfde een eetstoornis. Dat was het moment dat ik ging oppassen en folders rondbracht. Van het geld dat ik verdiende kocht ik zelf eten: chips, chocola en frikandelbroodjes. Ik at het achter elkaar op, bang voor de honger die anders zou komen.

Ik vulde mijn leegte met eten. Mijn verdriet en verlorenheid gingen er niet mee weg. Inmiddels ben ik 33 en koop ik nog steeds bijna elke dag fastfood en snoep. Dat eet ik dan stiekem op in de auto of in mijn slaapkamer.

Op mijn zestiende ging het thuis niet meer en werd ik uit huis geplaatst. Mijn moeder was verslaafd geraakt aan drank en de school had ingrepen. Mijn moeder had me beloofd dat ze langs zou komen. Dat ze iets moois voor me mee zou nemen. Maar ze is in de twee jaar dat ik in een internaat zat nooit langs geweest. Ik heb nu zelf een zoon. Dat maakt het nog pijnlijker om te bevatten dat ze me in de steek heeft gelaten. Ik was nog zo jong. En mijn vader? Die had geld en tijd genoeg. Maar dat besteedde hij niet aan mij of mijn broer, maar aan zijn nieuwe vrouw en zoon. Ze wonen in een prachtig koophuis in Den Haag.

Mijn moeder leefde na de scheiding van de bijstand. Ze werkte niet, ze lag vooral op de bank. Er was geen geld, behalve het geld dat op mijn spaarrekening stond. Dat was € 3000,- die ik van mijn oma had gekregen. Van dat geld heeft ze felroze kunstnagels gekocht. De rest heeft ze opgedronken. Ik heb altijd mijn eigen boontjes gedopt en moeten doppen. Vanaf mijn twaalfde heb ik altijd baantjes gehad. Soms wel drie verschillende tegelijk.

Vanaf mijn achttiende woonde ik op mezelf. Niemand hielp me. Ik stond er alleen voor. Ik werkte van 's ochtends vroeg tot 's avonds laat. Ik leefde in armoede en dat heeft jaren geduurd. Ik had ooit vwo-advies, maar ik kreeg het niet voor elkaar om te studeren. Ik was aan het overleven. Ik had k**baantjes. Hoe hard ik ook werkte, ik verdiende slecht. Ik bleef me waardeloos voelen. Als ik dit zo allemaal opsom is de conclusie dat ik twee ouders had die alleen maar met zichzelf bezig waren. En ik betaalde daarvoor de prijs.

De plek waar je wieg staat maakt wel degelijk een verschil. Het is het een wonder dat ik sta waar ik nu sta. Hoe ver ik ben gekomen. Op mijn 25e ontmoette ik mijn man. Ik voelde me zielsgelukkig. We kochten een huis, hadden een goed inkomen en kregen onze zoon. Maar de armoede was in mijn lijf gaan zitten. De angst om alles weer kwijt te raken was overweldigend. Ik raakte in een depressie en zag het niet meer zitten. Ook werken lukte me niet meer. Mijn man steunde me en langzaam ben ik uit het dal gekropen.

Op mijn dertigste had ik er schoon genoeg van. Ik ben voor mezelf begonnen. Ik kwam van een vaste baan van € 15,- per uur en ging naar een uurprijs van € 30,-. Maar al snel bleek dat ik salestalent heb. Ik ging als een speer en kon mijn prijs opschroeven. Ik kon veel meer verdienen dan ik ooit had gedroomd. En toen gebeurde er iets geks. Wat ik ook deed, ik bleef hangen op € 3000,- netto per maand. Ik dacht dat ik mijn angst om alles te verliezen had overwonnen. Maar het lukte me niet om meer geld te verdienen. Ergens werkte ik mezelf tegen. Ik was gevraagd voor een opdracht waarmee ik € 5000,- netto per maand zou verdienen. Maar ik deed het niet. Tijdens de coaching kwam ik erachter waar ik bang voor was.

Ik had sinds een jaar weer contact met mijn moeder. Ze is inmiddels afgekickt van de drank. Ze was op bezoek en ik vertelde vol trots dat het goed met me ging. Dat ik goed geld verdien als ondernemer. Dat ik nu eindelijk aan het sparen ben voor een campertje. Daar had ik altijd al van gedroomd. Haar reactie? Ze keek me aan met een kille blik. 'Ja, ja, dat verbaast me niks. Bij jou draait alles alleen maar om geld, net als bij je vader.' En ik viel zo weer terug in die tomeloze leegte. In die benauwde wereld met haar. Zij hield me tegen. Het was niet de bedoeling dat ik boven haar uit zou stijgen. Ik stond voor de keuze: óf loyaal blijven aan haar en klein (en arm) blijven, óf de kans lopen haar te verliezen en trouw zijn aan mezelf. Ik heb voor mezelf gekozen. Ik wil namelijk wel leven. Sterker nog, ik wil genieten en met mijn gezin de wereld zien. Net als mijn opa en oma ooit hebben gedaan. Dat gaat lukken. Ik heb die klus aangenomen en verdien nu belachelijk veel geld. Ik vind dat ik dat waard ben, ik heb het meer dan verdiend. En mijn zoon ook. Ik ben zijn voorbeeld.

De Waaghals

Probleem: Overschatten van financiële situatie en impulsbeslissingen.
Oplossing: Overzicht houden en stopknop installeren. Eerst nadenken en dan doen.

School boeide me niet. Ik was van de motors en auto's. Daar ging de les niet over. Ik was rusteloos, ik wilde vanuit het niks dingen verzinnen, ik was creatief. Op mijn veertiende kreeg ik de 'keuze': zelf vertrekken of van school getrapt worden.

Ik wilde wel iets doen, dus ben ik naar de stukadoorsopleiding gegaan. Die haalde ik in twee jaar. Ik ging overal 'karweien' en verdiende € 5.000,- tot € 10.000,- per maand. Toen ik jong was kon ik goed sparen, ik had een krantenwijk en kocht uiteindelijk een dure radio. Die heb ik nu nog. Maar vanaf het moment dat ik echt goed geld verdiende gaf ik alles meteen weer uit. Aan dikke auto's, dure vriendinnen en merkkleding. Alles voor status en de buitenkant. Ik draaide alles erdoorheen. Toen werd ik achttien en kwam ik tot de conclusie dat ik niet voor een baas kon werken. Ik begon voor mezelf. Mijn ouders, zelf geen ondernemers, zeiden: doe dat nou niet. Dus deed ik het wel. Het kwam nog steeds met bakken binnen en het ging er met vrachtwagens weer uit. Ik kreeg een vriendin, ze werd zwanger en op mijn 21e had ik ineens een huis, vrouw en kind. Ik was een spender en zij was dat ook, alleen nog erger dan ik. Geen handige combinatie dus. Ik had totaal geen overzicht en we kregen schulden. Lang verhaal kort: scheiding, gezeik en € 30.000,- in de min. Ik heb de schulden op me genomen.

Ik kreeg na een jaar een nieuwe vriendin en ik nam mezelf voor om het dit keer anders te doen. Ik vertelde haar over mijn schuld van € 30.000,- en dat ik daar financiële hulp bij had. Deze meneer noemde zich budgetcoach en zou het 'allemaal voor me regelen'. En ik geloofde dat. Hij had er namelijk wel voor gestudeerd en ik niet. Uiteindelijk heeft hij een jaar lang niks uitgevoerd en was mijn schuld opgelopen tot € 40.000,-. Die fijne vriend betaalde wel zichzelf elke maand van mijn geld.

Ik werkte ondertussen van vier uur 's ochtends tot tien uur 's avonds om alles af te lossen. Dat is me uiteindelijk gelukt. Daarna heb ik mijn huis opgeknapt en met winst doorverkocht. Daar was ik goed in. Kopen, slopen, opknappen en doorverkopen. Zo begon mijn bouwbedrijf. Ik draaide als een malle. Ik nam een boekhouder in de arm, omdat ik wilde dat het nu goed geregeld zou zijn. Hij was superaardig, vriendelijk en creatief. Ook dat bleek uiteindelijk een oplichter die met zijn 'creatieve' constructies ervoor zorgde dat ik met een belastingaanslag zat van € 50.000, waar ik niet op gerekend had. Mijn vriendin over de rooie natuurlijk. Dat was het dieptepunt. Weer schulden.

Wat ging er nou de hele tijd mis? Mijn patroon: veel geld verdienen, overzicht kwijt, mezelf rijk rekenen en het weer verliezen. Ik was goedgelovig en ik vertrouwde op iedereen, behalve op mezelf. Verkeerde mensen hebben daar een antenne voor, dat was wel duidelijk. Maar het lag ook aan mij, ik liet het gebeuren. Ik was het probleem en dus was ik ook de oplossing.

Bij Eef ben ik flink onder handen genomen. Ik moest aan de bak met mijn geldzaken en niemand anders. Ik was onzeker, omdat ik nog steeds het idee had dat ik er niet voor had geleerd om goed met mijn geld om te gaan. De conclusie was dat het dan maar tijd werd om het wel te leren. Ik heb tot op de komma uitgezocht wat erin komt en eruit gaat. Mijn privérekening heb ik losgekoppeld van mijn zakelijke rekening. Er loopt niks meer door elkaar en ik weet precies hoe ik ervoor sta. Altijd. Ik leun niet zomaar meer op de expertise van anderen.

Het is bizar, maar vanaf het moment dat ik op mezelf vertrouw en de baas ben over mijn geldzaken, ging de wereld open. Ik heb mijn bouwbedrijf strak op orde. Ik flip drie huizen per kwartaal. De Held in mij regelt alle bedrijfszaken en dat geeft rust. Maar ik wil meer. De Magiër is namelijk mijn echte kracht. Ik ben een kansenmagneet. Altijd al geweest. Ik loop op het goede moment tegen een goeie deal aan. Dat komt omdat ik snel handel en niet bang ben. Waar ik aan denk trek ik aan. Als je me ziet geloof je het niet (stoere bouwvakker) maar ik mediteer 's ochtends en 's avonds. En ik zeg elke dag tegen mezelf: 'Ik kan alles bereiken wat ik wil.'

Toen ik volledige controle en focus had op de financiën van mijn bedrijf was de beer los. Er kwam een investeerder op mijn pad. Een man van in de zeventig met miljoenen op de bank. Hij zocht naar een investering met weinig risico. In vijf minuten heb ik hem uitgelegd dat ik huizen flip en veel meer zou kunnen doen als er iemand in mij zou willen investeren. Hij zag zichzelf terug in mij. Zo was hij ook ooit begonnen. Mijn wilskracht en enthousiasme waren aanstekelijk en hij was verrast hoe goed ik was met cijfers en het doorrekenen van kosten en winst. Laat maar zien dan. Ik begon met een piepklein huisje van € 142.500,-. Inmiddels zijn we een halfjaar verder. Mijn investeerder vertrouwt mij. Ik flip tien huizen per kwartaal met mijn team, dat is uitgebreid van twee naar twaalf personen. Ik geloof in mezelf. Dit is pas het begin. Ik heb deze maand een jonge gast aangenomen. Die was overal al mislukt en weggestuurd. Prima moment om hem wel aan te nemen, dacht ik. Hij had een extra kans nodig. Daar heb ik geen spijt van. Dat ik hem kan helpen met zijn toekomst doet me meer dan die groeiende bankrekening.

Ik heb van mijn zwakte mijn kracht gemaakt. De Waaghals in mij die impulsief is, gericht is op spullen en niet let op de kleine letters – die kant van mij is veel kleiner geworden. Ik neem nu geen grote financiële beslissingen meer zonder het te overleggen met mensen om me heen die wel te vertrouwen zijn. Ik leer en ik heb mijn kracht vergroot. Ik ben nergens bang voor, ik denk creatief en stap op iedereen af. Dat zorgt ervoor dat ik overal kansen zie en die ook krijg. Ik ruik een goede deal. En waar anderen wachten, heb ik het geregeld. Dat is het voordeel van veel energie hebben.

De Sint-bernard

Probleem: Iedereen redden behalve mezelf.
Doel: Begrijpen waar ik zelf behoefte aan heb en meer balans tussen privé en werk.

Mijn probleem? Ikzelf. Ik was voor mezelf begonnen. Ik ben goed in wat ik doe. Ik help graag anderen met hun administratie. Dat is een beetje uit de hand gelopen. Ik werkte zes dagen in de week. En als mijn man er niks van had gezegd, dan zat ik nu op zeven dagen. Ik beloofde hem wel braaf dat ik meer balans zou creëren tussen werk en privé. Maar tussen willen en doen zit bij mij nogal een groot 'uitvoeringsgat'. Ik kan namelijk geen nee zeggen. Ik ben de verpersoonlijking van de Sint-bernard, in combinatie met de Controlfreak. Dat weet ik nu.

Dat ik het idee heb dat ik iedereen moet redden is niet zo gek. Ik groeide op in een oude boerderij. Mijn vader had die geërfd, inclusief de baan van boer. Maar boer zijn paste niet bij hem. Hij was helemaal niet zakelijk of ondernemend. Mijn moeder zat de hele dag op een stoel sherry te drinken. Ik ben de oudste van vier kinderen. Mijn eerste herinnering aan geld is dat ik zes jaar was en dat er een meneer in een pak aan tafel zat. Hij gaf aan dat er een rekening openstond. Dat die nu betaald moest worden. De spanning in huis was om te snijden. Mijn vader toverde ergens geld vandaan. Hij vulde het ene gat met het andere. Kopen op afbetaling was bij mijn ouders de gewoonste zaak van de wereld. Van tv tot wasmachine tot brommer, alles was op de pof. Dus bleven er maandelijks mannen aanbellen en binnenkomen om geld te innen.

Ik was acht en moest overgeven van de spanning omdat ik die ochtend nog niet wist of ik mee mocht met het schooluitje. Ik wist niet of mijn ouders wel hadden betaald. Die onzekerheid, misselijkheid en zenuwen had ik elk schoolreisje en kamp. Als het wel doorging, kreeg ik geld mee voor snoep. Dat gaf ik meteen aan mijn broers en zusje. Als ik nu terugkijk naar mezelf als klein meisje, dan zie ik dat ik vanaf mijn achtste het hele gezin ben gaan redden. Ik zorgde voor mijn broers en zusje en voor mijn ouders. Ik werd steeds beter in dingen regelen, opruimen en plannen. Dat moest ook wel, want het was een puinhoop. Letterlijk en financieel. Op mijn 18e heb ik mijn ouders uit de schulden geholpen, op mijn 23e hielp ik mijn zus uit de schulden. Daarna kwam mijn broer en vervolgens opnieuw mijn ouders. De laatste keer was ik dertig. Mijn vader belde en vroeg of ik hem € 2000,- kon lenen (vrij vertaald: geven).

Ik wilde diep vanbinnen al langer af van mijn rol als pinautomaat. Het was mijn man die me vroeg: 'Schat, hoe lang wil je dit nog blijven doen? Nee is ook een optie.' Dat is makkelijk praten, maar ik was bang dat ik een hoge prijs zou betalen voor zo'n afwijzing. Uiteindelijk zei ik toch nee tegen mijn vader. Zijn reactie: 'Als je zo hard bent, dan hoef je hier nooit meer binnen te komen.' Die veertien woorden deden pijn. Mijn grootste angst was uitgekomen. En toch was er ook sprake van een eigenaardige opluchting. Ik kon, zo bleek, niet kwijtraken wat er nooit is geweest: een thuis. Dat besef was een keerpunt. Voor het eerst in mijn leven had ik nee gezegd. En die nee heeft me iets groots gebracht. MEZELF. Ik begon eindelijk te begrijpen dat het geen zin heeft om iedereen om me heen te redden. Dat het tijd werd om mezelf te redden.

Dat is wel een ding voor mij. Ik ben altijd zo bezig geweest met anderen dat ik op slot schiet als je vraagt wat ik wil. Dan wordt het blanco in mijn hoofd. Ik heb werkelijk geen flauw idee. Ik weet wel dat ik me moeilijk kan ontspannen. Ik word rustig van werken. Dat is mijn ding. Ik help klanten met hun administratie. Tegen iedereen die aanklopt zeg ik ja. Ook als ik daarvoor 's nachts moet doorwerken. Mijn werk is nooit klaar. Het bestaat uit administratie en cijfers. Dat is heerlijk, want daar kan niks verkeerd aan gaan. De papieren zeggen ook niks terug, en dat is wel zo overzichtelijk. Ik houd alles onder controle zodat niet ineens de werkelijkheid uit elkaar valt. Dat geeft me rust. Alleen het feit dat ik dat het liefst zeven dagen in de week doe is ongezond. Als je het hebt over werk-privébalans dan kan ik wel stellen dat die er niet is. Het is een wereldwonder dat mijn man nog steeds bij me is. Maar wat moet ik dan doen? Ik kan me niet ontspannen. Dat ben ik niet gewend. Ik verdien prima, daar zit de angel niet. Al is het wel zo dat ik geld onbetrouwbaar vind. Alsof het zomaar weer kan verdwijnen. Daarom geef ik het snel uit aan apparatuur, boeken en mijn klassieke auto.

Waarom ik zo'n moeite heb met nee zeggen? Voor mij staat nee zeggen gelijk aan de kans op afwijzing. Dat ik, als ik nee zeg en een ander niet help, eruit lig. Dat ik er niet meer bij hoor. Dat er gaat gebeuren waar ik mijn hele jeugd bang voor ben geweest: dat 'het' misgaat. Wat vrij ironisch is, omdat mijn hele jeugd samen te vatten is als een groot fiasco. Daar hoef ik dus niet meer bang voor te zijn. Maar goed, ik kan dus geen nee zeggen. Daarom ben ik inmiddels al twee maanden aan het oefenen met géén ja zeggen. Ik heb een ja-verbod. Ik mag geen ja zeggen tegen nieuw werk. Er stond vorige week een vrouw op de stoep die vroeg of ik wilde helpen collecteren voor iets. Dat valt stiekem toch onder werk, dus dat mag ook niet. Mijn ingestudeerde zin is: 'Wat leuk (of: wat fijn, wat mooi). Maar helaas gaat het me niet lukken.' Elke keer als ik dit doe krijg ik een voetmassage van mijn man. Daar word ik trouwens wel ontspannen van. Het is aan mij om elke dag weer te kiezen waar ik mijn tijd aan besteed. Alleen maar overleven of iets meer echt leven. Balans is het toverwoord. Mijn streven is om de komende tijd meer plaats te maken voor de Held en de Magiër in mij. Waar ik dan behoefte aan heb? Ik heb werkelijk nog geen idee.

De Creatieveling

Probleem: Slechte relatie met geld, heb er geen vertrouwen in.
Doel: Meer tijd vrijmaken voor mijn kunst en erop vertrouwen dat dat financieel ook kan.

Kunst is iets verhevens (en wij kunstenaars ook) en daar staat geen geld tegenover. Dat was bij de Kunstacademie in die tijd wel de impliciete boodschap. Er werd echt onderscheid gemaakt tussen kunst en commercie. In die tijd begon net *Goede Tijden Slechte Tijden*. Als je daarin ging acteren dan was er een schroefje bij je los. Dat deed je gewoon niet. Je ziel verkopen aan zo'n plat flutprogramma. Er was dus wel een 'norm' waaraan je moest voldoen. Kunstenaars als Damien Hirst en Rob Scholte konden wel cashen met hun kunst, maar dat vonden we daar ook dubieus. De overtuiging was dat geld en kunst niet samengaan. En ik was daar gevoelig voor. Nog steeds trouwens. Ik geloof niet dat ik geld kan verdienen met mijn schilderijen en kunstfoto's. Ik ben tot in mijn ziel een kunstenaar, hoewel het me nooit echt lukt om iets helemaal af te maken. Maar ik kan me niet voorstellen dat het winstgevend kan zijn. Ik heb het gevoel dat ik dan mijn authenticiteit kwijtraak. Commercieel zijn is als dansen met de duivel, en ik wil het zuiver houden. Mijn aanname is dat ik, als ik een schilderij verkoop, een compromis moet sluiten en iets moet gaan maken waar ik niet achter sta. Als ik geld ga vragen, moet ik me voegen naar de smaak van de koper en dat wil ik niet. Ik verdien dus geen cent met mijn kunst.

Ik kies er bewust voor om te werken (32 uur per week) zodat ik kunst op mijn manier kan maken. Ik ben erg gehecht aan mijn vaste contract. Het is misschien een gekke combinatie, maar ik ben een kunstenaar en ik werk als verkoper in een museumwinkeltje. Lekker veilig. Dat is voor mij ook nodig, omdat ik onveilig ben opgegroeid. Ik ben al vroeg uit huis gegaan en moest vanaf dat moment alles zelf regelen en betalen. Mijn ouders droegen nul gulden bij aan mijn studie. Ik stond er alleen voor. Dat betekent dat de Held in mij wel moest opstaan, want er moest brood op de plank komen. Tijdens mijn studie werkte ik achter de bar, ik knipte haren van medestudenten en leende maximaal bij de studiefinanciering. Ik heb er lang over gedaan om mijn studieschuld af te lossen. Ik ben 52, en voel ik me financieel vrij? Nee, nog niet helemaal. Maar twee jaar geleden is er wel iets in mezelf veranderd. Een vriendin vroeg waarom ik steeds weer nieuwe cameraspullen kocht. Ik maak schilderijen op basis van foto's en koop voor honderden euro's camera's, zodat ik in de voorbereiding blijf hangen. Want als ik aan het voorbereiden ben, dan heb ik geen tijd om iets af te maken. Het lijkt wel alsof ik wacht op de perfecte camera voor het perfecte schilderij, maar dat komt maar niet. Soms denk ik dat ik niks afmaak zodat ik nooit afgewezen kan worden. Ik ben te bang. Maar hoeveel camera's heb ik nog nodig om wél iets af te maken? Ik heb hier echt geen antwoord op, maar ik ben dus toch maar gaan sparen. Iets wat ik nog nooit had gedaan. Uiteindelijk kwam ik tot de slotsom dat ik mijn geld maar één keer kan uitgeven. Ik heb mezelf als doel gesteld om eind dit jaar € 10.000,- op mijn spaarrekening te hebben. Dat is voor mij de stip op de horizon. Als ik dat bedrag heb bereikt, dan ben ik de koningin. Dan voel ik me zo rijk! Dan ben ik vrij. Dan mag ik van mezelf eindelijk iets minder werken en meer kunst maken.

Wat als ik vroeger wel gesteund was door mijn ouders? Als ik ouders had die zouden zeggen: kind, ga ervoor, vertrouw er maar op dat het allemaal wel goedkomt. Dan was ik waarschijnlijk autonoom beeldend kunstenaar geworden. Vooral mijn moeder haat succesvolle en rijke mensen. Bij ons thuis was er geen warm bad, alleen emotionele verwaarlozing. Toch hebben mijn ouders gedaan wat ze konden, wat binnen hun macht lag. De hang naar veiligheid zit ook in mezelf. Ik ben niet gehecht en leef nog te vaak vanuit wantrouwen. Vertrouwen in mezelf en de wereld om me heen is voor mij een dagtaak. Ik blijf toch op zoek naar bevestiging en liefde buiten mezelf in plaats van in mezelf. Ik vraag me altijd af of de mensen die bij me afrekenen in de winkel wel het leven leiden dat ze graag willen. Ik ben blij dat ik naast de Creatieveling al snel de Held in mezelf heb gevonden. Die heeft er mooi voor gezorgd dat ik een solide basis heb. Volgens mij is de Magiër in mijn leven aan het wakker worden. Die magische spaargrens van € 10.000,- is binnen handbereik. Mijn ticket om voortaan verder en groter te durven denken. Ik ga waarschijnlijk nog wel dertig jaar mee. Ik ben echt tevreden nu, en toch... Ik droom stiekem van een atelier. Wat zou het gaaf zijn als ik er een kan kopen. Of als ik minder hoef te werken. Wat als ik toch eens wat van mijn schilderijen verkoop. Ik ben me ervan bewust dat de invulling van mijn leven wordt gestuurd door mijn belemmerende overtuigingen over geld. Wat als ik geloof dat ik wel kan leven van mijn kunst en dat ik ook voel dat het kan? Jeetje, wat zou dat mooi zijn.

De Controlfreak

Probleem: Ik sla door in zuinigheid ten koste van mezelf en de mensen om me heen.
Doel: Me vrij voelen en erop vertrouwen dat ik al veilig ben met en in mezelf.

Ik ben degene die zover ging dat ik geen postzegel voor mijn vriend wilde kopen. En daar ben ik niet trots op. Die Controlfreak die in me zit nam steeds meer ruimte in en dat ging ten koste van mijn relatie. Ik begrijp wel dat die vrekkigheid overkomt als liefdeloos. Maar daar was ik niet eens meer mee bezig. Ik was aan het overleven en helemaal opgesloten in mezelf. Ik was zo bang om mijn veiligheid te verliezen. Om weer die grond onder mijn voeten vandaan te voelen gaan. Mijn basis was verdwenen toen mijn ouders me als kind vertelden dat ze gingen scheiden. En dat er schulden waren. Het huis, mijn basis, mijn ouders, het vertrouwen, alles was in één klap weggevaagd.

De angst dat me dat nog een keer zou overkomen werd groter en groter. Omdat ik daarover geen controle had, ben ik gaan klooien met eten. Ik kreeg een eetstoornis. Ook dat gaat over controle. Ik bepaalde wat er in mijn mond ging en niemand anders. Gelukkig heb ik daar met hulp van mijn moeder op tijd een stop op kunnen zetten. Maar de controledrang, weg van de angst, had wel een nieuwe route gevonden. Ik had geproefd van de macht die ik had over eten en die verruilde ik voor de macht over geld. Die controle, daar wilde ik meer van. Want daardoor dacht ik mijn angst te kunnen omzeilen. Hoe meer geld, hoe veiliger ik ben. Dat werd een patroon. Maar het was allemaal schijnveiligheid en schijncontrole. Mijn angst verkilde mij.

Geld verdienen is voor mij nooit een probleem geweest. Geld is het makkelijkst om te maken. Hoe klein ik ook was, ik kreeg altijd wat ik in mijn hoofd had of meer. Als kind was ik al ijzersterk in geld verdienen in combinatie met mazzel hebben. Ik was sowieso van plan om veel geld te verdienen. Ik wist dat me dat ook ging lukken. Mijn eerste bijbaantje was in de bediening bij de nonnen. Ik kreeg twee keer zo veel uurloon als mijn klasgenoten en het vierdubbele in het weekend. Tijdens mijn studie koos ik niet voor wat ik leuk vond, maar voor wat het meeste zou gaan opleveren: Organisatie & Management. Daar ging ik zowat dood van de saaiheid, maar ik maakte de vier jaar stug vol. Ik solliciteerde op mijn eerste 'echte baan'. Ik was ervan overtuigd dat ik € 3000,- netto ging verdienen. Iedereen in mijn omgeving verklaarde me voor gek. Dat verdiende de directeur bij die organisatie niet eens! Maar goed, toen ik tegenover die beste man zat, gaf hij aan dat ik € 3000,- zou verdienen. Ik verblikte of verbloosde niet. Voor mij was dat heel normaal. Later bleek dat hij zich had vergist en me verkeerd had ingeschaald. Geld en mazzel, dat is mijn ding. Ik ben altijd al doelgericht en gefocust geweest. Als ik € 100,- per uur wilde, dan kreeg ik dat ook. Het lukte altijd. Omdat ik vanaf het begin van mijn loopbaan een heel goed startsalaris had, is dat altijd mijn uitgangspunt geweest bij nieuwe onderhandelingen. Dit is trouwens wat mannen al eeuwenlang doen. Die geloven sowieso dat ze altijd meer verdienen. Maar goed, ondertussen had ik mijn geld goed besteed. De Held in mij heeft passief inkomen geregeld. Ik heb drie appartementen die ik verhuur. Dat geeft rust, zou je zeggen. Maar nee, niet voor mij.

Ik werd freelancer omdat ik juist vrijheid wilde en genieten. Maar mijn eigen gemaakte gevangenis werd alleen maar groter. Ik ging steeds meer werken. Geld harken. Nog meer klussen aannemen. Mijn vriend vroeg zich af wat de bedoeling was. Hoe lang ik nog door wilde gaan met mezelf uithollen. En dat hij net zo goed een relatie kon beginnen met de buurman. Maar de Controlfreak nam mij over, ik kon helemaal niet meer stoppen. Ik bleef maar doorwerken. Tot ik op een nacht brak. Mijn lichaam was op. Ik had een paniekaanval met hoofdletter P. Hartkloppingen. Ik dacht dat ik gek werd. Ik durfde me niet meer te bewegen. In totale paniek dacht ik nog maar één ding: *laat me me alsjeblieft goed voelen. Het enige wat ik wil is me goed voelen. Alsjeblieft, geef me rust.* Ik ben in therapie gegaan.

Mijn vriend heeft me al die tijd geweldig geholpen. We hebben een plan bedacht om de Controlfreak de nek om te draaien. Nou ja, te verkleinen. Met hoe ik er toen aan toe was, kon dat alleen met een onorthodoxe aanpak. We hebben een wurgcontract opgesteld. Om mij minder te laten werken spraken we af dat al het geld dat ik per maand boven de € 2000,- zou verdienen naar hem zou gaan. Daarvan zou hij dan op vakantie gaan met vrienden. Dat idee was zo'n grote straf voor mij dat het me lukte om niet over de € 2000,- te gaan. Dit was natuurlijk een belachelijke motivatie, maar het werkte wel. Gelukkig was ik hard genoeg geschrokken van mijn paniekaanvallen en ben ik me meer gaan richten op de Magiër. Want onder alle angst en controle ben ik hartstikke lief. Ik wil juist dat iedereen om me heen het goed heeft. En op een dag sloeg ik het pad in dat altijd al in me heeft gezeten. Ik keek naar die man tegenover mij aan het ontbijt. Ik bestelde de mooiste racefiets die er is voor hem. Waar hij al heel lang van droomde. We zijn nu echt bij elkaar. Niet door die fiets, maar wel omdat ik eindelijk weer met liefde kan geven en er ben (als in: niet aan het werk). Mijn ideale toekomst? Die leef ik nu al. Ik wilde altijd een 'meisjesleven'. Waarin je de hele dag het gevoel hebt dat je poëziealbumplaatjes aan het plakken bent. Ik had gewenst me goed te voelen en dat is me gelukt. Rupsje Nooitgenoeg is er niet meer. Ik doe zelfs vrijwilligerswerk. Ik heb meer geaccepteerd wie ik ben. Ik geniet van de kleine dingen. Ja, ook van postzegels, haha.

De Magiër

Probleem: Volledig durven vertrouwen op mezelf, anderen en het universum.
Doel: Vertrouwen, genieten en delen.

Het was liefde op het eerste gezicht. Eindelijk een man die mij begreep. Die mijn kunst begreep. Die niet bang was om te leven van de lucht en van de schoonheid van de natuur. Sterker nog, hij was precies hetzelfde. Hij maakte prachtige kunst, daar stond-ie mee op en daar ging hij mee naar bed. Op de een of andere manier kwamen we altijd aan geld om te reizen, om de wereld te zien. Maar het was altijd houtje-touwtje en *cheap ass*-leven. Plakhaar, geen shampoo, wel een sigaretje. Ik had een WIK-uitkering van € 600,- en werkte in de zorg voor € 500,-. Alles wat ik daar bovenop verdiende moest ik terugbetalen. Dat ging ik dus niet doen, want dan werkte ik voor 'niks'. Maar die hele uitkering hield me klein. Ik zou zo nooit meer geld krijgen. En ik had zo geen zin meer in een leven met alleen een boterham met pindakaas. De Held in mij was er klaar mee en nam het stuur over. Ik wilde me verantwoordelijk voelen voor mijn eigen financiën en ik wilde meer geld. Ik wilde me als creatieveling niet verloochenen, niet onzuiver zijn. Maar ik wilde wel meer geld verdienen.

En dat gebeurde ook, op een organische manier. Ik gaf workshops, ging koken en gaf kunstdiners. Mijn man maakte nog steeds kunst van 's ochtends vroeg tot 's avonds laat. We hadden een extra atelier gehuurd, zodat hij meer ruimte had om te creëren. Alleen verkocht-ie niks en bracht verder geen inkomen binnen. Dat was voor hem ook totaal irrelevant. Hij ging volledig op in zijn eigen wereld. Met als resultaat dat hij 100 procent kunstenaar bleef en ik daar geen tijd meer voor had. Ik werd nog meer Held en dat was ook nodig, want we kregen een prachtige zoon. En ook die verantwoordelijkheid lag bij mij. Ik was nu kostwinner, moeder en zakenvrouw. Mijn bedrijf had ik uitgebreid met vergaderingen en het liep als een tierelier. Ik werkte zestig uur per week. De druk om mijn hele gezin te onderhouden werd groter. Langzaam maar zeker wreekte het gemis aan gelijkwaardigheid, aan gedeelde verantwoordelijkheid en zorg voor onze zoon zich. Hij kon niet anders dan zijn creatiedrang volgen. En ik kon niet anders dan mijn eigen weg gaan. Waar ik me heel erg bewust van was, was het feit dat ik anders moest gaan denken. Als alleenstaande moeder moest ik minder hoeven werken en wel meer verdienen. Hoe ik dat ging doen wist ik niet, maar ik ben niet vies van manifestatiekracht. Nu weet ik dat ik de Magiër *full speed* aan de gang hebt gezet.

Ik huurde een huisje op het platteland en leefde met mijn zoon en de kat van mijn goedlopende bedrijf. De afvoer was verstopt en ik belde de huisbaas. De beste man hing in de afvoer en ik weet niet wat er over me heen kwam, maar ineens vroeg ik hem: 'Mag ik dit huis van je kopen? Ik ben hier zo gelukkig en ik wil hier voor altijd blijven.' 'Meske,' zei hij, 'dat gaat toch helemaal niet. Het kost zeker € 240.000,-.' De bank deed moeilijk omdat ik een eigen bedrijf heb. Ik kwam een ton tekort. Maar ik wist gewoon dat het me ging lukken. Acht maanden later was ik de trotse eigenaar van het kleine huisje op het platteland. Mijn ex had een erfenis gekregen en betaalde met liefde het ontbrekende bedrag. Alsof alle jaren die ik had gewerkt als een plooi op het tafellaken werden recht gestreken. Wat je geeft komt onherroepelijk via welke route dan ook weer terug. Ik geniet van dit soort manifestatiefestijnen.

Ik had de smaak te pakken. Op mijn minilandgoed stond een oud schuurtje. Ik zag daar een atelier voor me. Een trainingsruimte, een plek om te creëren. Alleen had ik geen geld. Ik heb mijn vergadertarieven omhoog gegooid en erop vertrouwd dat ik extra opdrachten zou krijgen. En dat gebeurde ook. Ik ben meteen begonnen. Zonder bouwtekening, het zat allemaal in mijn hoofd. Iedereen verklaarde me voor gek, maar ik ben slim. Ik bouwde het hele atelier alsof het een kunstwerk was. Met heel veel geduld. Ik verdeelde de bouw in vier fases zodat ik het bedrag niet ineens hoefde te betalen. Dan was het me namelijk niet gelukt. Maar door mijn aanpak had ik meer tijd en lucht. Ik denk in materialen en vormgeving en hergebruik. Ik kreeg een offerte voor de ramen, kozijnen en dubbel glas van € 17.000,-. Ik regelde de materialen tweedehands en dat kostte me maar € 3700,-. Ik bedacht er onderweg een ingebouwd bed bij en een badkamer. Zo werd de ruimte multifunctioneel. Ik kon dit atelier ineens ook verhuren als B&B. Of het nou fungeerde als vergaderlocatie of als vakantiehuisje, ik had mijn oude dag gemanifesteerd.

Wat er ook gebeurt, ik heb altijd extra inkomen. Dat is me gelukt omdat ik vertrouwen had in mezelf, in alle lieve mensen om me heen en in het universum. Als je erin gelooft en voelt dat het kan, dan kan ALLES. En ik ben nog niet klaar. Ik droom ervan om mijn kleine huisje uit te bouwen tot een glazen kunstwerk, de hoogte in. Een nieuwe, grotere verbouwing is al intern aan het broeden. Je raadt het al: ik heb er nog geen geld voor. Maar daar kom ik vast wel uit.

HOOFDSTUK 6

JE KOOPKNOP EN JE STOPKNOP

The basic human reaction to pleasure is not satisfaction, but rather craving for more. Hence, no matter what we achieve, it only increases our craving, not our satisfaction.

–Yuval Noah Harari

Om bewustere keuzes te maken heb je wel de juiste kennis nodig. Daarom wil ik je graag vertellen hoe verkopers zo veel mogelijk spullen en diensten aan jou en mij proberen te verkopen. Hoe ze dat doen? Door bij jou de koopknop aan te zetten via je reptielenbrein en je emotionele brein. Ze bespelen je onderbewuste zodat je denkende brein is uitgeschakeld. Denk maar aan je laatste impulsaankoop of die vakantie waar je veel te veel voor hebt betaald. Hoe meer je leert over de triggers die ons oerinstinct bespelen, hoe meer je dat doorhebt en vervolgens zelf kunt kiezen of je je geld echt wilt uitgeven.

Triggers om te kopen

We denken zelfstandig aankopen te doen, gebaseerd op rationele keuzes. Maar niets is minder waar. In de praktijk regeert de impulsaankoop en het onderbuikgevoel. In dit hoofdstuk leer je hoe we in het algemeen koopbeslissingen nemen en waar bij jou je gevoeligheden zitten. Verkopers willen de juiste koopknop bij je indrukken zodat je nog meer koopt. Daarom krijg je per brein triggers die je koopknop aanzetten.

Hoe beslis je in de praktijk?

Hoe beslis je om iets wel of niet te kopen? Maar liefst 95 procent van je aankoopbeslissingen neem je in je onderbewustzijn. Je neemt elke dag meer dan 10.000 beslissingen. Als je al deze beslissingen bewust moet nemen, dan zou je gek worden. Daarom maak je intuïtief supersnel keuzes. Nobelprijswinnaar en psycholoog Daniel Kahneman schrijft erover in zijn boek *Thinking, Fast and Slow* (2011, vertaald als *Ons feilbare denken*). Hij verdeelt onze denkprocessen in twee systemen:

SYSTEEM 1	SYSTEEM 2
Reptielen- en emotionele brein	*Denkende brein*
Onbewust	Bewust
Automatisch	Langzaam
Snel	Gecontroleerd
Associatief	Kost moeite
Emotioneel	Weegt alle opties af
Kost weinig energie	Kost veel energie

Systeem 1 is ons reptielenbrein en emotionele brein in uitvoering. Met systeem 1 nemen we de meeste van onze dagelijkse beslissingen. Het onderbewuste gaat uit van een aantal basisideeën die het gebruikt om snel door te kunnen. Zo is er het idee dat iemand met autoriteit het goed met je voor heeft. Daarom zie je veel witte jassen in reclames voorbijkomen. Een dokter weet sowieso wat goed voor je is en een tandarts (al is het dan een acteur) ook. Het is dus niet heel ingewikkeld om het onderbewuste systeem te overtuigen. Verkopers spelen in op je onderbewuste met simpele boodschappen. Ze spelen met plaatjes, geur, muziek en het sentiment van herinneringen in op ons onderbewuste brein. Ze koppelen intense emoties zoals vreugde, geluk, opluchting en plezier aan een product. Met systeem 1 nemen we al het besluit en pas daarna komt systeem 2 aanzetten, om de beslissing 'goed te praten'. Dat is ons denkende brein. Hier wikken en wegen we en zetten we de voors en tegens op een rijtje. Hier nemen we ook besluiten voor de lange termijn. We kijken terug, leren van ervaringen en gebruiken die voor de toekomst.

Waar zit je koopknop?

Bedrijven willen niets liever dan onze koopknop aanzetten. Dat doen ze door ons reptielenbrein, ons emotionele brein en ons denkende brein te verleiden. We hebben als menselijke soort twee basisbehoeften:

1. overleven (veilig zijn) en
2. erbij horen (voortplanten)

We worden gedreven door impulsen en emoties en nemen beslissingen met onze lagere, onderbewuste breinen. Verkopers triggeren het liefst ons instinct en gevoel. Ze prikkelen ons onderbewuste, zonder dat we dat zelf echt in de gaten hebben. Het gevolg is wel dat we daardoor iets sneller kopen. Het onderbewuste domineert de beslissing om te kopen. Het reptielenbrein wint altijd. We worden verleid met triggers als seks, eten en snel geld.

Triggers van je reptielenbrein

In het reptielenbrein drukken verkopers op de knop van het beloningssysteem. Dit hersengebied wordt actief bij lekker eten, seks, winkelen, sporten en bijvoorbeeld muziek luisteren. Er wordt dopamine aangemaakt, waardoor je een geluksgevoel ervaart. Het beloningssysteem wordt al snel met een plaatje, een gevoel of bijvoorbeeld een geur geactiveerd. Zo is seks in reclames iets waar we instinctief positief op reageren. Als we onbewust een associatie maken met seks, dus een blote arm, een kus of een aanraking, dan willen we dat product hebben. Knappe mannen en vrouwen die te pas en te onpas sensueel de camera in kijken zijn geen toeval.

Seks als trigger

Kijk maar eens naar een matrasreclame. Daar krioelt dan een dame door het beddengoed, terwijl ze net wakker wordt. Ze kijkt je met getuite lippen aan. Niemand wordt in het echt zo wakker, maar zij wel. Wat hier gebeurt, is dat ons reptielenbrein wordt 'aangezet'. Staat het reptielenbrein aan, dan gaat het denkende brein uit. Het gaat hier om een matras, maar we zien een sexy mevrouw. Doordat ons *reptielenbrein* aan gaat, krijgen we geen neiging om het product kritisch door te lichten of te analyseren. We vallen ten prooi aan ons instinct.

Wat bedoelen marketeers nog meer met *sex sells?* Ken je die Magnum-reclame, waar een heel knappe vrouw het ijsje heel langzaam en sensueel naar binnen werkt? De camera zoomt in op haar volle rood gestifte lippen die van dichtbij om het ijsje heen gaan. Niemand eet zo een ijsje, maar in die reclame wel. De vrouw loopt ondertussen op hoge hakken in een bronskleurige galajurk rond, zonder vlekken te maken. Dat willen wij onbewust ook wel: én sexy zijn én ijs eten. Het reptielenbrein houdt van plaatjes en is ongevoelig voor taal. Het emotionele brein gaat ook aan. Want als ik die Magnum eet, dan ben ik knap en hoor ik er ook bij.

Naast knappe mensen duikt de antiheld inmiddels ook op in reclames. Al gaat het daarbij voornamelijk om mannen. Wat forsere veertigers met een buikje. Ook zij zijn te zien in beeld met vrienden of een heel gezin, inclusief hond. Koop dit bier en er is voor jou óók de kans om erbij te blijven horen, ondanks je buikje. Hier is seks dus gedownplayd tot het wat softere 'erbij horen'.

Snel geld als trigger

Hoe meer geld je hebt, hoe groter de kans dat je overleeft. Ons oerinstinct wil overleven en in de geïndustrialiseerde wereld heb je daar geld voor nodig. Hoe heerlijk is het om naar *The Godfather* te kijken? Wie is het mannetje, de baas, en wie heeft er het meeste geld? Cash is King. Veel en snel geld verleidt het reptielenbrein.

Daarom tuinen we massaal in piramidespellen en zijn we gevoelig voor gokken. Stel je voor dat je alles op rood inzet en dat je dan wint? Dan zijn al je problemen opgelost en je overleeft.

Beleggingen die te mooi zijn om waar te zijn, die verkopen juist goed. Helaas zijn de beleggingen ook altijd te mooi om waar te zijn en verlies je je geld. Palm Invest is een prachtig voorbeeld. Het beleggingsfonds stampte een eiland uit de grond in Dubai. Je kon investeren in de aankoop van appartementen en villa's. Er verschenen prachtige brochures met gouden palmbomen. Om betrouwbaar over te komen was er ook een Stichting Garantiegelden opgetuigd. Helaas stond daar maar 23 euro op de rekening. Een lang verhaal kort: 400 beleggers gingen voor 30 miljoen euro het schip in. De oprichters hebben genoten van mooie vrouwen, dure auto's en villa's op toplocaties. Snel geld bestaat niet, maar we willen het wel. Daardoor maken we onbewust irrationele, automatische keuzes.

Eten als trigger

Eten is een extreme trigger voor het reptielenbrein en het emotionele brein. De emotionele associatie met eten is plezier, verlangen en genot. Daarom is diëten zo moeilijk; het gaat in tegen je instinct en gevoel. Op het moment dat er een lekkere snack voor je neus staat terwijl je op dieet bent, is de kans groot dat je 'je bedenkt'. Je lagere breinen nemen het over. Pas nadat je klaar bent met eten krijg je spijt en voel je je schuldig. Lust en verlangen winnen het van nadenken. Reclames maken daar gebruik van. Meubels verkopen beter als je ergens in de buurt taart en fruit op tafel zet. Een reis verkoopt beter met drank en eten in beeld.

Macht als trigger

Een mooi voorbeeld van een reptielenaankoop zijn die enorme SUV's op de snelweg. Ze ogen agressief en overweldigend. In Nederland heb je totaal niks aan zo'n auto. Je kunt hier lang zoeken naar een berg of wildernis. Daar koop je de SUV ook niet voor. Maar als je een ongeluk krijgt, dan is die ander plat en jij niet. Je hebt de grootste auto, waardoor je veilig bent en ook nog de sterkste. Dat kan iedereen zien, omdat je het hoogst zit. Je kijkt op anderen neer bij het stoplicht. Je denkt onbewust: ik ben sterk, ik ben veilig en ik overleef het.

Triggers van je emotionele brein

Uit onderzoek blijkt dat Franse muziek op de achtergrond in de supermarkt ervoor zorgt dat er drie keer meer Franse dan Duitse wijn wordt verkocht. Als er Duitse muziek opstaat verkoopt die wijn drie keer beter dan de Franse wijn. Na afloop werd aan klanten gevraagd of ze dachten dat hun wijnkeuze was beïnvloed door de muziek. 90 procent gaf aan dat dit niet het geval was.

Onderschat de emotionele binding die we met een product hebben niet. In blinde tests blijkt keer op keer dat we Pepsi lekkerder vinden dan Coca-Cola. Maar als mensen de cola proeven zonder blinddoek en wel zien welk merk ze drinken, dan is Coca-Cola verreuit het lekkerst. We hebben blijkbaar meer positieve gedachten, gevoelens en herinneringen bij Coca-Cola.

Erbij horen als trigger

Reclamemakers van supermarkten zijn niet gek. Ze verkopen eten en drinken, maar koppelen dat aan onze basisbehoefte, ons gevoel van erbij willen horen. We hebben zelf niet het eeuwige leven, maar we willen het leven wel doorgeven aan de volgende generaties. Daarom reageren we onbewust sterk en positief op eten in beeld, maar ook op grote tafels met opa's en oma's, ouders, kinderen, kleinkinderen en baby's. De boodschap waarmee je onderbewuste wordt getriggerd is: als je hier je boodschappen doet, dan zit je goed. Je vergroot hier je kans op voortplanting. Je hoort erbij. Als er dan ook nog eens een feelgoodmuziekje klinkt, dan ben je verleid.

Social media werkt zo goed voor adverteerders omdat het precies aansluit op het onderbewuste, met plaatjes en een snelle beloning door likes. Het is de ideale combinatie van snel, impulsief en erbij horen.

Verder kun je het zo gek niet bedenken of ze stoppen een baby, een kleuter of een puppy in beeld. Ook als het gaat over de verkoop van een stofzuiger of muurverf. Waarom? Het emotionele brein gaan 'aan' als we een baby zien. Dat geeft een warm gevoel, hoog knuffelgehalte, veilig idee en de genen zijn doorgegeven. Instinctief willen we die stofzuiger dan graag hebben. Een autobandenbedrijf verkocht meer banden door in zijn advertentie een baby in een band neer te zetten. Met alleen maar dat plaatje hoef je niks uit te leggen. Die banden, die wil je hebben, want dan is je gezin veilig. De voortplanting is goed geregeld en de prijs maakt dan niet meer uit.

Angst als trigger

De kans om te overleven en kinderen te krijgen is groter als je niet afwijkt van de norm. Verkopers zetten jouw angst om buiten de boot te vallen in als trigger om te verkopen. Ze verzinnen een probleem en geven je met het product de oplossing. Neem bijvoorbeeld het fenomeen vaginale douches. Vrouwen hadden geen enkel probleem met hun vagina. En dat is niet handig als je een vaginale douche hebt ontwikkeld. Dus creëer je een probleem. Het luchtjesprobleem. De vaginale geur verpak je subtiel in angst in de reclame. Want stel je voor dat je stinkt. De boodschap: hoe meer vaginale douches, hoe schoner, reuklozer en aantrekkelijker je bent. Je hoef je geen zorgen meer te maken. Wie er ook in je bed ligt, jij hebt het goed geregeld. De echte boodschap: ga je vagina inwendig douchen, anders zit er bij jou een luchtje aan en kun je het wel vergeten qua voortplanting. Dat je met die douche de zuurgraad vanbinnen ontregelt en juist meer infecties krijgt, dat maakt verder niet uit. Het verontrustende is dat vrouwen, zonder erbij na te denken, nu massaal aan de vaginale douches zijn gegaan. Terwijl het product niets toevoegt, en juist niet goed voor je is. Wat ook vreemd is, is dat er geen mannendouches bestaan.

Pijn als trigger

Verkopers meten je pijngrens en spelen in op je instinct en gevoel. Grote bedrijven maken gebruik van fMRI-scans. Ze bekijken of het pijngebied of het genotsgebied in ons brein oplicht bij het zien van een product met een bepaalde prijs. Het doel is te meten waar onze pijngrens ligt. Ze stoppen proefpersonen in de scanner en laten een plaatje zien van een pop met een bedrag erbij van € 8,99. Als het bloed naar het pijngebied in de hersenen stroomt, dan is de prijs van de pop te hoog. De pop is te duur, het bedrag ligt boven de pijngrens. Aangezien we pijn het liefst vermijden, kopen we die pop niet. Dat is natuurlijk niet de bedoeling. Daarom meten ze nog even door. Dan volgt er een plaatje van de pop met de prijs van € 3,99 in beeld. Het genotsgebied licht op! Dat geeft aan dat dit bedrag wel onder de pijngrens ligt. Die pop willen we wel kopen, die ervaren we namelijk als goedkoop. Verkopers hebben hiermee een voorsprong. Ze weten waar onze pijngrens ligt en gaan er net onder zitten. Ons onderbewuste denkt dan: wow, lekker koopje. Als ik dit niet meeneem dan ben ik een dief van mijn eigen portemonnee. Omdat de pijngrens er niet is, halen we volautomatisch de pop uit het schap en gooien die in drie duizendste van een seconde in de winkelwagen. Daarna maakt ons denkende brein er een verhaal van dat we dit ook echt nodig hebben. We worden dus verleid.

Liefde als trigger

Liefde is een bijzonder gevaarlijke trigger. Zeker in het begin wint ons emotionele brein het van het denkende brein. De roze bril zorgt ervoor dat je financiële beslissingen neemt die je normaal gesproken helemaal niet zou nemen. Bijvoorbeeld de schulden afbetalen van je liefje. Of meegaan in de luxe leefstijl van je partner, terwijl je daar geen geld voor hebt. Totdat het echte leven zich weer aandient en de roze bril afgaat. Dan zie je de rafelrandjes van de ander, waar je je aan gaat irriteren. Dan blijkt die perfecte persoon ineens helemaal niet perfect.

Bijna 40 procent van de relaties strandt. Ik durf te stellen dat frictie over geld uiteindelijk meer relaties nekt dan vreemdgaan. Juist het niet bespreken van geldzaken met elkaar is een echte bottleneck. Geld veroorzaakt namelijk grote ruzies, omdat het onbewust gaat over wel of niet overleven en er wel of niet bij horen en zorgen voor elkaar. Je kunt daarom beter in goede tijden, met een wijntje erbij, alvast samen alle doemscenario's doornemen. Wat doen we met het huis als jij vreemdgaat (of ik)? Wat doen we als je doodgaat? Wat als jij werkloos wordt of ik? Wat als jij een erfenis krijgt, deel je die dan met mij of niet? Wat als je ziek wordt en afhankelijk? Heb je daarvoor gespaard of ga je ervan uit dat ik dat betaal? Wat als ik een ongeluk krijg met hersenletsel als gevolg? Zorg je dan voor mij en neem je dan mijn geldzaken over? Dit kunnen pijnlijke of juist mooie gesprekken zijn. Het is hoe dan ook verhelderend en dat is belangrijk, omdat dan het denkende brein ruimte krijgt om realistische plannen te maken. En dat verhoogt de kans dat je relatie het wel overleeft. Houd in gedachten dat geld een basisbehoefte is. Als dat in gevaar komt reageren we agressief, jaloers, gefrustreerd of bang. Geld maakt vaak lelijk als je uit elkaar gaat. Het heeft namelijk impact op alle gebieden in je leven.

Triggers van je denkende brein

De koopknop in je denkende brein zegt: 'Geef me een reden waarom ik dit moet kopen. Geef me korting, geef me de beste deal, geef me een financiële beloning en geef me getallen.' Hoe meer redenen je voorgeschoteld krijgt door verkopers die bevestigen dat een aankoop een goed plan is, hoe beter. Marketinggoeroes adviseren in TedTalks: 'Hoe simpeler de boodschap, hoe beter het is. Het is absoluut niet de bedoeling dat er verwarring ontstaat bij de klant (jij dus). Je wilt niet dat ze gaan nadenken! Dan is de kans op afhaken groter.' Daarom strooien bedrijven met kortingen, getallen, feiten en infographics. Daar is je denkende brein nou eenmaal gevoelig voor. 'De nummer 1 fietsspecialist', 'winnaar van de taartwedstrijd in 2021', 'de beste website van Nederland'. Als er tijdens het verkoopproces ook nog eens in de chat of mail wordt bevestigd dat je 'een goede keuze maakt!' dan is de cirkel rond.

Korting als trigger

Inmiddels hebben alle winkels eeuwig uitverkoop en is ongeveer elk product afgeprijsd. En dat is niet zomaar het geval. Korting is de ideale reden om wel ja te zeggen tegen een aankoop, terwijl je het helemaal niet nodig hebt. Korting is een alibi voor ons denkende brein. We komen erdoor in de juiste stemming. We komen in de koopmodus terecht. Stel dat er twee kledingwinkels naast elkaar zitten. In de ene winkel hangt een rood jasje dat is afgeprijsd met 40 procent korting. Van € 100,- voor € 60,-. De winkel ernaast verkoopt het jasje voor € 60,-. Welke kies je? Waarschijnlijk het jasje met korting.

Wees jezelf bij een aankoop bewust van de Wet van Weber: hoe groter de bedragen, hoe minder we het voelen. Stel, je hebt een koffiezetapparaat nodig en dat kost € 40,- in de winkel. Een kwartiertje verder lopen is hetzelfde apparaat in een andere winkel te koop voor € 30,-. Doe je die moeite en loop je daarnaartoe voor € 10,- korting? De meeste mensen wel. Stel dat je een fiets gaat kopen van € 2000,-. Je staat voor de winkel en bedenkt je ineens dat in een winkel een kwartiertje verderop dezelfde fiets staat voor € 1990,-. Doe je moeite voor € 10,- korting en loop je daarnaartoe? Nee. Wat is nou een tientje op dat grote bedrag? Ons brein denkt namelijk in percentages. Bij het koffiezetapparaat heb je 25 procent korting en bij de fiets 0,5 procent en dat voelt zo klein dat het niet telt, terwijl het allebei € 10,- is!

Een ander voorbeeld is Black Friday. Voor je brein is het heel moeilijk om aanbiedingen te weerstaan. Als een product is afgeprijsd van € 75,- naar € 45,-, dan denkt je brein dat je € 30,- verdient. Daarnaast wil je die aanbieding niet missen. Black Friday geeft ook aan dat je alleen dan spectaculaire kortingen hebt. En de drukte in de winkels geeft aan dat je niet gek bent, want al die anderen doen het ook. Je hoort bij de groep.

Verkopers maken gericht gebruik van het ankerprincipe. Dit

houdt in dat het eerste bedrag dat we zien in ons brein wordt opgeslagen als het ware bedrag. Op basis van dat bedrag maken we vervolgens financiële keuzes. Een aanbieding van € 99,- voor € 79,- is in ons hoofd meteen € 20,- korting, terwijl dat eerste bedrag helemaal niet waar hoeft te zijn. We zien € 99,- als het ware bedrag, het anker waar we de rest mee vergelijken.

Webshops werken bewust met drie aanbiedingen op een rij. Te beginnen met het duurste bed, zodat we dat als anker in ons hoofd hebben. Je ziet eerst een bed van € 1999,-, dan een bed van € 1499,- en dan een van € 999,-. De kans is groot dat je het eerste bed te duur vindt. Het bed van € 999,- is te goedkoop dus daar is 'iets' mee en het middelste bed, dat kies je. De duurste is te duur, de goedkoopste te goedkoop. We kiezen de middelste, en dat is ook precies de bedoeling!

Zoals je hebt kunnen lezen neem je op drie niveaus koopbeslissingen. Verkopers gebruiken met alle liefde triggers om alle drie onze breinen te verleiden. Als die triggers samenkomen zijn we zo goed als weerloos. Maar nu niet meer! Want je weet nu hoe het verleidingsspel werkt. Denk bij je verlangen om iets te kopen na over de triggers waaraan je bent blootgesteld. Neem geen belangrijke koopbeslissingen als je heel blij bent (roze bril) of juist heel boos. Het goede nieuws is dat het emotionele brein wel kan leren en het denkende brein ook. Maak daar meer gebruik van.

Wanneer heb je genoeg?

Voordat je aan de slag gaat met je inkomsten en uitgaven wil ik je graag een belangrijke vraag stellen: wanneer heb jij genoeg? Als je straks met de stofkam door je eigen koopgedrag heen gaat, is het goed dat die vraag al in je gedachten is geplant. Met het antwoord op die vraag is het veel gemakkelijker om jezelf te motiveren en te analyseren, zodat je in staat bent bewuster iets wel of niet kopen. Iets níét kopen is namelijk een erg effectieve manier om je bankrekening te laten groeien. Dit lijkt een inkopper, maar we vergeten weleens dat iets niet doen ook een keuze is. Koop jij veel spullen waar je vervolgens niks mee doet? Na dit hoofdstuk herken je je koopknop en je stopknop beter. Daarna stap je veel makkelijker over naar je actieknop. Daar draai je aan als je je financiën op een rij zet, gaat besparen, sparen en investeren of beleggen.

'Genoeg' verschilt per eeuw

Als mijn oma uit haar graf kon herrijzen, dan zou ze ons koopgedrag bestempelen als bizar, asociaal en onnodig. Ze zou zeggen dat we 'Rupsjes Nooitgenoeg zijn en alleen maar gericht op onze eigen navel, onze eigen behoeften'. Ze leefde dan ook in de vorige eeuw. Dat was een andere wereld, met andere (on)mogelijkheden. 'Genoeg' betekende toen: een dak boven je hoofd en eten en drinken. Alles wat daarbij kwam was mooi meegenomen. Pure luxe. Ze was een echte boerin uit Udenhout met zeven kinderen. Er was geen wasmachine, dus wie na één dag een broek in de wasmand gooide kreeg een knal voor zijn hoofd. Ze slachtte 's ochtends vroeg een kip, en daar at het hele gezin een hele week van (kippensoep, kippensoep en kippensoep). Verder kreeg je nog wat aardappelen of groente, tenminste als je geluk had. Geen kiloknallers en plastic meeneemmaaltijden daar. De afwas werd gedaan met de hand, want er bestonden geen afwasmachines. Ze maakte de boerderij schoon zonder stofzuiger en schoonmaakspullen van de Action. Helemaal niet dat alles toen beter was. Er is een kind in de drukte in de sloot gevallen en verdronken. Dat gebeurde op veel boerderijen. Mijn oma was slim, maar ze kon niet naar de universiteit. Ze ging ook nooit op vakantie. Ze is op haar zeventigste eindelijk naar Lourdes gereisd. In een grote bus die er heel lang over deed. Ze kon op de terugweg niet even appen dat het wonder van Lourdes niet was geschied. Er waren geen mobieltjes. Mijn oma was mijn voorbeeld. Ze strooide gevraagd en ongevraagd met wijze lessen: 'Zorg ervoor da ge altijd oe eigen broek kunt ophouwe', 'Er is ginne koe of er zit wel een vlekske op'. Maar ook: 'Genoeg is genoeg'.

En nu zitten we in de 21e eeuw. 25 jaar geleden ging je naar de winkel omdat je iets nodig had. Dan kocht je dat ding en klaar. Nu ga je naar de winkel om te winkelen, als uitje. Het gaat nu vaak niet meer om wat je nodig hebt, maar om wat kan. En in deze tijd kan ongeveer alles. In één klik heb je wat je maar wilt in huis. Direct betalen, achteraf betalen, het maakt niet uit. Het KAN. Het gaat niet om tevreden zijn met wat je al hebt, maar het krijgen van steeds weer een gelukkig gevoel. Het reptielenbrein, impulsief en gericht op genot, kan zich helemaal uitleven. Het ligt allemaal binnen handbereik. De omstandigheden zijn ideaal. Maar word je nou echt gelukkig van kopen, kopen, kopen op de langere termijn?

Koopzucht en spullenobesitas

Economie is gericht op spullen verkopen. Als de economie op volle toeren draait, dan komen we al snel in een 'spullenkoopratrace' terecht. We kopen ons helemaal suf. Biologisch gezien is het logisch dat je je huis volstopt met spullen. Toen we nog jager-verzamelaars waren was het allemaal erg overzichtelijk. We leefden in kleine groepjes. Beetje besjes plukken en een dier doden als het lukte. Het was niet de gewoonte om dan meteen maar een hele kudde af te maken. Veel te zwaar om mee te slepen als je weer doorging naar het volgende gebied. Tot we zijn gaan samenleven in kleine dorpjes. Je woonde ineens op een vaste locatie en was afhankelijk van de opbrengst van de oogst op die plek. Als de oogst mislukte was er een groot probleem, dan ging je dood. We waren het ondertussen verleerd om op de ouderwetse manier te jagen en te verzamelen. Dus startten we als mens met het opslaan van eten in voorraadschuren. We zijn geprogrammeerd om in tijden van schaarste (in de winter) een voorraad aan te leggen. Daarna komt er weer overvloed (oogst in de zomer).

Alleen zijn er anno nu geen schaarse tijden meer in Nederland. Er is non-stop overvloed. Ondertussen zijn we nog wel geprogrammeerd op 'voorraad aanleggen, anders ga je dood'. Dat leidt tot een ontembare drang om te kopen, te verzamelen. Dat geeft een veilig gevoel. Een gemiddelde winkelstraat op zaterdag is niks anders dan een stel eekhoorns die noten verzamelen voor de winter. We lijden massaal aan oniomanie. Een prachtig woord voor koopzucht, koopziekte of shopaholisme. In 1915 beschreef dr. Emil Kraeplin oniomanie als een medische aandoening: het dwangmatig verlangen om te kopen. Ruim een eeuw later denk ik dat ongeveer heel Nederland er wel last van heeft. We kopen bijvoorbeeld 1,2 miljoen nieuwe kledingstukken die we nooit aan doen.

Daarnaast zijn we genetisch belast met een hang naar genot. Genot zorgt ervoor dat we ons, al is het maar voor even, gelukkig voelen. Als je tot nu toe veel spullen koopt, heeft dat te maken met je natuurlijke drang naar genot. Je wilt gewoon gelukkig zijn. De vraag is alleen: word je ook echt gelukkig van al die spullen?

Maakt spullen kopen gelukkig?

Ja en nee. We worden er eventjes gelukkig van. Als dat geluksgevoel weg is, dan willen we dat opnieuw. Dan kopen we weer iets. Je brein geeft bij elke nieuwe aankoop dopamine af en dat geeft een heel lekker gevoel. Alleen blijft dat niet zo. Zodra het nieuwe eraf is, houdt de dopaminetoevoer op. En je raadt het al: dan wil je weer iets nieuws. Terug naar het genot. Dit is in een notendop wat er wordt bedoeld met de hedonistische tredmolen waarin we gevangen zitten. Het is nooit genoeg. We raken heel snel gewend aan een verbetering in ons leven en we blijven er dus niet blij mee. Ook daarom hebben we volgepropte kasten en hoekjes in de tuin of op zolder die zich steeds weer vullen met nieuwe zooi.

Trendwatcher James Wallman schrijft in zijn boek *Stuffocation* (2016) dat we in het Westen lijden aan spullenobesitas. We hebben last van al die rommel die we ons huis in slepen. Het maakt ongelukkig, depressief en angstig. Psychologen toonden met hormoonmetingen aan dat rommel stress veroorzaakt. Hoe meer spullen je hebt, hoe meer je er 'iets' mee moet: gebruiken, opruimen en onderhouden. Dat kost allemaal tijd en energie en daar word je ongelukkig van.

Het is geen toeval dat de halve wereld het boek *Opgeruimd* van opruimgoeroe Marie Kondo heeft gekocht. Minder bezitten leidt tot meer geluk, stelt ze. Wie minder spullen heeft, heeft meer overzicht. Niet alleen over zijn huis, maar over zijn hele leven. En daar kunnen we hier samen aan toevoegen dat minder spullen kopen ervoor zorgt dat je meer geld overhoudt. Bijvoorbeeld voor 'leuke dingen' doen. Uit onderzoek blijkt dat we daar juist wel gelukkig van worden (en blijven).

Kort samengevat: aan de ene kant kopen we alles wat los en vast zit en aan de andere kant gaan we aan de slag met zelfhulpboeken om de spullenobesitas te beheersen. We worden slechts even gelukkig van spullen kopen. Als we te veel kopen worden we er daarna ongelukkig van. Hoe krijg je het voor elkaar om minder te kopen? Wanneer heb je dan wel genoeg?

Hoe groot is je koopknop?

Je hebt de vrijheid om te kopen zoveel je wilt, maar je hebt ook de vrijheid en de keuze om nee te zeggen. We zijn het normaal gaan vinden om alles, steeds weer, nieuw te kopen. Maar het ís niet normaal. Moet er een schilderij worden opgehangen? Ik heb geen boor, hup, ik koop een boor. Ik koop een nieuw huis. Hup, een nieuwe keuken en een nieuwe badkamer. Mijn fiets is kapot. Hup, een nieuwe fiets. Het schermpje van mijn mobiel is kapot. Hup, een nieuwe mobiel. Mijn jas is van vorig jaar. Hup, een nieuwe jas. De tv doet het niet. Hup, vanavond een nieuwe bestellen en morgenvroeg in huis.

Heb je een uitpuilende kledingkast, om het jaar de nieuwste mobiel of veel hebbedingen waar je niks mee doet? Dan is het tijd om jezelf achter je oren te krabben. Als je altijd meer wilt, ga je namelijk nooit genoeg hebben. Socrates zei het als volgt: 'Wie niet tevreden is met wat hij heeft, zal ook niet tevreden zijn met wat hij krijgt.'

Wat voor jou genoeg is bepaal je zelf. Niemand anders heeft hier namelijk een antwoord op, alleen jij. Om dat te bepalen zul je tijd moeten doorbrengen in je denkende brein. Want je hebt pas genoeg als je voor jezelf een standaard bepaalt die aangeeft wanneer je tevreden bent. 'Genoeg' bepaal je van binnenuit. Je neemt in het klein je koopkeuzes onder de loep. Hoeveel paar sokken heb ik eigenlijk nodig? Hoeveel pannen heb ik echt nodig? Hoeveel paar schoenen draag ik de hele week door? Gebruik je boerenverstand. Gewoon een beetje logisch vooruitdenken dus. Het gaat er niet om dat je helemaal niks koopt. Het gaat erom dat je bewust kiest voor wat je koopt. En dat je koopt met aandacht en met liefde. En als je aankoop iets duurder is, maar je er wel lang van geniet, dan doe je dat. Dan ben je daar ook veel meer tevreden mee.

Checklist koopgedrag

- o Vraag ik me überhaupt af: heb ik dit nodig? (denkende brein)
- o Koop ik gedachteloos spullen, omdat het kan? (reptielen- en emotionele brein)
- o Koop ik snel en impulsief? (reptielenbrein)
- o Koop ik spullen om erbij te horen? (emotionele brein)
- o Denk ik echt na over een aankoop? (denkende brein)
- o Voel ik me verbonden met wat ik koop? (emotionele brein)
- o Koop ik te veel als ik online shop (reptielen- en emotionele brein)
- o Koop ik meer dan afgesproken als ik fysiek shop? (reptielen- en emotionele brein)
- o Kies ik voor kwaliteit, zodat het langer meegaat? (denkende brein)
- o Laat ik spullen repareren? (denkende brein)

- Kan ik het tweedehands kopen? (emotionele en denkende brein)
- Kan ik het lenen van iemand? (emotionele en denkende brein)
- Kan ik het weggeven aan iemand in plaats van het weg te gooien? (emotionele brein)
- Koop ik spullen als ik me slecht voel? (emotionele brein)
- Koop ik dure spullen om mijn ego op te poetsen? (reptielen- en emotionele brein)
- Gok ik online? (reptielen- en emotionele brein)
- Staat mijn huis propvol met spullen? (reptielen- en emotionele brein)

Installeer een stopknop in je hoofd

Hoe krijg je het voor elkaar om alleen te kopen wat je echt nodig hebt of heel belangrijk vindt? Heel simpel: door beter te worden in 'niet-kopen'. Maar dat is makkelijker gezegd dan gedaan. Zeker als je aan alle kanten wordt verleid om wel te kopen. Daarom is het handig om een stopknop te installeren in je hoofd. Een dikke rode knop die werkt voor jou. We zijn allemaal anders, maar hieronder vind je alvast een paar ideeën die je kunt gebruiken voor je stopknop. Volg vooral je eigen strategie en doe wat werkt. En maak je koopgedrag niet mooier dan het is. Houd jezelf niet voor de gek. Je zult misschien nog steeds impulsaankopen doen, maar dat is niet erg. Je doet in ieder geval moeite, je besteedt aandacht aan je eigen geldgedrag. En dat is waar verandering en groei beginnen. Wees aardig voor jezelf en heb geduld. Nieuw gedrag heeft tijd nodig: een grasspriet gaat ook niet sneller groeien als je eraan trekt. En gun jezelf vooral de ruimte om de mist in te gaan. Ook dat hoort erbij. Vallen en weer opstaan. Als kinderen dat mogen, dan mogen wij volwassenen dat ook.

Tips voor de installatie van je stopknop

Tip 1: Heb ik dit echt nodig?

Dit is de standaard pop-upgedachte bij alles wat je ziet of aanraakt: heb ik dit wel nodig? Is het antwoord nee, dan activeer je de stopknop. Een variant hierop kan zijn: is dit weer een aankoop waardoor mijn huis dichtslibt? Bij ja: de stopknop activeren. Bij twijfel: wacht drie dagen met de aankoop. Je zult merken dat je na die drie dagen alweer iets anders wilt hebben. Daar pas je dezelfde strategie toe. Van uitstel komt afstel.

Tip 2: Je kunt er ook voor kiezen om niet te winkelen

De meest simpele manier om te voorkomen dat je onnodig spullen koopt: niet winkelen. Henry Ford, die van de autofabriek, zei ooit: 'Rijke mensen zijn mensen die keer op keer iets niet kopen.' Zet in je mobiel de prijzen op een rij van alle spullen die je deze week of maand niet hebt gekocht. Tel alle bedragen bij elkaar op. Dat is het bedrag waar Henry Ford het over heeft. Dat bedrag blijft namelijk over. Daar kun je mee sparen, investeren of beleggen.

Tip 3: Maak een lijstje

Als je fysiek of online gaat winkelen, doe dat dan met een lijstje in je hand of mobiel. Zonder koopdoel ben je sowieso aangeschoten wild. Dan ben je overgeleverd aan de verleidingsstrategieën van verkopers. En daar win je het niet van. Met een lijstje zorg je ervoor dat de kans in ieder geval groter is dat je alleen dat koopt wat je in je hoofd had en wat je nodig hebt.

Tip 4: Gooi niet alles zomaar weg

Koop spullen voor de langere termijn. In *Uitstel van Executie* loop ik al twee jaar met dezelfde winterjas rond. Die was wel duur, maar die blijft ook goed. En inderdaad, mode interesseert me weinig, dus ook volgend jaar gaat-ie gewoon weer aan.

Als iets kapot is, is het echt niet verboden om het te laten repareren. Het is niet normaal om meteen een nieuwe wasmachine te kopen. En ja, iets laten maken kost tijd. Maar hoe lang leef je nog? Tijd genoeg.

Tip 5: Verkopen of weggeven

Struin je zolder af, en de rest van je huis. Verkoop alle spullen die nog goed zijn, maar waar je zelf niets meer mee doet. Er zijn mensen die dan roepen: 'Ja, maar ik ga dit niet verkopen voor € 25,- want ik heb het gekocht voor € 200,-.' Vervolgens ligt het te verstoffen voor € 0,- in een hoekje. Al die spullen nemen ruimte in, en je doet er niks mee. Verkoop het, of nog beter: geef het weg. Maak een ander blij. Tijdens dit proces kom je waarschijnlijk tot de conclusie dat je een heleboel spullen nog nooit gebruikt hebt. Die wetenschap is goed voor de extra activering van je stopknop.

Tip 6: Check eerst je bankrekening

Open je bankierenapp en bekijk je saldo. Maak het vervolgens in je hoofd niet mooier dan het is. Als je rood staat, sta je rood. Dan koop je dus niks. En let op: geen mentaal gegoochel met toekomstige bedragen. Zoals gedachten van: over twee weken krijg ik mijn loon weer. Als dat zo is, dan wacht je twee weken. Of: als ik extra ga werken heb ik het zo weer terugverdiend. Kan allemaal zo zijn, maar je gaat uit van je saldo in het NU.

Tip 7: Houd jezelf niet voor de gek

Ga jezelf niet belonen met kleine aankopen, omdat je jezelf iets groots hebt ontzegd. Houd in je achterhoofd dat een impulsaankoop maar een kort geluksgevoel geeft en dat dat zo weer voorbij is. Daarna heb je wel de pijn van het geld dat je niet meer hebt. Noteer alle kleine én grote bedragen van de spullen die je deze week níét hebt gekocht. Wees trots op jezelf dat je dat bedrag hebt bespaard.

Tip 8: Check waar je koopdrang vandaan komt

Veel mensen kopen spullen om zich veilig te voelen of om een slecht gevoel te compenseren. We gaan onszelf vullen met spullen om onszelf beter te voelen. Dat doen we allemaal niet bewust. Tot nu, want aan jou de uitdaging om, zodra je koopdrang krijgt, te achterhalen waar je echt behoefte aan hebt. In mijn coachpraktijk had ik een moeder met twee kinderen. Haar man was overleden en ze voelde zich alleen. Vooral 's avonds als de kinderen op bed lagen. Dan begon ze met online shoppen om de tijd door te komen, en zich beter te voelen. Toen ze zich daarvan bewust werd, heeft ze alle shopapps van haar telefoon af gegooid. Ze had geen behoefte aan nog meer spullen, maar aan een manier om haar verdriet en eenzaamheid te verwerken.

HOOFDSTUK 7

ACTIEKNOP: INKOMSTEN EN UITGAVEN

A budget is telling your money where to go instead of wondering where it went.

– Dave Ramsey

Heb je al zin gekregen om je inkomsten en uitgaven op een rij te zetten en te ontdekken waar voor jou winst is te behalen? Als je je eigen koopgedrag en de manier waarop je het voor jezelf regelt goed bestudeert, kun je invloed uitoefenen op het allerbelangrijkste onderdeel van je financiën: jij zelf. Jij bent de enige die aan de knoppen kan draaien. Alleen jij kunt van verzekering veranderen of je lening eerder aflossen. Niemand anders kan dat voor je doen. Het fijne is dat jij dus ook degene bent die vanaf nu financiële keuzes maakt in je voordeel. Je gaat niet te veel betalen voor je internet en mobieltje. Je koopt minder zooi, maar wel die dure jas die veel langer meegaat.

Verandering is gevaar

In dit hoofdstuk en het volgende over besparen zul je merken dat je brein onderweg steeds aangeeft toch liever alles bij het oude te willen houden. Als je je inkomsten en uitgaven op een rij zet, ontdek je dat verschillende soorten uitgaven steeds weer terugkomen. Denk aan je energierekening, je verzekeringen of de wegenbelasting. Alles wordt elke maand standaard van je rekening afgeschreven. In je brein valt dit allemaal onder de noemer: automatische piloot. Omdat het automatisch gebeurt, schenk je er geen aandacht aan. Daarnaast heeft ons reptielenbrein een hekel aan verandering, omdat verandering staat voor potentieel gevaar. Dit wordt de *status quo bias* genoemd. Als je nog geen inzicht hebt in je geldzaken, dan wil je brein dat ook niet. Anders had je het al lang gedaan. Je loopt bij verandering toch altijd ergens het risico dat er iets 'fout' kan gaan. Je hoofd gaat er niet standaard van uit dat wat je verandert ook zomaar wel kan lukken. Dat is precies de reden dat een heleboel mensen hun verzekering 'ooit' hebben geregeld en daarna nooit meer zijn overgestapt. Want stel je voor dat je wel overstapt en het verkeerd gaat?

Maar stel je nu eens voor dat je toch overstapt en dat het goed gaat? Dat dit je € 30,- per maand scheelt. Dat is dan € 360,- per jaar. Voor je hoofd is dit een tegennatuurlijke actie, maar voor jou betekent het wel een besparing van € 360,-. Daar kun je dan iets anders mee doen. Uitgeven aan wat je echt belangrijk vindt of sparen of beleggen. Dus wees hier alert op! Een prachtig voorbeeld is dat je waarschijnlijk al jaren bij dezelfde supermarkt winkelt. Ook al scheelt winkelen bij een andere supermarkt misschien wel 30 euro per week. Of dat je zegt dat je geen tijd hebt om je verzekeringen te vergelijken. Wat natuurlijk nergens op slaat. Je hebt alle tijd voor je werk en vrienden, maar niet voor jezelf? Voor je eigen geldzaken? Typisch geval van status quo bias. En dat is toch zonde. Want met een paar kleine aanpassingen houd je zo € 600,- per jaar over. Dat verdien je meestal niet met twee uurtjes werk.

Je moet je brein om de tuin leiden, zodat je nu wél in actie komt. Er is geen gevaar. Wat je wel gaat krijgen is duidelijkheid, overzicht en inzicht. En dat geeft een gevoel van opluchting. Hoe spannend de uitkomst ook is.

De kracht van kleine stapjes

Het is een groot misverstand dat je het alleen maar financieel beter kunt krijgen als je de lotto wint of miljonair wordt. De kracht van een sterke geldbasis, met spaargeld, zit juist in kleine aanpassingen. Geen grootse en meeslepende veranderingen, maar kleine keuzes, kleine acties. Bijvoorbeeld wel beter onderhandelen over je salaris: € 100,- per maand erbij? Dat is dan € 1200,- per jaar door een eenmalige actie. Elk jaar weer. Toch gebeld naar je internetprovider? € 20,- korting per maand is € 240,- per jaar. Je auto delen of een elektrische fiets kopen? € 250,- per maand, oftewel € 3000,- per jaar. Wel automatisch € 50,- overmaken naar je spaarrekening. Het gaat er niet om dat je moet beknibbelen. Het gaat erom dat je bewust kiest voor alles waar je voor betaalt. Het gaat namelijk wel om jouw euro's, en die kun je maar één keer uitgeven. Maar voordat we aan de slag gaan met besparen is het belangrijk dat je haarscherp weet wat er bij jou elke maand binnenkomt en uitgaat. Pas dan kun je gerichter aan je koopknop, stopknop en spaarknop draaien.

Inzicht in je inkomsten en uitgaven: de touwtjes in handen

Er zijn talloze manieren om de boel op een rij te krijgen. Of dat nou een taartdiagram is in je bankierenapp, een Excel-bestand of een schriftje: doe vooral wat past bij jou. Ik werk zelf met een Excelsheet. Die is vrij uitgebreid, maar dan weet ik ook zeker dat alle onderdelen, alle uitgaven erin zitten. Daardoor maak ik mijn financiële situatie niet mooier en romantischer dan-ie is. Het kan zijn dat je nu al last krijgt van uitstelgedrag. Dat is niet erg, maar doe er dan wat aan. Je hebt vast een vriend of vriendin die het wel leuk vindt om met overzichten aan de slag te gaan. Nodig diegene uit voor het avondeten en ga daarna zitten. Je budgetoverzicht invullen duurt helemaal niet zo lang. Reken op hooguit twee uur. Die twee uur van je leven zorgt ervoor dat je vanaf dat moment precies weet hoe je ervoor staat. Je wéét of je tekortkomt of geld overhoudt. En wat het geval ook is: als je niet tevreden bent met de uitkomst, dan kun je er iets aan doen. Jij zit vanaf dat moment achter de knoppen. Ik heb ooit een klant gehad die dolblij was dat hij € 5000,- aan schulden had en € 2000,- rood stond. Hij dacht dat het veel erger was! Niets zo erg als niet weten waar je aan toe bent.

Je ontdekt ook waar je geldlekken zitten. Dat zijn vaak kleinere bedragen die elke maand 'weglekken', zonder dat je dat echt in de gaten hebt. Het kan zijn dat je tot de conclusie komt dat je maandelijks voor € 150,- snackt bij het tankstation. Als je daarvan geniet moet je dat vooral blijven doen, maar als je het zonde vindt, dan is dat lek makkelijk te dichten. Omdat je zo meteen inzicht hebt in je uitgavenpatroon zal dit je ook sneller lukken. Je weet namelijk hoe je ervoor staat. En vanaf dat moment heb jij de touwtjes in handen. Dan kun je van min (rood staan) toewerken naar plus (geld over) of van plus toewerken naar nog beter.

Overzicht invullen: zet je actieknop aan

Hieronder zie je mijn Excel-sheet. Je ziet een kolom NU en daarnaast een kolom TOEKOMST. Dat is wat er gebeurt als je een onderdeel aanpast of iets opzegt. Je gaat eerst aan de slag met het invullen van de kolom NU. Als je terugkijkt in je bankafschriften of je bankierenapp, kun je zo goed als alle bedragen vinden. Bij het onderdeel 'boodschappen' gebeurt er iets bijzonders. Veel mensen zeggen dat ze daar geen bedrag kunnen invullen, omdat het elke week 'anders' is. Dat kan wel zo zijn, maar het is bij dit overzicht vooral de bedoeling dat je alles zo realistisch mogelijk invult. Ook wat je kwijt bent aan eten en drinken. Je kijkt naar de afgelopen weken, telt de bedragen op en rekent het gemiddelde maandbedrag uit. Zo krijg je in ieder geval een indicatie waarom je elke maand net iets tekortkomt of juist overhoudt. Hoe meer je invult, hoe beter je straks aan de stopknop, overstapknop en de spaarknop kunt draaien.

Let op! De bedragen die je invult reken je om naar maandbedragen. Bijvoorbeeld de kinderbijslag ontvang je per kwartaal, dus dat bedrag mag je delen door drie. Dat geldt ook voor jaarlijkse belastingen die je wel-

licht in één keer betaalt: deel het totaalbedrag door twaalf en noteer het bij je maandelijkse uitgaven.

BUDGETOVERZICHT PER MAAND	**NU**	**TOEKOMST** (als ik iets verander)
INKOMSTEN		
Nettosalaris of uitkering I		
Nettosalaris of uitkering II		
Gratificatie of 13e maand		
Vakantiegeld (keuze)		
Bijverdiensten		
Voorlopige Teruggave Belastingdienst		
Huurtoeslag		
Zorgtoeslag		
Kinderopvangtoeslag		
Kindgebonden budget		
Kinderbijslag (per kwartaal omrekenen naar maandbedrag)		
Alimentatie		
Kostgeld		
Reiskostenvergoeding		
Tegemoetkoming studiekosten (DUO)		
Overig		
Totaal inkomsten	€	€
UITGAVEN		
Wonen		
Huur of hypotheek		
Servicekosten		
Energie		

Water		
Onroerendezaakbelasting		
Waterzuiveringsheffing		
Afvalstoffenheffing		
Overig		
Totaal	€	€
Telecom		
Kabel-tv		
Internet		
Mobieltje(s)		
Spotify, Videoland, Netflix, Disney etc.		
Overig		
Totaal	€	€
Verzekeringen		
Zorgverzekering		
Eigen risico (€ 385,- per jaar)		
Aansprakelijkheidsverzekering		
Inboedelverzekering		
Opstalverzekering		
Levensverzekering		
Uitvaartverzekering		
Rechtsbijstandverzekering		
Reisverzekering		
Mobiel verzekering		
Dierenverzekering		
Overig		
Totaal	€	€

Kinderen		
Alimentatie		
Kinderopvang/oppas		
Sparen		
Zakgeld/kleedgeld		
Studiekosten		
Overig		
Totaal	€	€
Vervoer		
Motorrijtuigenbelasting		
Verzekering (auto, motor, scooter, fiets)		
Onderhoud, APK		
Brandstof		
Lease of afbetaling		
Garagehuur		
ANWB o.i.d.		
OV-reiskosten		
Overig		
Totaal	€	€
Huishouden		
Eten en drinken		
Roken		
Huisdieren		
Werkster		
Kapper, schoonheidsspecialiste		
Cosmetica		
Overig		
Totaal	€	€

Leuke dingen		
Cadeaus		
Uitjes/weekendje weg		
Uitgaan		
Film		
Uit eten		
Vakantie		
Kleding, schoenen		
Hobby		
Overig		
Totaal	€	€
Reserveren		
Niet-vergoede ziektekosten (medicijnen)		
Onderhoud huis en tuin		
Sparen		
Beleggen		
Overig		
Totaal	€	€
Abonnementen		
Krant		
Tijdschrift		
Contributie (sport)vereniging		
Vakbond o.i.d.		
Kerkelijke bijdrage		
Loterij		
Goede doelen		
Overig		
Totaal	€	€

Afbetalingen (Wehkamp, H&M, persoonlijke lening etc.)		
Lening 1		
Lening 2		
Lening 3		
Overig		
Totaal	€	€
Inkomsten totaal	€	€
Uitgaven totaal	€	€
Over of Tekort		

Ben ik wel normaal?

Als je een Excel-bestand te veel gedoe vindt, kun je online prima terecht voor een budgetoverzicht.

Zo kun je bij het Nibud, in hooguit een uurtje, het Persoonlijk Budget Advies invullen. Het leuke van dit overzicht is dat je jezelf kunt vergelijken met alle andere Nederlanders die in hetzelfde schuitje zitten. Dus ben jij alleenstaand, dan kun je zien wat een andere alleenstaande uitgeeft aan bijvoorbeeld huur of vervoerskosten. Heb je een gezin, dan kun je zien of jullie wel normaal zijn. Misschien geef je veel minder of juist veel meer dan gemiddeld uit aan eten en drinken.

Ga naar Persoonlijk Budgetadvies – Nibud – Nationaal Instituut voor Budgetvoorlichting.

Klus geklaard?

Ik hoop dat je trots bent op jezelf, want je hebt de moeite genomen om voor jezelf duidelijk te krijgen hoe je ervoor staat. Er zijn maar drie uitkomsten: óf je komt geld tekort, óf je houdt geld over, óf je komt precies uit.

Tekort

Als je schulden hebt en elke maand geld tekortkomt dan kun je kiezen: blijven doen wat je doet, of een nieuwe afslag nemen. Met die nieuwe afslag kies je voor een beter geldleven, met minder stress en zorgen. Dat heb je niet zomaar een- twee-drie voor elkaar. Dat kan best jaren duren, maar het kan wel. Zeker ook omdat we in Nederland wonen en niet in het Oostblok. Daar heb je pech gehad, hier is er wel schuldhulp.

Heb je last van problematische schulden, dan kun je terecht bij de schuldhulpverlening van de gemeente. Een problematische schuld houdt in dat je met het inkomen dat je hebt nooit je schulden in drie jaar tijd kunt aflossen. Je kunt ook met een kleine schuld naar de gemeente stappen. Daar zijn ze alleen maar blij mee, omdat je dan voorkomt dat je schuld door boete op boete alleen maar groeit. Schuldhulpverleners brengen al je schulden in kaart en nemen contact op met je schuldeisers. Er komt een betalingsvoorstel zodat je na een periode (meestal drie jaar) met een schone lei, dus zonder schulden verder kunt.

Heb je minder heftige schulden, dan kun je ervoor kiezen om zelf de koe bij de horens te vatten en ze zelf af te lossen. Je gaat dan naar de website van het Nibud: www.zelfjeschuldenregelen.nl, en gaat aan de slag. Daar vind je ook prima voorbeeldbrieven. Kleine tip: wees realistisch. Als een schuldeiser vraagt hoeveel je elke maand kunt aflossen, spreek dan liever € 50,- af die je echt kunt missen dan € 100,- die je niet kunt missen. Met € 50,- houd je je aan de afspraak en dat voelt goed.

Als je schulden hebt, of het moeilijk vindt om met geld om te gaan, dan kun je altijd een beroep doen op een vrijwilliger. Die lopen in elke gemeente rond en doen niets liever dan jou helpen de boel weer op de rit te krijgen. Hoe sneller je je kop uit het zand haalt, hoe eerder iemand je kan helpen. Dat kan ook iemand van het wijkteam zijn, je werkgever, de huisarts of een goede vriend of vriendin. Je zult verrast zijn hoe lief mensen kunnen zijn.

Het zijn je reptielenbrein en je emotionele brein die je tegenhouden om actie te ondernemen. De alarmcentrale in je hoofd geeft vooral aan: vluchten of bevriezen. En dat zijn nou net geen goede opties bij schulden. Hoe langer je wacht, hoe groter de puinhoop. Net als angst is schaamte een slechte raadgever. Je hoeft je nergens voor te schamen. Niemand staat op met het idee om eens even lekker schulden te maken. En je bent niet alleen. Er zijn meer dan een miljoen Nederlanders die ook schulden hebben. Wat bij jou de reden ook is geweest, gun jezelf een nieuw begin. Dat nieuwe begin start met hulp aanvaarden. Zet die eerste stap en praat erover. Stel jezelf vooral voor hoe je erbij zit over vijf jaar. Tegenslag duurt niet eeuwig, alles gaat voorbij en er komen dus ook betere tijden. Ondertussen ga je aan de slag met jezelf, zodat je voor de rest van je leven een goede geldbasis in elkaar timmert.

Geld over

Of je nou geld tekortkomt of overhoudt onder aan de streep, nu begint het leukste onderdeel.

Kijken of je het nog beter voor jezelf kunt regelen. Misschien overstappen met je mobiele abonnement, de autoverzekering veranderen, je weekboodschappen nog meer onder de loep nemen, extra werken, potjes maken voor leuke dingen. Alles is mogelijk en elke kleine stap heeft invloed op je bankrekening. Hoe meer je in de plus staat, hoe minder geldstress. Dan krijg je ruimte om kleine of grote plannen te maken. Iedereen heeft andere doelen. Het gaat erom dat jij genoeg geld overhoudt om het leven te leiden dat bij je past.

In het volgende hoofdstuk ga je kijken of er onderdelen zijn waarop je kunt besparen. Besparen gaat niet over beknibbelen, bezuinigen of jezelf van alles ontzeggen. Dat mag best, maar het hoeft niet. Besparen gaat wel over de moeite nemen om te checken of je het goed geregeld hebt voor jezelf. Betaal je ergens te veel, heb je een geldlek of ben je onzeker over je toeslagen en durf je die niet aan te vragen? Hoe je er ook voor staat, je kunt er wat aan doen. Je krijgt in hoofdstuk 8 handige tips en leest ook hoe anderen het aanpakken.

HOOFDSTUK 8

BESPAREN

When you do things in the present that you can see,
you are shaping the future that you are yet to see.

– Idowu Koyenikan

Bij het woord 'besparen' denk ik altijd terug aan een vrouw van in de zestig. Rode lippenstift, haar in een boblijn à la Playmobil en een blouse zonder kreukels. Ze kwam na een lezing over *Slimmer omgaan met geld* naar me toe. 'Heel amusant, mevrouw Van Opdorp. Beetje besparen hier en daar, maar waarvoor, hè? Ik begin er niet aan, hoor. Ik heb het prima voor elkaar. Waarom zou ik al die moeite doen voor € 600,- per jaar?' Ja, antwoordde ik, waarom zou u al die moeite doen als het niet nodig is? Nou, misschien omdat u die € 600,- dan aan iemand anders kunt geven die er wel heel erg blij mee is?! Aan iemand voor wie € 600,- gelijkstaat aan een halfjaar eten. Is dat geen amusant idee? Ze trok haar wenkbrauw op en zei met een zuinig mondje: 'Ik ga naar de bar.'

Wat ik je wil meegeven is een positieve manier van denken over besparen. Te vaak gaan we ervan uit dat we alleen meer geld kunnen overhouden door meer geld te verdienen. Maar dat is niet zo. Juist aan de uitgavenkant kun je grote klappers maken. En die grote klappers zitten verstopt in kleine aanpassingen. Als je bij jezelf aan de bespaarknop draait lijkt er niet zoveel te gebeuren. Totdat je kleine bedragen doorrekent naar maandbedragen en jaarbedragen. Je opbrengst of besparing zie je pas goed als je leert denken op de lange termijn. Het is net als sporten. In het begin ben je een stijve hark en na een tijdje word je leniger (behalve ik). Op korte termijn voel je vaak niet meteen resultaat, maar op de lange termijn wel. Je leert in dit hoofdstuk om al je kleine geldkeuzes en -acties om te rekenen naar 'langetermijnbedragen'. Je activeert je denkende brein. Je hoeft niet te kunnen rekenen, dat doet je mobiel voor je. Het gaat erom dat je jezelf aanleert om moeite te doen om de beste deal voor jezelf te zoeken.

Je manier van denken over besparen

Voordat je in actie komt doe je eerst nog even een kort breinonderzoek. Dat is geen overbodige luxe. Want als je onderbewuste denkt dat besparen alleen maar gedoe is en geen nut heeft, dan ga je in het echt helemaal niks doen. En dat is zonde, want je hebt dit boek juist gekocht om wél iets te leren en te doen. Dus we halen de twee manieren van denken weer even van stal. Sta je pessimistisch tegenover besparen of optimistisch?

Pessimistische overtuiging	Optimistische overtuiging
Besparen is voor kneuzen, er hangt een spruitjeslucht aan.	Besparen is voor doeners. Het gaat hier wel over mijn geld. Elke euro is er een.
Al dat getrut over een paar euro heeft helemaal geen zin. Ik leef in het nu.	Als ik al die paar euro's bij elkaar optel is het toch een leuk bedrag. Als ik dat doorbereken naar maanden en jaren dan word ik helemaal vrolijk.
Als ik moet besparen moet ik van alles laten. Ik voel me al zo gekooid in dit leven. Ik wil niet nog meer moeten opgeven.	Ik ga kijken waarop ik kan besparen. Alles waar ik bewust voor kies blijf ik vooral doen. Datgene waar ik niks om geef, daar bespaar ik op.
Ik kan niet rekenen. Laat maar zitten. Had ik al gezegd dat besparen niks voor mij is?	Ik heb een mobiel met rekenmachine. Handig.
Zo veel tijd stoppen in gedoe. Ik weet niet eens zeker of het wel helpt. Wie	Het kost me nu wat tijd, maar dan weet ik wel voor de rest van mijn

weet maak ik het wel veel erger. Weet je wat, laat maar zitten.	leven hoe het werkt. Ik weet niet of het me lukt. Maar als ik niks doe, dan gooi ik misschien wel honderden euro's in de sloot.
Ik ben er gewoon niet goed in.	Ik ga het doen. Ik probeer het eerst zelf en als het me niet lukt, dan laat ik het iemand anders doen die er wel goed in is.
Prijzen vergelijken is allemaal fake nieuws. Uiteindelijk betaal je overal de hoofdprijs.	Ik ga prijzen vergelijken en zien of ik een betere deal voor mezelf kan regelen. Als blijkt dat ik het al goed geregeld heb voor mezelf dan is dat ook fijn.
Ik ben dom en sta voor schut als ik om hulp vraag.	Ik ben slim. Ik kan niet overal goed in zijn. Ik vraag anderen om hulp en tips. Het gaat hier wel om mijn euro's.
Ik heb geen geldlek, en als ik dat wel heb dan wil ik het niet weten. Probleem opgelost.	Ik ga op zoek naar mijn geldlekken. Kijken hoeveel het me scheelt als ik die kan dichten.
Ik heb een prima inkomen dus ik hoef niet te besparen.	Ik heb een prima inkomen. Ik ga alsnog besparen. Met het geld dat ik overhoud ga ik sparen en beleggen.

Vul zelf verder in...

Nu weet je in ieder geval of je nog moet sleutelen aan je mindset over besparen.

Wees extra alert als je al een prima inkomen hebt. Want mijn ervaring is: hoe meer je verdient, hoe meer je uitgeeft. Hoe meer je verdient, hoe slordiger je wordt. Dat komt doordat er geen noodzaak is om 'op te letten'. Je nonchalance gaat je op de lange termijn veel geld kosten. Wat je doet is je geld uitgeven omdat het kan, zonder plan. Totdat het noodlot op de stoep staat. En dan baal je als een stekker. Omdat je al die jaren dat het wel goed ging, niet wat meer geld apart hebt gezet. Geld voor pech onderweg. Bijvoorbeeld als je bij de 33 procent van de stellen hoort die gaat scheiden.

Juist in stressvolle situaties geldt: liever tegenslag mét een flinke spaarbuffer, dan tegenslag zonder.

Wat is besparen?

Besparen betekent niets anders dan minder uitgeven. Het geld dat je overhoudt, kun je vervolgens gebruiken voor iets wat je écht belangrijk vindt. Bijvoorbeeld door te sparen of te beleggen. Natuurlijk is het veel makkelijker om geld wel uit te geven dan niet. Daarom vraagt besparen best wel wat bewustzijn, moeite doen en uithoudingsvermogen. De kern van dit hoofdstuk is dat je uitrekent hoe je er precies voor staat: hoeveel komt er binnen en hoeveel gaat eruit. Vervolgens kijk je of je het (nog) beter kunt regelen voor jezelf. Kan ik iets veranderen, overstappen, of stoppen en iets niet doen?

Neem bijvoorbeeld de latte-factor. Het welbekende kopje koffie dat je onderweg koopt. Dit is exemplarisch voor een kleine geldkeuze. Als je er elke week € 15,- aan uitgeeft, dan is dat € 15,- x 52 weken per jaar = € 780,-. Je kunt je koffie ook thuis zetten en meenemen. Dat kost je een paar pakken koffie en zeker geen € 780,-. Ikzelf neem wel graag een kop koffie bij de kiosk, omdat het me een instant vakantiegevoel geeft. Daar kies ik dus bewust voor. Het geeft me een rijk gevoel. Ik ben er omgerekend ongeveer € 450,- per jaar aan kwijt. Maar ik bespaar veel geld met het niét kopen van kleding. Als ik wel iets koop is het vooral tweedehands. Ik geef dan wel weer veel geld uit aan leuke dingen doen met mijn gezin. Maar ik heb geen dikke auto voor de deur staan. Ik heb geen rijbewijs (één blind oog), maar ook als ik dat wel zou hebben, dan nog heb ik het er niet voor over. Ik vind het zonde van mijn geld. Als jij wel helemaal warm wordt van een auto, prima, maar kijk dan naar andere kostenposten waarop je kunt besparen. Ik koop bijvoorbeeld bewust geen elektrische fiets, omdat ik dan voor mijn gevoel niet 'sport'. Dan zou ik naar een sportschool moeten en daar word ik helemáál ongelukkig van. Ouderwets fietsen is voor mij een goedkope sluiproute om niet te hoeven sporten. Waar het om gaat is dat je jouw geld met een goed gevoel uitgeeft aan de dingen die voor jou belangrijk zijn. En dat je met al het andere bespaart waar het kan. Waarom zou je meer euro's uitgeven dan nodig?

Daarom leer jij vanaf nu om terug te kijken, na te denken en vooruit te kijken. Je neemt je eigen bankrekening en geldgedrag steeds weer onder de loep, want besparen is een proces. Neem jezelf daarbij vooral met een korrel zout. Het hoeft budgettair niet allemaal in één keer tiptop in orde te zijn. Je hoeft niet in een week al je vaste lasten aan te pakken. Je hoeft ook niet binnen een halfjaar al je leningen af te lossen. Dat mag best langer duren, als je het op die manier volhoudt. Als je maar werkt aan een goede geldbasis voor jezelf en als je maar een plan hebt (of maakt). Als je overzicht hebt en al je besparingen hebt doorgevoerd, dan krijg je rust in je hoofd. Dan zit je met een glimlach op de bank, met een goed gevoel. Dat komt omdat je weet dat je goed voor jezelf zorgt. En wie wil dat nou niet?

Fouten maken mag (moet)

Calculeer in dat je fouten mag maken. Er zal onderweg echt weleens iets misgaan. Dat is helemaal niet erg, dat hoort erbij. De kans is groot dat je je kabelabonnement wilt aanpassen en wordt omgepraat om juist meer zenders te nemen. Geeft niks, dat is allemaal leergeld. Je bent in ieder geval bezig, in tegenstelling tot de andere helft van Nederland, die niets doet en overal de hoofdprijs voor betaalt. Het duurt ongeveer drie maanden voordat je gewend bent aan nieuwe gewoonten. Besparen is niet suf, het is een kwestie van doen. Uiteindelijk krijg je de smaak te pakken en wil je niet anders meer. Aan de bespaarknop draaien bij jezelf zorgt voor een reset van je uitgavenpatroon. Je handelt voortaan bewust met je denkende brein, in plaats van met je reptielenbrein. Zonder die automatische piloot wordt het allemaal alleen maar leuker. Je houdt meer geld over. Je spaarbuffer groeit. Je kunt gaan beleggen. Wat je ook doet, je leeft vanuit een plus en niet vanuit een min. Uiteindelijk wordt besparen je tweede natuur. Het geeft je een goed gevoel dat je kraakhelder hebt waar je je geld aan uitgeeft.

Aan de slag met je budgetoverzicht

Je weet wat er elke maand bij je binnenkomt en uitgaat. Die pittige klus heb je geklaard. Nu volgt je beloning. Want doordat je overzicht hebt, kun je gericht gaan besparen. Dit gaat je geld opleveren. Pak je budgetoverzicht er maar bij, want we gaan per kostenpost bekijken of je eraan kunt sleutelen. Ik geef je bij de meest voorkomende kostenposten praktische voorbeelden. Daarnaast krijg je tips die ik tijdens lezingen van mijn publiek heb gehoord. Want ook ik leer elke keer weer nieuwe dingen bij. De geldwereld stopt namelijk nooit met veranderen. En dat is goed nieuws, want dat geeft jou de kans om steeds weer te besparen.

Inkomstenkant

Ik kreeg een mail van een economiedocent die mijn lezing had gevolgd. Zijn vriendin had een sollicitatie. Hij vroeg haar naar haar startsalaris om mee te onderhandelen. Ze dacht aan € 2500,-, al vond ze dat wel veel, want ze had geen ervaring in die baan. Mannen hebben geen last van dit soort gedachtegangen. Die gaan ervan uit dat ze met hun komst sowieso een verrijking zijn. Na lang aandringen van hem, beloofde ze om € 3000,- te noemen als startbedrag. Het ging totaal tegen haar gevoel in, maar ze had het afgesproken, dus ze vroeg € 3000,- in plaats van € 2500,-. Uiteindelijk kreeg ze de baan voor € 2800,-. Dat ene moment van onderhandelen zorgt voor € 300,- extra op haar rekening, elke maand weer.

Als je een vaste baan hebt, dan is de kans groot dat je in een tunnelvisie belandt. Je ontvangt elke maand automatisch je loon op je rekening en dat is het dan. Je gaat ervan uit dat je inkomen een vast gegeven is. Soms is dat zo, maar vaak ook niet. Als je een vrouw bent valt er een wereld te winnen. Stap komende week op een man af die hetzelfde werk doet. Je vraagt hem wat hij verdient. Voor elke euro die een man verdient, krijgt een vrouw op dit moment in Nederland gemiddeld 86 eurocent. Door dit ronduit middeleeuwse verschil lopen we als vrouw gemiddeld € 300.000,- mis gedurende onze loopbaan. Zorg ervoor dat jij niet in de middeleeuwen belandt.

Kijk met een frisse blik naar je salaris. Vergelijk jezelf ook met anderen via www.loonwijzer.nl of salariskompas bij www.intermediair.nl. Verdien je te weinig? Leer jezelf dan onderhandelen en gá onderhandelen. Je hebt niets te verliezen en alles te winnen. Als zelfstandig ondernemer is het net zo belangrijk om een goede uurprijs te vragen en niet te 'goedkoop' te zijn. Wie zou jij kiezen als projectmedewerker? A voor € 40,- per uur, B voor € 75,- of C voor € 90,-? De kans is klein dat je voor A gaat. Die is te goedkoop, dus die zal wel niet goed zijn.

Naast je salaris, uitkering of pensioen kan het zijn dat je recht hebt op een toeslag, of een andere aanvulling op je inkomen. Check daarom elk jaar www.berekenuwrecht.nl. Dat duurt hooguit tien minuten. Hetzelfde geldt voor een proefberekening op www.toeslagen.nl. Je weet dan meteen om hoeveel euro het per maand gaat. Als je onzeker bent of je het wel goed invult, vraag dan om hulp. Een vriend(in), kennis of vrijwilliger is altijd in de buurt. Je kunt ook bij een servicepunt van de bibliotheek terecht. Alles is beter dan niets doen. Want stel je voor dat je recht hebt op een zorgtoeslag van € 40,- per maand. Dat is maar liefst € 480,- per jaar en die loop je anders mis terwijl je er wel recht op hebt. Helaas blijven er miljoenen euro's bij de Belastingdienst op de plank liggen. Vooral (werkende) mensen met een laag inkomen en senioren maken er geen gebruik van. Let daarom een beetje op je oma of je vriend in scheiding en help ze een handje als dat nodig is.

Of je nou salaris, pensioen of een uitkering krijgt: reken voor jezelf uit hoeveel je met je inkomen per uur netto verdient. Je zult merken dat je je geld anders gaat uitgeven. 'Ik weet niet of ik die schoenen wel wil kopen, want daar heb ik vijf uur voor gewerkt.'

Uitgavenkant

Dit is naar mijn mening de meest ondergesneeuwde, maar ook de leukste kant van je budget. Bij de uitgavenkant heb je te maken met vaste lasten die elke maand terugkomen en flexibele uitgaven. Elke maand weer worden je vaste lasten, zoals je energierekening of verzekeringen, automatisch van je rekening afgeschreven. Je voelt er niks van, het gebeurt gewoon. Juist die automatische piloot zorgt ervoor dat je lui wordt. Dat je geen moeite doet om elk jaar even te kijken of je het nog goed geregeld hebt voor jezelf. Mocht je tot de 'luien' behoren, dan kost je dat geld. Werk aan de winkel dus.

Per kostenpost kijken, vergelijken en kiezen

De Autoriteit Consument en Markt roept het elk jaar: overstappen kan je honderden euro's besparen. Toch doen we dat massaal niet. Dat komt omdat we bang zijn om een verkeerde financiële beslissing te nemen. Dus betalen we liever elk jaar te veel. Maar stel je nou eens voor dat je wel de juiste beslissing neemt.

Misschien ben jij ook wel zo veranderlijk als een blok beton. En wil je veilig bij je eigen aanbieder blijven, zodat je zekerheid hebt. Je weet wat je hebt en waar je aan toe bent. Dat is helemaal niet erg. Maar ook in dat geval is het nog steeds belangrijk om wel online te kijken en vergelijken. Want pas na je 'vergelijkingsexpeditie' weet je of je te veel betaalt of niet. En als een betere deal niet lukt bij je eigen aanbieder, dan vertrek je en stap je over naar een ander.

Lang leve het internet en vergelijkingssites. Daar kun je alles rustig vergelijken. De wereld verandert razendsnel en soms kun je daar je voordeel mee doen. Als je vergelijkt zie je al snel of je te veel betaalt of juist hartstikke goed zit. Het is een kwestie van één minuut: je gegevens invullen en er rolt een top tien uit. Gebruik minimaal drie verschillende sites zodat je een goed beeld krijgt van de actuele prijzen en om erachter te komen wat bij je past.

Het gaat er niet om dat je standaard het goedkoopste aanbod neemt, het gaat erom dat je kijkt, vergelijkt en dan pas kiest. En dat kan dus wel degelijk een goedkoper contract zijn dan wat je nu hebt. Het kan zelfs zo zijn dat je meer krijgt dan nu, voor minder. Betaal je te veel? Dan sluit je een nieuwe deal bij dezelfde aanbieder of je stapt over. Je kunt via een vergelijkingssite de beste deal voor jezelf regelen of via de telefoon.

De beste deal met #4

Stel dat je drie vergelijkingssites hebt bekeken en tot de conclusie komt dat je te veel betaalt voor je pakket bij je telecomprovider. Wat kun je dan het beste doen? Dan bel je om te beginnen je eigen aanbieder. Je krijgt dan een keuzemenu. Je gaat in het menu naar het onderdeel 'opzeggen abonnement/contract' en dat zit meestal achter de knop #4. Dus daar moet je zijn. Je wilt je contract helemaal niet opzeggen, maar je wilt wél een betere deal. Achter '#4 opzeggen' zit meestal een senior die het mandaat heeft om jou die beste deal te geven. Het bedrijf wil namelijk helemaal niet dat je weggaat. Dus daar heb je de meeste kans op een mooie besparing voor jezelf. Je drukt dus níét op de andere opties in het keuzemenu, zoals 'aanpassen contract' of 'veranderen pakket'. Dan krijg je namelijk een student aan de lijn en dat wil je niet. Want dan verzand je in duistere belscripten en onmogelijkheden van Het Grote Callcenter. Medewerkers achter menu 1, 2 en 3 hebben geen bevoegdheid om je een goede deal te geven. Aan #4 vertel je vriendelijk dat je ergens anders voor minder geld terecht kunt. Of je zegt dat nieuwe klanten meer krijgen dan jij en dat jij dat ook graag wil. Dan wacht je een paar seconden en krijg je korting. Zo niet, dan bel je op een ander moment nog een keer. Het kan zijn dat een andere #4-medewerker ineens wel meedenkt. Het beste tijdstip om te bellen is tussen 10.00 en 12.00 uur en tussen 13.30 en 16.00 uur (#4-senioren hebben vaak privileges opgebouwd qua werktijd). Als je alsnog een nee krijgt, is het verstandig om toch verder te kijken en over te stappen. Het zijn immers jouw euro's.

Praktische tips per onderdeel
Onderdeel wonen

Koophuis

De hypotheekrentes zijn historisch laag. Zoek uit of het zinvol is om je hypotheek over te sluiten. Oversluiten kost geld, maar op de lange termijn kun je er duizenden euro's mee besparen. Een oriënterend gesprek is normaal gesproken gratis.

Bij het afsluiten van een hypotheek beoordeelt de bank het risico dat je de hypotheekschuld niet (helemaal) kunt terugbetalen. Hoe meer risico, hoe meer extra rente je betaalt. Maar heb je inmiddels flink afgelost op je huis of is je huis meer waard? Check dan of je risico-opslag betaalt. Als je er wel voor betaalt terwijl dat niet nodig is, kun je hier duizenden euro's besparen. Een aantal banken en kredietverstrekkers geven jou niet actief aan dat je onnodig betaalt. Je zult hierin zelf actie moeten ondernemen.

Vraag je af of je tevreden bent met het bedrag dat je nu aflost. Het kan zomaar zijn dat je in de toekomst meer wilt aflossen. Neem het (versneld) aflossen van je hypotheek dan mee in je geldplan (zie hoofdstuk 10).

Inschrijven woningcorporatie

Schrijf jezelf voor ongeveer € 10,- in bij de woningcorporatie in je buurt. Word je achttien? Schrijf je in. Heb je een koopwoning? Schrijf je in. Juist als je een koopwoning hebt denk je vaak dat je onaantastbaar bent. Totdat je gaat scheiden. Dan is er ineens een huis 'te weinig'. Als je ingeschreven staat, vergroot je de kans op het krijgen van een huurwoning in een fijne buurt. Als je niet ingeschreven staat, heb je pech en ben je aangewezen op de onbetaalbare particuliere sector. Je schrijft je ook in als je al een huurwoning hebt. Als je partner overlijdt of als er een ernstige ziekte aanklopt is het fijn om een inschrijving achter de hand te hebben. Stel dat je op je zestigste kleiner wilt wonen. Als je al twintig jaar ingeschreven staat, dan vergoot je de kans dat dat kan. Is dat niet zo, dan kan het niet. Al helemaal niet in de huidige woningmarkt.

Voorzieningen of kwijtschelding

Heb je een uitkering of ligt je inkomen rond het minimum? Kijk dan ook bij je gemeente of je recht hebt op aanvullende voorzieningen of een kwijtschelding. Bijvoorbeeld kwijtschelding van gemeentelijke belastingen. Dat is niks om je voor te schamen. Zet de eerste stap en gun jezelf een goede basis.

Energie

De energiemarkt is heftig op dit moment. De prijzen voor gas en licht schieten de lucht in. Switchen van leverancier is daarom duur (januari 2022). Volgend jaar of het jaar erop kan het allemaal weer anders zijn, afhankelijk van de energiemarkt. Dus kijk en vergelijk elk jaar of je het goed geregeld hebt.

Hieronder vind je een aantal vergelijkingssites, maar er zijn er veel meer. Dat geldt voor alle onderdelen waar ik websites noem. Zoek vooral zelf, want ook dit is maar een momentopname.

Vergelijkingssites Energie

www.consumentenbond.nl
www.eigenhuis.nl
www.gaslicht.com
www.independer.com
www.milieucentraal.nl

De website van MilieuCentraal is een echte aanrader. Je kunt er allerlei bespaarscans doen en je vindt er subsidieregelingen en leningen om je huis te verduurzamen.

REKEN UIT VOOR JEZELF

BEDRAG PER MAAND VAN € .... naar € ....
BESPARING PER MAAND € ....
BESPARING PER JAAR 12 x € .... = € ....

Onderdeel verzekeringen

Onnodig verzekerd zijn is zonde

Mijn moeder (68 jaar) was geopereerd aan haar heup. Ze kwam al snel thuis uit het ziekenhuis, maar kon niet meer naar boven. Dus regelden we in allerijl een traplift. De monteur had de lift in een dag gemonteerd en zat om vijf uur 's middags bij mijn moeder aan de eettafel. Ik zette een kopje koffie in de keuken en hoorde hem zeggen: 'Fijn hè, zo'n traplift. Kunt u weer naar boven wanneer u maar wilt. Alleen stel je voor dat-ie het 's nachts niet meer doet. Dan is het misschien toch fijn als u een garantieverzekering heeft. Dat is maar € 240,- per jaar en wel zo veilig.' Ik denk dat iedereen die zich kwetsbaar voelt deze verzekering neemt. Alleen heb je er niks aan. Het garandeert alleen een goede lift. Maar daar heb je al recht op. Deze verzekering is geen alarmsysteem en daarmee nutteloos. Zit mijn moeder 's nachts vast in haar lift, dan zit ze vast. In vijf jaar tijd zou ze meer dan € 1000,- kwijt zijn aan een onzinverzekering.

Ze heeft de verzekering niet genomen. Maar ik denk dat mijn moeder een uitzondering is. Als je kwetsbaar en bang bent, dan wil je je tegen elk risico verzekeren. Daar wordt misbruik van gemaakt. Houd daarom diegene die kwetsbaar is in je omgeving een beetje in de gaten. Ik kreeg een budgetoverzicht van een vrouw van 87 jaar onder ogen, die leefde van een heel klein pensioentje. Ze had een rechtsbijstandsverzekering van € 65,- per maand! Waarvoor? Ze at hierdoor letterlijk boterhammen minder. Elke dag weer.

Saaie feestjes hebben nut

Saaie feestjes zijn ideaal om het over verzekeringen te hebben. Waar ben jij verzekerd? Loopt dat goed? Hoe gaan ze met schades om? Sowieso is het een aanrader om met vrienden of collega's verzekeringen te vergelijken. Niks zo waardevol als praktijkervaringen. Er zitten altijd types tussen die het goed geregeld hebben voor zichzelf en graag hun kennis delen. Maak daar gebruik van. En als je zelf een goede deal hebt gesloten, geef die opgedane kennis dan cadeau aan een ander. Kleine moeite, groot plezier.

Bij verzekeringen gaat het er niet om dat je voor een dubbeltje op de eerste rij zit. Het gaat erom dat je weet waarvoor je bent verzekerd, dat je de juiste dekking hebt en dat je je goed voelt bij de manier van werken van je verzekeraar. We hebben er als mens een handje van om, als we eenmaal onze verzekeringen hebben geregeld, er niet meer naar om te kijken. Verzekeringsmaatschappijen noemen dit 'slapers'. Dat zijn brave burgers die automatisch hun verzekering laten doorlopen. 'Slapers' zijn fijn want die doen niks. Die bellen niet op, die stappen niet over, die blijven gewoon de hoofdprijs betalen. Als je een paar jaar geleden een verzekeringspakket hebt afgesloten, is het tijd om wakker te worden. Het kan zijn dat de dekking niet meer past en dat je sowieso te veel betaalt.

Check je verzekeringspakket

- Waarvoor ben je verzekerd?
- Is het nodig?
- Klopt de dekking?
- Klopt de prijs of betaal je te veel?
- Ben je dubbel verzekerd?

Zorgverzekering

Het is niet de meest leuke klus om elk jaar te doen en toch is het nodig om je zorgverzekering te vergelijken. Waarom? Omdat er maar liefst 73 verschillende basispolissen zijn. En het verschil tussen de goedkoopste en duurste basisverzekering is € 535,80 euro (Zorgwijzer, 2022). Wat er in het basispakket zit is voor iedereen hetzelfde, dus waarom zou je een paar honderd euro meer uitgeven als het niet hoeft!

Dezelfde dekking voor minder geld

Bekijk voor jezelf elk jaar of je te uitgebreid verzekerd bent of juist niet. Een collectieve zorgverzekering is bijvoorbeeld niet meer per definitie goedkoper. Daarnaast werken zorgverzekeraars met dure en goedkope labels. Soms zit er bijna geen verschil tussen een verzekering bij dezelfde verzekeraar en betaal je puur voor de 'verpakking'. Dat kan tot € 20,- per maand schelen! Let hierop als je gaat vergelijken. Je kunt ook bellen naar je verzekeraar en vragen of je exact dezelfde dekking kunt krijgen voor minder geld bij een ander label binnen hun concern.

Kinderen

Ik zie veel ouders die de zorgverzekering van hun kind blijven doorbetalen vanaf achttien jaar. Dat is vaak een dure grap omdat die ouders meestal uitgebreid aanvullend verzekerd zijn. Dat uitgebreide pakket wordt dan automatisch aangeboden aan zoon- of dochterlief. Dat is hartstikke duur en past helemaal niet bij de zorgvraag van een jongere. Zo mailde een moeder mij of ik kon meekijken met haar budget. Ze betaalde € 160,- voor haar zorgverzekering. Ze betaalde ook € 160,- voor de zorgverzekering van haar dochter van 19 en haar zoon van 21 jaar. Dit zijn twee gezonde studenten die prima af kunnen met een studentenverzekering van € 115,-. Dat scheelt haar € 90,- per maand, oftewel ruim 1000 euro per jaar. Dit staat los van het feit dat haar kinderen dit ook zelf kunnen betalen met hun zorgtoeslag en bijbaan. Hoe worden ze anders volwassen?

Autoverzekering

Ik kan hier schrijven dat je tot € 600,- kunt besparen op je autoverzekering. Toch voelt dat voor jou waarschijnlijk als een ver-van-mijn-bedshow. Dit soort bedragen gelden voor de buurvrouw, je collega of iemand met een Hummer. Het gaat in ieder geval niet over jou. Terwijl het juist wél over jou gaat. Stel dat je nu € 90,- voor je autoverzekering betaalt. Je gaat naar een aantal vergelijkingssites. Daar zie je dat je bij een andere verzekeraar voor *precies dezelf-*

de dekking € 75,- betaalt. Dan kun je bij jezelf denken dat het maar om € 15,- euro per maand gaat. Een hoop gedoe en onzekerheid. En dat er vast ergens een addertje onder het gras zit. Maar wat als dat nou niet zo is? Wat als je bij een andere verzekeraar gewoon minder betaalt? Dan bespaar je op jaarbasis wel mooi € 180,-.

Zet je denkende brein aan. Ga op onderzoek uit. Het duurt vaak nog geen kwartier zoektijd per verzekering.

Vergelijkingssites verzekeringen

www.consumentenbond.nl
www.geld.nl
www.independer.nl
www.pricewise.nl
www.unitedconsumers.nl
www.zorgkiezer.nl
www.zorgwijzer.nl
www.zorgverzekeringslijn.nl

Wat gebeurt er als je van verzekering verandert? Reken je keuzes uit voor de lange termijn.

REKEN UIT VOOR JEZELF

BEDRAG PER MAAND VAN € .... NAAR € ....
BESPARING PER MAAND € ....
BESPARING PER JAAR 12 x € .... = € ....

Onderdeel telecom

Tv, internet en bellen zijn grote budgetslurpers. Juist in de wereld van providers veranderen bedragen en abonnementen razendsnel. Elk jaar kijken en vergelijken is daarom ook hier het motto. Als je voor een 3-in-1-pakket (tv, internet en bellen) meer dan € 45,- per maand betaalt, dan is het weer tijd om wakker te worden. Je bent niet de enige. In 2019 stapte 31 procent van de consumenten over om geld te besparen (Autoriteit Consument en Markt, 2019).

Tijdens een training vertelde ik aan mijn cursisten hoe simpel en snel je kunt besparen. Een cursiste keek mij ongelovig aan en zei: 'Ja, dat kun jij wel zeggen. Als ze horen dat je Eef van Opdorp bent, dan krijg je die korting wel, ja.' Dus namen we de proef op de som en lieten we haar ter plekke bellen naar haar eigen provider. Ze ging in het menu naar #4 'Opzeggen abonnement'. Ze zei: 'Ik betaal nu € 65,- voor mijn pakket en dat vind ik te veel. Ik zie op jullie website dat nieuwe klanten nog veel meer krijgen dan ik voor maar € 37,50.' 'Nou, mevrouw, dan hebt u geluk. Want toevallig (*not*?!) hebben we vandaag net een nieuwe actie. Ik mag u het komende jaar een abonnement aanbieden van € 37,50.' En zo geschiedde. Een aantal cursisten vonden dit maar oneerlijk. Want dan ben je dus al die jaren als trouwe klant benadeeld? Ja, dat klopt. Als je zelf geen actie onderneemt, gebeurt er niks. De brutalen hebben de halve wereld. Dat is heel jammer voor de niet-brutalen, maar zo werkt het wel. Als je het gevoel hebt dat als jij belt het niet gaat lukken, dan gaat het ook niet lukken. Laat dan vooral een ander met je mee bellen. Niets doen kost je geld, een kwartiertje uitzoeken en bellen bespaart je geld.

Voorbeeld cursist:
BEDRAG PER MAAND VAN € 65,- naar € 37,50
BESPARING PER MAAND € 27,50
BESPARING PER JAAR 12 x € 27,50 = € 330,-

Telecom-geldlekken

Alles wat met internet, tv en bellen te maken heeft is een voedingsbodem voor geldlekken. Check je bankoverzicht hierop van voor naar achter. Denk bijvoorbeeld aan Disney+, Spotify of een triljoen zenders waar je geen gebruik van maakt. Als je er juist heel erg van geniet, dan moet je dat zeker blijven doen, maar als dat niet zo is, dan ben je een dief van je eigen portemonnee. Denk ook aan software die je ooit in een ver verleden hebt aangeschaft in abonnementsvorm. Dat zijn vaak kleine bedragen die geen pijn doen. Stel dat je al drie jaar je webhosting-abonnement van € 4,99 per maand wilt opzeggen maar het nog steeds niet hebt gedaan. Dan heb je inmiddels € 179,64 de sloot in gegooid. Al die kleine bedragen tikken uiteindelijk aan. Hoe meer geldlekken je ontdekt, hoe beter. Laat dat een mooie reden zijn om schoon schip te maken. Gooi alles eruit wat je niet gebruikt. Zo krijg je een supersolide geldbasis, zonder lekkages. Je betaalt alleen en met liefde voor datgene wat je ook echt gebruikt.

Vergelijkingssites telecom

www.bellen.com
www.online.nl
www.overstappen.nl
www.pricewise.nl
www.providercheck.nl

REKEN UIT VOOR JEZELF

BEDRAG PER MAAND VAN € .... NAAR €.........
BESPARING PER MAAND €.........
BESPARING PER JAAR 12 x €......... = € ....

Onderdeel boodschappen

Brokken en haren

We verspillen gemiddeld 34 kilo aan eten per persoon per jaar. Dat is € 120,- die je in de kliko gooit (Milieucentraal.nl). Een gemiddeld huishouden verspilt rond de € 500,-. En dan heb ik het nog niet over drinken. Waarom gooien we zoveel weg, denk je. Dat komt doordat we geen gebruik meer maken van ons gezonde verstand en onze neus. We gaan neurotisch om met de TGT-datum en de THT-datum. De TGT (ten minste goed tot)-datum geeft aan tot wanneer je vlees, melk of kaas goed is. Je kunt de melk best twee dagen na die datum nog drinken. Maar dat doen we niet, we gooien het weg. Terwijl je ook gewoon even kunt ruiken of het nog kan. Zolang er geen brokken in zitten en er geen haren op groeien, kan er nog best veel. Hetzelfde geldt voor vreemd gedrag dat we vertonen bij de THT-datum. Die geldt voor pasta, rijst, alles wat ingeblikt is en bijvoorbeeld flessen frisdrank. De THT (ten minste houdbaar tot)-datum bestaat alleen maar voor de supermarkten om te laten zien dat het eten en drinken tot die datum perfect is. Daarna kun je het met een gerust hart nog jaren eten. Het is alleen niet meer perfect. Dat weggooien is helemaal niet nodig. Zolang je blik of verpakking niet van vorm verandert, zou ik zeggen: eet smakelijk.

Ben je wel normaal?

Check eerst maar eens even rustig of je wel normaal bent. Hieronder vind je een lijstje van het Nibud. Je kunt hier zien hoeveel we gemiddeld uitgeven aan de boodschappen. De vraag is of je minder, hetzelfde of meer uitgeeft.

Dagelijkse minimale kosten voor voeding per persoon per dag bij verschillende huishoudgroottes

	1 persoon	2 personen	3 personen	4 personen of meer
Kind 1-3 jaar	2,77	2,52	2,02	1,76
Kind 4-8 jaar	3,74	3,40	2,72	2,38
Kind 9-13 jaar	6,13	5,57	4,46	3,90
Man 14-50 jaar	7,37	6,70	5,36	4,69
Vrouw 14-50 jaar	6,60	6,00	4,80	4,20
Man 51-69 jaar	7,02	6,38	5,10	4,47
Vrouw 51-69 jaar	6,64	6,04	4,83	4,23
Man en vrouw 70 +	6,99	6,35	5,08	4,45

Bron: Referentievoedingen, Voedingscentrum 2016, Nederlandse Vereniging van Diëtisten 2020.
Berekeningen: Nibud 2021 op basis van bronbestanden CBS. De bedragen zijn inclusief btw en gelden tot 1 september 2022. De bedragen worden jaarlijks aangepast.

Stel dat je een gezin bent met twee ouders jonger dan 50 jaar, een kind van 7 en een kind van 12 jaar oud. Per dag besteed je dan *in theorie* als gezin aan voeding: 4,69 + 4,20 + 2,38 + 3,90 = 15,17 euro.

Boodschappen

Er is een natuurlijke neiging om de boodschappen niet mee te nemen in het budgetoverzicht. Dat komt doordat de kosten van de boodschappen sterk kunnen verschillen en lastig te vatten zijn. Dan zeg je al snel dat het niet meegerekend kan worden in de vaste lasten. Toch is het onderdeel boodschappen zeker wel een vaste last. Want als er íéts elke maand weer een rib uit je lijf is, dan zijn het wel de boodschappen. Dat is meteen ook het goede nieuws. Als je ergens met minimale inzet een maximaal resultaat kunt halen, dan is het wel met de boodschappen. Wil je minder geld uitgeven en toch even lekker eten? Houd je dan aan het volgende stappenplan.

Ga op onderzoek uit

Kijk eerst naar je rekeningoverzicht en zet op een rijtje hoeveel je de laatste acht weken hebt uitgegeven aan de boodschappen (eten,

Voorbeeld kosten boodschappen

Weken boodschappen	Bedrag NU	Bedrag TOEKOMST
Week 1	€ 143,-	
Week 2	€ 190,-	
Week 3	€ 155,-	
Week 4	€ 140,-	
Week 5	€ 207,-	
Week 6	€ 175,-	
Week 7	€ 173,-	
Week 8	€ 148,-	
Totaal	€ 1331,- in 8 weken	
Gemiddeld (totaal : 8)	€ 166,- per week	

drinken, wasmiddel, kattenbrokken etc.). Wees eerlijk en moffel geen bedragen weg omdat je ze niet elke week betaalt. Dus dure haarverf, anti-rimpelcrème, een diner voor vrienden en de friettent gaan mee in het budget. Je krijgt zo een rijtje van bedragen per week.

Na acht weken weet je hoeveel je gemiddeld per week uitgeeft aan de boodschappen. Als je tevreden bent met de uitkomst dan laat je het zo. Maar als dat niet zo is, dan kun je jezelf vanaf nu uitdagen met een nieuw budget.

In dit voorbeeld is het oude budget € 166,-. Stel dat je jezelf een nieuw budget geeft van € 150,- boodschappengeld per week. Dan pin je dat bedrag of je houdt je pinuitgaven per week bij.

Je gaat experimenteren

- Je gaat boodschappen doen bij verschillende supermarkten en/of naar de markt. Kijk en vergelijk.
- Je neemt een boodschappenlijstje mee, dat scheelt echt in het aantal impulsaankopen.
- Je gebruikt de scanner. Je bent je dan veel bewuster van de prijzen.
- Je kent jezelf: koop je standaard te veel en ben je impulsgevoelig, dan doe je online je boodschappen.
- Je doet mee met spaarkaarten. Je hebt bij een volle kaart € 50,- gespaard en je krijgt er tot € 2,- extra bij. Daar hoef je niks voor te doen.

Kortom, je doet in ieder geval iets anders dan wat je normaal doet. Wat je aan het eind van de week overhoudt is je winst, je besparing. Die zet je op je spaarrekening, of doe je in een envelop of potje.

BEDRAG NU € 166,- per week
NA ACTIE TOEKOMST € 150,-
BESPARING PER WEEK € 16,-
BESPARING PER JAAR 52 x € 16 = € 832,-

De kans is groot dat je boodschappen doen als een sport gaat zien. Het gaat er niet om dat je beknibbelt, het gaat erom dat je slim inkoopt. Het is maar een kleine draai aan je inkoopknop. Je voelt er weinig van en het scheelt je op de lange termijn geld.

REKEN UIT VOOR JEZELF

BEDRAG PER MAAND VAN € .... NAAR € ....
BESPARING PER MAAND € ....
BESPARING PER JAAR 12 x € .... = € ....

Onderdeel vervoer

Vervoer is een interessante kostenpost. Ook hier is er vaak sprake van een soort 'eenrichtingsverkeer-denken'. Bijvoorbeeld: ik ga het liefst met de auto naar het werk, dus dat is de enige manier. Terwijl een elektrische fiets misschien ook een optie is. Of het idee dat het openbaar vervoer veel te lang duurt, terwijl je juist met een auto steeds vaker in de file staat. Wat ik maar wil zeggen is dat je vaak pas echt goed gaat kijken naar nieuwe mogelijkheden als je weet hoeveel je daadwerkelijk kwijt bent aan vervoerskosten per maand. Heb je twee auto's voor de deur staan, doe dan vooral de berekening die een vrouw me mailde nadat ze bij een lezing was geweest.

Supersonisch fietsen

'Mijn man en ik hebben allebei een eigen auto. Ik heb de mijne echt nodig voor mijn werk en hij de zijne voor "de handig". Zijn auto kost omgerekend € 400,- per maand, inclusief tanken. Dat vonden we toch wel een hap uit ons budget. We hebben daarom een tussenoplossing gevonden. Hij wil wel fietsen naar zijn werk, maar alleen op zo'n supersonische racefiets van € 2799,-. Dat is een investering, maar het bespaart ons op de lange termijn behoorlijk wat geld. Na zeven maanden hebben we de fiets "eruit". Dan houden we voortaan elke maand € 400,- over. Tenminste als het meezit, want als het regent, moet ik toch met het OV naar mijn werk. Ook al duurt dat langer. Meneer wil niet nat worden omdat-ie van suiker is en neemt dan mijn auto. Ach, het is geven en nemen.'

Frisse blik

Kijk met een nieuwe bril naar je situatie en reken uit wat een kleine verandering je oplevert. Op de routeplanner van de ANWB kun je precies zien wat de reiskosten zijn van A naar B. Ook bij OV9292 of NS Routeplanner kun je de kosten zien. Het gaat niet alleen over geld. Kijk vooral naar nog veel meer tips op de website van MilieuCentraal.

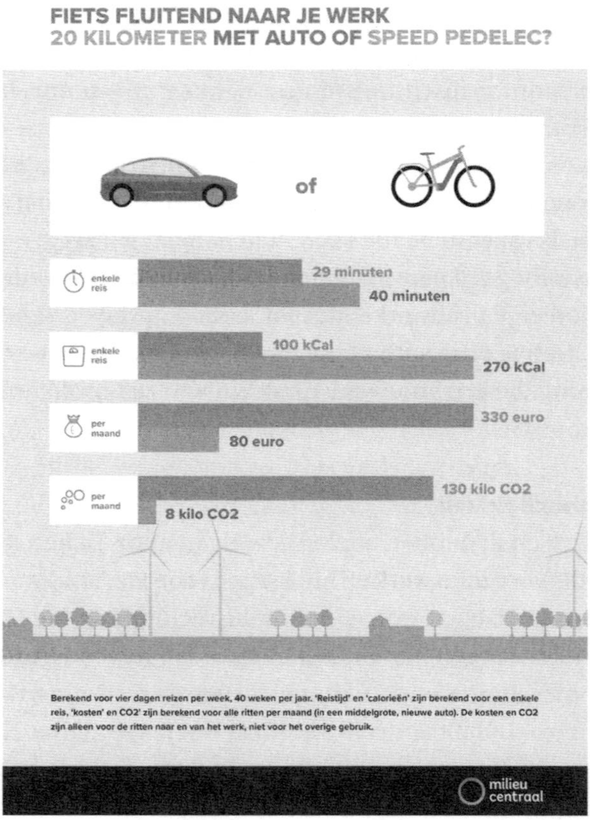

REKEN UIT VOOR JEZELF

BEDRAG PER MAAND VAN € .... NAAR € ....
BESPARING PER MAAND € ....
BESPARING PER JAAR 12 x € .... = € ....

Onderdeel abonnementen

Na mijn scheiding heb ik met pijn in mijn hart de krant opgezegd. Ik kon het simpelweg niet meer betalen. Nu het weer goed gaat, geniet ik des te meer van mijn ochtendkrant. Meer dan de helft van alle huishoudens heeft geen idee hoeveel ze maandelijks uitgeven aan hun abonnementen. Het Nibud noemt abonnementen een nationale blinde vlek. De kans is groot dat ook jij vijf tot vijftien abonnementen hebt, terwijl je denkt dat het er veel minder zijn. Tijd om dit uit te zoeken en wel nu. Open je bankierenapp en kijk wie er wat elke maand bij je afschrijft. Van Swapfiets tot tijdschrift tot yoga tot sportzender tot cv-ketel tot maaltijdbox tot zonnepanelen. Check al je abonnementen en vraag je af of je er nog blij mee bent. Zo ja, niks aan doen. Zo nee, zeg het op. De meeste abonnementen zijn per maand opzegbaar. Op www.consuwijzer.nl vind je uitgebreide informatie over opzegtermijnen en opzegbrieven en manieren.

REKEN UIT VOOR JEZELF

BEDRAG PER MAAND VAN € .... NAAR € ....
BESPARING PER MAAND € ....
BESPARING PER JAAR 12 x € .... = € ....

Onderdeel leningen

Rood staan moet je niet willen. Je geeft geld uit dat je niet hebt. En dat wordt al snel een gewoonte. Voor je het weet sta je standaard

€ 2000,- rood. Je leeft dan vanuit de min en niet vanuit de plus. Rood staan is gewoon lenen. En als dat niet nodig is, doe het dan ook niet.

Als je het hele jaar € 2000,- rood staat bij je bank tegen 10 procent rente, dan kost je dat € 200,-. Dat is € 1000,- in vijf jaar, doodzonde toch? Zeker als het helemaal niet nodig is. Mocht je naast lenen ook sparen, gebruik dan je spaargeld om af te lossen. Gun jezelf een schone lei.

zelfjeschuldenregelen.nl

Mocht je verschillende leningen hebben, maak dan een plan voor jezelf hoe je ervan afkomt. Soms ben je bij de gemeente aan het juiste adres om je te helpen. Het kan ook zijn dat je het prima zelf kunt regelen. Ga dan naar de website van het Nibud: www.zelfjeschuldenregelen.nl. Je vindt er een heel gebruiksvriendelijke rekentool die precies berekent hoe lang je erover doet om al je leningen af te lossen. Ook vind je daar voorbeeldbrieven die je aan kredietverstrekkers kunt sturen. Ik coachte ooit een klant die helemaal opgelucht was toen we zijn financiën in kaart brachten. Hij had in totaal € 6000,- aan leningen openstaan. Hij was hartstikke blij toen hij dit bedrag zag, omdat hij dacht dat het nog veel erger was. In zijn hoofd had hij meer dan € 10.000,- schuld. We hebben al zijn leningen op een hoop gegooid in één persoonlijke lening. Hij betaalt vier jaar lang een vast bedrag per maand en dan is hij er helemaal vanaf. Lekker overzichtelijk.

Het klinkt gek, maar ook als je leent kun je besparen. De Autoriteit Consument en Markt geeft aan dat het verschil tussen de hoogste en laagste rente algauw 4 procent is. Als je voor je auto of keuken € 10.000,- hebt geleend, betaal je bij de ene kredietverstrekker ongeveer € 250,- per jaar meer dan bij de ander. Stap daarom vooral over als het kan, dan kun je met die € 250,- mooi je lening sneller aflossen.

Hoe je er ook voor staat, het feit dat je ermee aan de slag gaat is het belangrijkst. Of zoals Lao-Tse het zegt: 'Een tocht van duizend mijl begint met een eerste stap.'

Vergelijkingssites lenen

Of je te veel betaalt voor je lening kun je via verschillende vergelijkingssites in vijf minuten opzoeken. De lening met de laagste rente is bijna altijd de beste deal. Let wel op of je boetevrij extra mag aflossen. Dat is handig als je een financiële meevaller hebt. Kijk hoe hoog de rente is bij je eigen bank en vergelijk bijvoorbeeld bij:

www.freo.nl
www.geld.nl
www.pricewise.nl
www.consumentenbond.nl
www.independer.nl

PS: sluit geen níéuwe leningen af met nog meer krediet als je vergelijkt!

Flexibele uitgaven

Naast vaste lasten heb je ook flexibele uitgaven. De ene maand koop je wel schoenen of een jas en de andere maand niet. Een weekendje weg doe je niet elke week, maar je geeft er wel geld aan uit. Alles waar je wel geld aan uitgeeft, maar wat niet standaard terugkomt, dat zijn je flexibele uitgaven. Omdat deze flexibel zijn, zijn ze lastiger te 'vangen'. Je hebt er minder zicht op, totdat je je erop focust.

Bij welke posten vliegt het geld eruit?

Dat is vrij simpel: alles waar je het woord 'leuk' of 'lekker' bij kunt zetten. En dat is helemaal niet erg, als je er het geld voor hebt en als je het er ook echt aan wilt uitgeven. Kom je tekort, ga dan op jacht naar je achilleshiel.

Eten en drinken = leuk en lekker
Theater = leuk
Hobby = leuk
Kleding = leuk
Schoenen = leuk
Hotel = leuk
Weekendje weg = leuk
Vakantie = leuk
Cosmetica = leuk
Gadgets = leuk
Drugs = leuk
Gokken = leuk
Sauna = leuk
Cadeautjes = leuk
Boeken = leuk
Muziek = leuk
Film = leuk
Spulletjes = leuk
Overig = leuk

Waar je vooral NIET op moet besparen

Ik heb meerdere keren een ontredderde vrouw aan mijn bureau gehad. Dikke tranen omdat haar partner was overleden. Daaroverheen nog meer verdriet omdat de levensverzekering kort tevoren was opgezegd. Een levensverzekering neem je zodat er na het overlijden een bedrag vrijkomt om de partner te ontlasten. Zodat je een deel van de hypotheek kunt aflossen, of niet fulltime aan het werk hoeft als je nog kinderen hebt. Als er is 'bespaard' op de levensverzekering, dan heeft dat enorme gevolgen. Deze vrouw vraagt zich dan af: hoe kan het dat hij dat heeft gedaan? Ik vraag haar dan: hoe kan het dat jij dat niet hebt gezien? En meestal is het antwoord dan dat de partner altijd de geldzaken deed. Dit is nou precies de reden waarom je je wél met je geldzaken moet bezighouden.

Dan heb ik ook nog ontredderde mannen én vrouwen aan mijn bureau. Dikke tranen omdat de partner wil scheiden. Daaroverheen nog meer verdriet omdat het verschil in inkomen ineens een kloof hakt in de mogelijkheden van de een en de ander. De ongelijkheid is een feit. Qua huis, qua baan en verdeling van de kinderen. Er is 'bespaard' op samen een financieel plan maken in goede tijden. Een plan waarin je samen bespreekt hoe je voor elkaar zorgt, ook als je gaat scheiden. Ik zou alle kinderen gunnen dat hun ouders verplicht naar een financieel adviseur gaan, wanneer het nog allemaal prima gaat. De tijd waarin ze elkaar nog het beste gunnen. Dat scheelt een heleboel vechtscheidingen. Want geld maakt lelijk. En die lelijkheid, daar mag je je kinderen niet mee belasten. Nooit. Je kunt het allemaal voorkomen als je allebéí de geldzaken goed regelt.

Struisvogels en Sint-bernards komen vaak gehavend uit de strijd. Dat komt doordat ze bezig zijn met anderen en niet goed voor zichzelf zorgen. Gun jezelf een zachte leerschool in plaats van een harde, en maak jezelf financieel gezond. Verdiep je in geldzaken, dat bespaart je een heleboel ellende in de toekomst.

Bespaar nooit op:

- Financieel advies
- Een levensverzekering of overlijdensrisicoverzekering (tenminste als je een partner of kind(eren) goed wilt achterlaten)
- Een notaris

Geldlekken bij het Slachtoffer en de Waaghals

Steeds als je denkt dat je alles in beeld hebt, blijkt de werkelijkheid niet te kloppen met je budgetoverzicht. Dat komt omdat de duivel in de details zit.

Het kenmerk van een geldlek is dat er geld wegsijpelt uit je bankrekening, maar dat je dat niet echt in de gaten hebt. Dat kan bijvoorbeeld komen doordat het kleine, onopvallende bedragen zijn. Of incidentele bedragen zoals een bekeuring. Maar het kan ook gaan om kleine of grote bedragen die je structureel 'wegdenkt' of ontkent, omdat je jezelf er niet mee wilt confronteren. Dat gebeurt bij verslavingen. Het geldtype Slachtoffer heeft hier in verhouding vaker last van. Dat komt doordat eten, drinken en drugs voor de korte termijn een goed gevoel geven. Een verslaving compenseert een gemis. Een behoefte waaraan niet wordt voldaan. De verslaving dempt het gemis en maakt het leven draaglijker.

Rokers hebben vaak allang uitgerekend hoeveel ze per maand kwijt zijn aan sigaretten. Maar bijvoorbeeld jointjes tel je minder snel mee in een budgetoverzicht. Terwijl een jointje toch echt geld kost en meestal vaker dan één keer terugkomt op je bankafschrift. Toch wordt het bedrag van een joint vaak 'weggedacht'. Dat gebeurt helemaal met drank. Een flesje wijn is gezellig en € 7,- is echt niet te veel. Tot je beseft dat je € 49,- per week wegdrinkt, oftewel € 196,- per maand. Dat kan en mag, daar ga ik niet over. Het is alleen wel zo dat dit soort bedragen als een soort onzichtbare olifant door je bankrekening heen walsen. Ik denk dat het helpt als je bij de aanpak van een verslaving jezelf beloont met klinkende munt. Geef jezelf, met de bespaarde bedragen, datgene cadeau wat je anders nooit zou doen.

Scoor je hoog op de Waaghals, blijf dan alsjeblieft uit de buurt van online gokken. Vanaf 2021 is het helaas gelegaliseerd in Nederland. Kijk maar naar de reclames met knappe vrouwen, blingbling discolichtjes, bekende voetballers en snel geld. Het is een groot reptielenfestijn in het nu. Weet alleen wel dat online gokken extreem verslavend is. Als ik tien Waaghalzen op een rijtje zet, wordt er eentje verslaafd en zeker vijf gaan er voor de bijl met grote verliezen van duizenden euro's. Nog nooit eerder was er de mogelijkheid om, als je op de wc zit, duizenden euro's erdoorheen te jassen. Ik had me echt voorgenomen om in dit boek niet te preken, maar: doe het niet! Met gokken verlies je uiteindelijk altijd.

Hoe spot je geldlekken?

Kijk terug in je bankierenapp of op je bankafschrift.

- Noteer je impulsaankopen deze maand.
  Totaalbedrag: € ....
  Spijt van? Ja, ga ik niet meer doen. Nee? Ik geniet ervan.

- Check kleine bedragen (hosting, abonnementen en eten en drinken).
  Totaalbedrag: € ....
  Spijt van? Ja, ga ik opzeggen of niet meer doen. Nee? Ik geniet ervan.

- Kijk naar eenmalige aankopen.
  Totaalbedrag: € ....
  Spijt van? Ja, ga ik niet meer doen. Nee? Ik geniet ervan.

- Focus op je verslavingen (roken, eten, drinken, gokken etc.).
  Totaalbedrag: € ....
  Spijt van? Ja, ga ik niet meer doen. Nee? Ik geniet ervan.

Op deze manier leer je van je eigen aankoopbeleid. Als je ergens spijt van hebt, dan ervaar je dat extra sterk door de bedragen op je rekening. De kans is dan groot dat je ernaar handelt. Dat je hulp zoekt, iets opzegt of het niet meer koopt omdat je je er bewust van bent. Een ezel stoot zich geen twee keer aan dezelfde steen. En het allerbelangrijkste: dat je met volle teugen geniet van datgene waar je wel voor kiest.

Als het goed is heb je binnen je eigen budget een aantal besparingen doorgevoerd. Ik ben heel benieuwd wat al die kleine aanpassingen je opleveren.

Je totale besparing:

Per maand € ....

Per jaar € ....

Het feit dat je dit geld bespaart, wil nog niet zeggen dat je het spaart. In de ideale wereld sluis je je besparing door naar je spaarrekening of je lost er leningen mee af. Bij mezelf zijn veel besparingen in een zwart gat verdwenen. Uitgegeven aan van alles zonder doel. Dat is allemaal beter geworden toen ik na mijn scheiding mijn spaarbuffer weer had opgebouwd. Daardoor kreeg ik weer zin in grotere plannen. Meer spaardoelen zoals een vakantiehuisje (over twintig jaar) en beleggen. Ik krijg nog steeds kriebels in mijn buik als ik met mijn spaarplan bezig ben. Ik hoop dat jij het volgende hoofdstuk net zo spannend vindt. Het kan namelijk je levenspad veranderen.

HOOFDSTUK 9

SPAREN EN BELEGGEN

He was conscious of a thousand odours floating in the air, each one connected with a thousand thoughts, and hopes, and joys, and cares long, long forgotten!

– *A Christmas Carol*, Charles Dickens

Zo net voor Kerstmis verander ik altijd in een sentimenteel organisme. Ik verheug me dan al weken op de dag dat de kerstboom er komt. Hoe meer gekleurde kerstballen erin, hoe beter. En elk jaar komen er nieuwe ballen bij. Ik loop 's avonds expres door mijn wijk om overal naar binnen te kijken, naar de lichtjes in de kerstbomen. Ik raak steeds weer ontroerd door het zien van een kerstslee in de tuin, of een kerstman op het dak. Niemand heeft gezegd dat dat moet, en toch heeft iemand die moeite gedaan. Mijn omgeving zucht bij de instart van de Spotify top 100 beste kerstnummers. Kortom, dit jaar was een perfect moment om mijn jongste zoon van elf te verblijden met *A Christmas Carol* van Charles Dickens. Niet de film of musical, maar het originele verhaal, live verteld van onder de dekens. Ik las hem voor over de geest van het verleden, de geest van het heden en de geest van de toekomst. Hij werd meegezogen in het verhaal en zag voor zich hoe Ebenezer Scrooge terugkeek op zijn eigen leven. Op alle beslissingen die hij had genomen. Hoe Scrooge was veranderd van een jongen die plezier maakte in een man die steeds killer, gieriger en eenzamer werd. Bij het hoofdstuk waarin de zus van Scrooge overleed in het kraambed begon mijn zoon te huilen. Dit was een veel te zielig verhaal. Hoezo was die Scrooge zo slecht geworden? Hij had zo veel geld en deed er helemaal niks mee! Ik gaf aan dat het verhaal nog niet klaar was. Wie weet kreeg Scrooge nog wel de kans om zijn leven te beteren. Misschien werd hij zich nu pas bewust van wat-ie allemaal had gedaan en vooral ook níét had gedaan (eerlijk zijn, delen, samen zijn en genieten). Vervolgens moest ik nog een halfuur door voordat er weer iets 'opbeurends' te lezen was om mijn zoons tranen te compenseren.

Dit was het verhaal van Scrooge – de ultieme Controlfreak – maar wat zou er gebeuren als er bij jou een financiële geest op de stoep staat, die je meeneemt naar je verleden, je heden en de toekomst? Misschien heb je wel spijt dat je op je achttiende maximaal hebt geleend (net als ik) en een flinke schuld hebt opgebouwd. Het kan ook zijn dat je opgelucht bent dat je op je 25e toch bent gaan sparen. Zodat je nu als dertiger geniet van het gevoel dat je een spaarbuffer hebt van € 7500,-.

Dit hoofdstuk gaat over jou, over de keuzes die je hebt gemaakt en gaat maken. Je levenspad is niet iets wat je alleen maar overkomt. Natuurlijk heb je te maken met omstandigheden waar je geen invloed op hebt. Maar dan nog is er genoeg waar je wél invloed op hebt. Meer sparen bijvoorbeeld, of beleggen. Het pad dat je vandaag inslaat heeft impact op alle dagen die nog gaan komen. Want de keuzevrijheid die je jezelf gunt in de toekomst, begint in het hier en nu. Met een beslissing die je voor jezelf neemt. En vervolgens met een druk op de knop. Bijvoorbeeld om je spaargeld automatisch over te maken, of om een podcast te luisteren over beleggen. Met die ogenschijnlijk kleine acties sla je een bepaalde weg in.

Ben je financieel gezond?

Bijna de helft van de Nederlandse huishoudens is financieel kwetsbaar. 25 procent is financieel kwetsbaar en 24 procent is financieel ongezond. Dat blijkt uit onderzoek van Deloitte, ING, Nibud en Universiteit Leiden (2021). 'Kwetsbaar' en 'ongezond' betekenen dat je te weinig of helemaal geen spaargeld hebt. De andere gemene deler is dat het je ontbreekt aan een financieel plan. Heb je geen plan, dan ligt je focus op de korte termijn en niet op de lange termijn. Dan zit je niet in de gezonde groep. En ik wil graag dat jij wel bij de gezonde helft hoort. Zodat je je geen zorgen hoeft te maken als de auto er plots mee stopt. Zodat je wel die onverwachte rekening van de zorgverzekeraar kunt betalen. Dat gevoel van rust en vrijheid is ook voor jou mogelijk. Je moet er alleen wel iets voor doen. Namelijk zorgen dat je een plan hebt (zie ook hoofdstuk 10) en daarnaar handelen. Je denkende brein bewust inzetten, dat gaat voor jou het verschil maken.

Niet sparen, wel sparen, of sparen en beleggen

Nog even terug naar het levenspad dat je bewandelt. Je kunt verschillende routes nemen. Sla je links af, dan spaar je niets. Loop je rechtdoor, dan spaar je wel. En sla je rechts af, dan ga je zowel sparen als beleggen. Het pad dat je inslaat heeft uiteraard consequenties. Links afslaan en 'de dag plukken' is prima voor even. Je hoort het de Struisvogel al zeggen: geen zorgen voor morgen! Tot er een tegenvaller voorbijkomt en de stress toeslaat. Struisvogels maken een denkfout. Ze gaan uit van het of/of-idee. Of genieten óf sparen. Maar dat is een misverstand. Waarom zou je niet én genieten én sparen?

Doen wat je leuk en belangrijk vindt én sparen: dat is precies de situatie die je voor jezelf regelt als je rechtdoor loopt. Je hebt minder geldstress, want je kunt wel tegen een stootje. Omdat je simpelweg én een buffer hebt én spaart voor andere dromen die voor jou belangrijk zijn. Je denkende brein is hier goed bezig. Aan elke droom hangt een prijskaartje. Een droom zonder plan blijft een eeuwige wens. Maar met realistische spaardoelen zorg je ervoor dat je wensen ook echt uitkomen. Er is veel meer mogelijk dan je denkt, als je er maar een langetermijnstrategie op loslaat. En het woord 'termijn' zegt het al: je hebt geduld nodig.

Je kunt ook uitgaan van een én-én-én strategie. En genieten in het nu, én wat opzijzetten voor pech onderweg en spaardoelen, én met beleggen je geld gericht investeren. Ook als je rechts afslaat weet je niet wat de toekomst je geeft. Maar je hebt wel een plan waarmee je je geld voor je laat werken.

Zekerheid of risico

Met sparen weet je zeker dat je spaargeld is wat het is. Dat bedrag halveert niet ineens omdat de beurzen op rood staan. Natuurlijk heb je wel last van inflatie. Dat houdt in dat je voor hetzelfde geld minder kunt kopen. Vorig jaar kocht je een brood voor € 1,19 en over twee jaar kost datzelfde brood € 1,49. Je betaalt meer voor precies hetzelfde brood. Met je spaargeld kun je minder kopen. Bij beleggen gaat het echt over de lange termijn. Mensen die de afgelopen twintig jaar hebben belegd behaalden een rendement van gemiddeld 6 procent. Maar behaalde resultaten in het verleden bieden geen garantie voor de toekomst. Het kan zomaar zijn dat de beurs over tien jaar instort en je beleggingen van € 20.000,- ineens nog maar € 4000,- waard zijn. Niemand heeft een glazen bol, dus dat kan gebeuren. Daar moet je tegen kunnen. Die € 4000,- kan ook weer aangroeien. Maar dan moet je wel de luxe hebben om het weer tien jaar te laten groeien.

Ik ga je warm maken om een nieuw pad te bewandelen. Tenminste, als dat nodig is bij jou. Heb je het allemaal al voor elkaar? Deel dan jouw kennis met de mensen om je heen. Jouw ervaring kan zomaar het verschil maken voor iemand anders. Geef je kennis cadeau aan anderen. Heb je het idee dat je er qua sparen meer uit kunt halen voor jezelf, lees dan vooral door. Als je nog niet bent begonnen met beleggen, dan krijg je in ieder geval de basics uitgelegd. Nogmaals, het gaat om jouw geld, dus verdiep je erin.

Je geldtype heeft invloed op je levenspad

Kijk nog eens terug naar je geldtypenscores. Scoor je hoog op de Struisvogel, dan is het tijd om de Held in jezelf meer te activeren. De Held is namelijk goed in langetermijndenken en plannen maken. Dit is helemaal niet zo ingewikkeld. Je doet iets wel of je doet iets niet. In dit geval neem je voor jezelf het besluit dat je wilt sparen. Je laat je niet afleiden door de angst dat je het niet goed weet. Je gaat het gewoon doen. Je neemt een klein bedrag, boekt het over en ervaart wat er gebeurt. Als je ontdekt dat het zo simpel is, krijg je vanzelf meer zelfvertrouwen. Dan hoog je je spaarbedrag op. Het komt er steeds weer op neer dat je jezelf beter leert kennen en vervolgens stappen zet die goed voor je zijn. Hoe je die stappen zet, hangt samen met hoe je in elkaar zit. Het maakt geen bal uit wat anderen ervan vinden, doe vooral wat bij je past en wat voor jou werkt. Kijk in de tabel of je al gebruikmaakt van de spaarvaardigheden van de Held of de beleggingen van de Held, de Controlfreak en de Magiër. Zo niet, dan kun je jezelf daar sterker in gaan maken.

Keuzes die geldtypen maken

Hieronder vind je ter inspiratie de levenspaden van verschillende geldtypen. Ook voor jou geldt dat je jezelf elke dag weer opnieuw kunt uitvinden.

De kapster (20 jaar): reptielenbrein aan het stuur

Ik zat een tijdje geleden bij de kapster. We kletsten over dit boek. Dat ik bezig was met het hoofdstuk sparen en beleggen. Mijn kapster is nog een jonge meid van net twintig. Haar denkende brein, waar de afdeling planning en langetermijndenken zijn gevestigd, is nog niet volgroeid. Dat gebeurt pas rond haar 23e. Dat houdt in dat ze impulsief is en vooral gericht op het hier en nu.

'Ik ben heel dankbaar voor mijn ouders. Ik woon nog thuis en mijn ouders zorgen ervoor (eisen) dat ik spaar. Ik heb ook van hen

Geldtypen	Keuze Niets doen	Keuze Sparen	Keuze Sparen en beleggen
Jongeren t/m 23 jaar (prefrontale cortex oftewel gebied van het denkende brein is nog niet volgroeid)	Brein is impulsief en gericht op korte termijn	Niet	Niet
Struisvogel	Uit onwetendheid en angst	Niet	Niet
Slachtoffer	Uit boosheid en verdriet	Niet	Niet
Held	Niet	Wel Korte-, middellange- en langetermijndoelen	Wel
Waaghals	Niet	Niet	Niet
Sint-bernard	Sparen kan niet omdat geld is uitgeleend aan anderen	Alleen spaarbuffer Te weinig ruimte voor spaardoelen	Niet
Creatieveling	Blokkade op geld	Niet	Niet
Controlfreak	Niet	Te veel spaarbuffer Spaardoelen zijn vooral nuttig, weinig ruimte voor 'leuks'	Korte-, middellange- en lange-termijndoelen
Magiër	Niet	Wel	Korte-, middellange- en lange-termijndoelen

	Alleen beleggen	Gevolg	Oplossing
	Niet	Geen reserve	Spaarbuffer Sparen met een doel Als je het leuk vindt beleggen met een doel
	Niet	Geen reserve Stress Angst	Plan maken Begin met kleine spaardoelen Bij succes: Spaarbuffer Sparen met een doel
	Niet	Stress Boosheid	Plan maken Spaarbuffer Spaardoelen
	Wel	Rust Vertrouwen	Genieten van je plan
	Wel, want gelooft in snelle winst	Te veel risico nemen (verlies) Zelfoverschatting	Realistisch plan met Spaarbuffer Spaardoelen Behoudend beleggen
	Niet	Stress Verdriet Wrok	Plan maken voor jezelf Spaarbuffer Spaardoelen
	Niet	Stress Angst	Plan maken Spaarbuffer Begin met kleine spaardoelen
	Wel	Angst Ontevredenheid Semi-vertrouwen	Wat is voor jou genoeg? Kennis en kunde gratis (!) weggeven
	Wel mits duurzaam	Rust Vertrouwen Plan inclusief geven	Vooral doorgaan

meegekregen dat je nooit moet lenen. Als je ergens geen geld voor hebt, dan is dat zo. Dan heb je pech. Als het belangrijk genoeg is, dan spaar je er maar voor. Ik ben stiekem wel heel blij met mijn spaarrekening. Daar gaat aan het begin van elke maand automatisch een vast bedrag naartoe. Het is dat ik dat moet van mijn ouders. Als het aan mij ligt, dan jaag ik alles erdoorheen. En het ligt aan mij... Al het geld dat elke maand op mijn rekening overblijft, is aan het einde van de maand op.

Ik heb laatst weer iets gekocht met Afterpay (achteraf betalen met extra kosten). Mijn moeder roept dan altijd dat dat dom is. Ik heb er nu ook wel weer spijt van. Gelukkig doe ik het alleen met kleine bedragen. Als ik iets duurs wil, dan moet ik het eerst overleggen met mijn moeder. Ik ben extreem gevoelig voor korting. Bijvoorbeeld een Adidas-legging van € 30,- voor € 17,50 is voor mij onweerstaanbaar. Omdat het zo'n mooie korting is, koop ik dan meteen drie leggings. En omdat de kleuren zo afwijkend zijn (daarom waren ze waarschijnlijk überhaupt afgeprijsd), heb ik ook drie bijpassende shirts nodig. Zo is die prachtige korting uiteindelijk voor mij toch een duur geintje. Tuurlijk ben ik inmiddels volwassen, maar financieel nog niet helemaal, blijkbaar. Als ik eenmaal uit huis ga, heb ik in ieder geval geleerd hoe het wel moet. Dankzij mijn ouders heb ik al een spaarbuffer van € 4700,- en die blijft groeien.'

De projectmanager (40 jaar): Waaghals in actie

Ik had een klant die hoog scoorde op Waaghals. Ze was enorm energiek en pakte moeiteloos de meest ingewikkelde klussen aan. Ze was steengoed in haar werk. Ze werkte dagelijks met planningen en strategieën. Al die kennis en kunde gebruikte ze wel voor haar opdrachtgevers, maar niet voor zichzelf. Er was niets wat ook maar in de verste verte leek op een financieel overzicht. Laat staan een spaarplan. Ze deed maar wat. En daar had ze genoeg van. Ze wilde beter voor zichzelf gaan zorgen en meer geld overhouden, ook voor later.

Nadat we overzicht hadden aangebracht, kwam de volgende stap: sparen. Ik vroeg haar waarom dat tot nu toe nog niet was gelukt. 'Ik heb wel een spaarrekening, maar als er als iets op komt, dan haal ik het er ook weer af. Dan ga ik creatief boekhouden en mezelf voor de gek houden. Bijvoorbeeld € 500,- eraf halen met een smoes aan mezelf dat ik er de volgende maand € 1500,- op zet. Nou ja, dat gebeurt dan weer niet, omdat ik dan weer iets anders nodig heb.' Na een tijdje praten kwam ze met de enige oplossing die op korte termijn zou werken. Haar vader. Hij heeft haar spaargeld inmiddels in beheer. Als ze er wat van nodig heeft, dan moet ze eerst langs hem, met een goede onderbouwing. Ze is bij voorbaat zo bang voor zijn reactie dat elke gewenste aankoop niet verder komt dan haar gedachten. Zodra ze haar vader voor zich ziet, verdwijnt haar koopneiging als sneeuw voor de zon. Haar vader is haar stopknop en spaarknop ineen. Natuurlijk kun je je afvragen of dat normaal is voor een vrouw van veertig. Maar wat maakt het uit? Voor haar werkt dit. Inmiddels is ze ook begonnen met deposito sparen. Daardoor spaart ze een vast bedrag, maar ze kan er niet aankomen. Voor haar de ideale situatie. Zo zie je maar weer, er leiden meerdere wegen naar Rome.

De yogalerares (53 jaar): Struisvogel en Creatieveling

De situatie van de yogalerares was een lastige noot om te kraken. Ze is hooggevoelig en dat heeft haar leven flink beïnvloed. Ze heeft al tweemaal een burn-out gehad en is onlangs gescheiden. Ze is bij mij terechtgekomen omdat ze haar eigen broek moet ophouden. Maar dat lukt niet echt. De stand van zaken: nul euro spaargeld (daar ging haar man over en er blijkt niets over te zijn). Ze heeft geen vertrouwen in zichzelf en haar financiële kennis en ze komt elke maand geld tekort.

Sinds een jaar is ze voor zichzelf begonnen en runt ze een yogaschool. Daarvoor huurt ze een pittig dure ruimte in het centrum. Yoga geeft haar rust en houvast. Omdat yoga haar passie is, vindt ze dat ze daar niet te veel geld voor mag vragen. Het gevolg is dat haar leerlingen voor een appel en een ei de lessen volgen. Ze leent ondertussen wel geld bij haar ouders omdat ze niet rond komt. 'Je prijzen moeten omhoog, er zit niks anders op,' gaf ik aan. 'Dat kan niet, want dan gaat iedereen weg' (typisch een reactie van de Struisvogel: 'hou van mij'). 'Dat zullen we dan wel zien,' zei ik, 'want als je blijft doen wat je nu doet, kun je net zo goed stoppen. Je verdienmodel klopt niet. Je verdient nu al te weinig. Op de langere termijn wordt het alleen maar erger. Dus óf je gaat yoga doen als hobby en zoekt een andere baan om van te leven, óf je gaat jezelf ontwikkelen als ondernemer en dan gaat sowieso je prijs omhoog.'

Als blikken konden doden, dan was ik morsdood. Maar ik zit daar niet om zoete broodjes te bakken. Ik wil dat ze het heft in eigen handen neemt. We hebben veel gesprekken gevoerd over 'de wereld' en dat geld toch niet leidend mag zijn. Ik vroeg haar hoeveel stress ze had door steeds in gevecht te gaan met de werkelijkheid. Wat leidt tot 'luchtfietsen' zonder resultaat in de echte wereld. Is het niet handiger om die energie te gebruiken voor het neerzetten van een gezonde yogaschool? Uiteindelijk heeft ze haar verdienmodel aangepast. De ruimte die ze zelf huurt, verhuurt ze nu ook aan andere docenten. Daarnaast heeft ze de prijs van de yoga-abonnementen verhoogd. Er liepen maar liefst twee mensen weg, alle anderen bleven en hadden begrip voor haar prijsverhoging. Ze kan haar eigen broek ophouden en heeft meer vertrouwen in zichzelf. Het is niet passie of werk maar passie én werk. Ze heeft haar ouders inmiddels terugbetaald en naast een spaarbuffer staat haar pensioen nu op nummer 2 van de to-dolijst.

De ex-directeur (51 jaar): de Magiër aan het werk

Een mooi voorbeeld van de kracht van de Magiër is de directeur van een bedrijf dat ingewikkelde machines verkocht. 'Ik werd ontslagen omdat er tijdens de crisis niet genoeg omzet werd gedraaid. Ik mocht kiezen: een ontslagvergoeding of aandelen in het bedrijf. Mijn omgeving adviseerde me om de vergoeding te nemen. Want straks was het bedrijf misschien wel helemaal failliet. Toch koos ik voor de aandelen. Ik had vertrouwen in het bedrijf en mijn gevoel zei me dat het wel goed zou komen. Vijf jaar later werd het bedrijf overgenomen door een Amerikaans concern. Van de ene op de andere dag was ik "binnen". Ik hoef niet meer te werken, maar ik vind het wel leuk om "geld te maken". Ik word er vrolijk van. Beetje pielen met tabellen en doorrekenen wat er gebeurt als iets goed afloopt.

Ik sta bekend om mijn geduld. Iedereen wil tegenwoordig alles altijd maar meteen hebben of kunnen. Maar sommige zaken hebben juist tijd nodig. Waar anderen opgeven, daar begin ik pas. Zo kocht ik een afgedankte machine voor € 30.000,-. Het ding was zo specifiek dat er maar vijf bedrijven op de hele wereld mee werken. Mijn logica is dan: ik heb er maar één nodig die bijt. Na vier jaar wachten heb ik de machine verkocht voor € 50.000,-. Nog een ander voorbeeld van "geduld is een schone zaak". Ik woonde tot voor kort in een aftands huis, tochtig als de hel. Dat kwam omdat ik al vijftien jaar bezig was om op mijn perceel een bouwvergunning te krijgen voor een nieuw huis. Ook hiervan zei mijn omgeving: "Stop er toch mee, wat denk je nou zelf? Dat de gemeente je na al die jaren ineens wel een vergunning geeft? Zet het uit je hoofd, verkoop de boel en ga in een normaal huis wonen." Twee jaar geleden lag er ineens een brief in de bus: de bouwvergunning was toegekend. Ha!

Het is allemaal geen toeval, ik heb een truc. Ik dagdroom. Al zolang als ik mezelf kan herinneren ga ik voor het raam zitten. Dan staar ik naar buiten en droom ik van wat ik graag zou willen. Dat zie ik dan voor me. Zo heb ik mijn huis voor elkaar "gedagdroomd". De verkoop van de machine is gedagdroomd. En die aandelen van mijn oude bedrijf, dat was een cadeau van het universum. Ondertussen geniet ik van mijn vrijwilligerswerk bij Staatsbosbeheer. Stilzitten, dat kan ik dan weer helemaal niet. En de tabel in dit hoofdstuk? Die heb ik voor Eef gemaakt.'

Kies je pad en maak een plan

Ook als je tot nu toe reptielenkeuzes hebt gemaakt, is er nog niks aan de hand. Want of je nou twintig, dertig of veertig bent, je kunt altijd starten met het indrukken van de spaarknop en, als het bij je past, de belegknop. Hieronder staan **een tabel en een grafiek waarvan ik vurig hoop dat je er rustig naar kijkt en er de tijd voor neemt.**

Wat je daar namelijk in de getallen ziet, is het verschil tussen een leven zonder geldstress en een leven met geldstress. Deze getallen gaan over jou. Over jouw toekomst, over je mogelijkheden en onmogelijkheden. Je ziet een uitwerking wat er gebeurt als je niet spaart, wat als je wel spaart en wat als je spaart en belegt. De tabel begint met 18 jaar waarin je start met € 100,- sparen per maand. Na zeven jaar verhoog je je spaarbedrag naar € 200,- per maand. Vervolgens spaar je € 300,- en tot slot € 400,- per maand. Na 33 jaar sparen mag je jezelf feliciteren, want dan ben je precies 50 jaar. Kijk maar in de tabel hoeveel je dan bij elkaar hebt geharkt... Precies, ruim € 109.000,-. En dat is toch geen verkeerd bedrag om de tweede helft van je leven mee te beginnen. Natuurlijk kun je al veel eerder met een deel van je spaargeld andere dingen doen, zoals beleggen. Maar dan heb je niet gegarandeerd dit eindbedrag. Wat ik wil dat je ziet en begrijpt is dat tijd je grote vriend is. Hoe langer je spaart, hoe minder pijn het doet, en hoe leuker het bedrag wordt. Het is makkelijker om met lagere bedragen door de tijd heen een flink bedrag op te bouwen, dan met hogere bedragen in korte tijd datzelfde bedrag op te bouwen.

Het mooie aan deze tabel is dat dezelfde optelsom geldt als je nu veertig bent. Als je nu pas begint met sparen, kun je gewoon doorrekenen tot je 73e. Je kunt dan bijvoorbeeld beginnen met € 400,- sparen en de laatste jaren afbouwen naar € 300,-, € 200,- en € 100,- per maand. De kans is namelijk heel groot dat je ook na de zeventigste nog jaren doorleeft. 'Pluk de dag'-mensen zullen zeggen: wat een gedoe, voor hetzelfde geld ben ik morgen dood. Ja, dat kan. En voor hetzelfde geld ben je morgen niet dood. Je kunt met apps je gemiddelde levensverwachting berekenen. Ik word waarschijnlijk 84 jaar en 8 maanden. Maar de apps gaan uit van een gemiddelde leeftijd, dus met mijn vegetarische leefstijl vrees ik dat ik richting de honderd jaar ga. Dan is het toch wel handig als ik dan nog steeds naar de film en het theater kan. Leuke dingen doen kost nou eenmaal geld.

			A	B	C1		C2	
			0% sparen	100% sparen	50% sparen	50% beleggen	50% sparen	50% beleggen
# jaar	leef-Tijd	inleg per mnd	rente 0%	rente 0%	rente 0%	rendement 3%	rente 0%	rendement 6%
1	18	€ 100	€ 0	€ 1.200	€ 600	€ 618	€ 600	€ 636
2	19	€ 100	€ 0	€ 2.400	€ 1.200	€ 1.255	€ 1.200	€ 1.310
3	20	€ 100	€ 0	€ 3.600	€ 1.800	€ 1.910	€ 1.800	€ 2.025
4	21	€ 100	€ 0	€ 4.800	€ 2.400	€ 2.585	€ 2.400	€ 2.782
5	22	€ 100	€ 0	€ 6.000	€ 3.000	€ 3.281	€ 3.000	€ 3.585
6	23	€ 100	€ 0	€ 7.200	€ 3.600	€ 3.997	€ 3.600	€ 4.436
7	24	€ 100	€ 0	€ 8.400	€ 4.200	€ 4.735	€ 4.200	€ 5.338
8	25	€ 200	€ 0	€ 10.800	€ 5.400	€ 6.113	€ 5.400	€ 6.931
9	26	€ 200	€ 0	€ 13.200	€ 6.600	€ 7.533	€ 6.600	€ 8.619
10	27	€ 200	€ 0	€ 15.600	€ 7.800	€ 8.995	€ 7.800	€ 10.408
11	28	€ 200	€ 0	€ 18.000	€ 9.000	€ 10.501	€ 9.000	€ 12.304
12	29	€ 200	€ 0	€ 20.400	€ 10.200	€ 12.052	€ 10.200	€ 14.314
13	30	€ 300	€ 0	€ 24.000	€ 12.000	€ 14.267	€ 12.000	€ 17.081
14	31	€ 300	€ 0	€ 27.600	€ 13.800	€ 16.549	€ 13.800	€ 20.014
15	32	€ 300	€ 0	€ 31.200	€ 15.600	€ 18.900	€ 15.600	€ 23.123
16	33	€ 300	€ 0	€ 34.800	€ 17.400	€ 21.321	€ 17.400	€ 26.418
17	34	€ 300	€ 0	€ 38.400	€ 19.200	€ 23.814	€ 19.200	€ 29.912
18	35	€ 300	€ 0	€ 42.000	€ 21.000	€ 26.383	€ 21.000	€ 33.614
19	36	€ 300	€ 0	€ 45.600	€ 22.800	€ 29.028	€ 22.800	€ 37.539
20	37	€ 300	€ 0	€ 49.200	€ 24.600	€ 31.753	€ 24.600	€ 41.699
21	38	€ 300	€ 0	€ 52.800	€ 26.400	€ 34.560	€ 26.400	€ 46.109
22	39	€ 300	€ 0	€ 56.400	€ 28.200	€ 37.451	€ 28.200	€ 50.784
23	40	€ 400	€ 0	€ 61.200	€ 30.600	€ 41.046	€ 30.600	€ 56.375
24	41	€ 400	€ 0	€ 66.000	€ 33.000	€ 44.749	€ 33.000	€ 62.302
25	42	€ 400	€ 0	€ 70.800	€ 35.400	€ 48.564	€ 35.400	€ 68.584
26	43	€ 400	€ 0	€ 75.600	€ 37.800	€ 52.493	€ 37.800	€ 75.243
27	44	€ 400	€ 0	€ 80.400	€ 40.200	€ 56.540	€ 40.200	€ 82.301
28	45	€ 400	€ 0	€ 85.200	€ 42.600	€ 60.708	€ 42.600	€ 89.783
29	46	€ 400	€ 0	€ 90.000	€ 45.000	€ 65.001	€ 45.000	€ 97.714
30	47	€ 400	€ 0	€ 94.800	€ 47.400	€ 69.423	€ 47.400	€ 106.121
31	48	€ 400	€ 0	€ 99.600	€ 49.800	€ 73.978	€ 49.800	€ 115.032
32	49	€ 400	€ 0	€ 104.400	€ 52.200	€ 78.669	€ 52.200	€ 124.478
33	50	€ 400	€ 0	€ 109.200	€ 54.600	€ 83.501	€ 54.600	€ 134.491
			€ 0	**€ 109.200**	**€ 138.101**		**€ 189.091**	

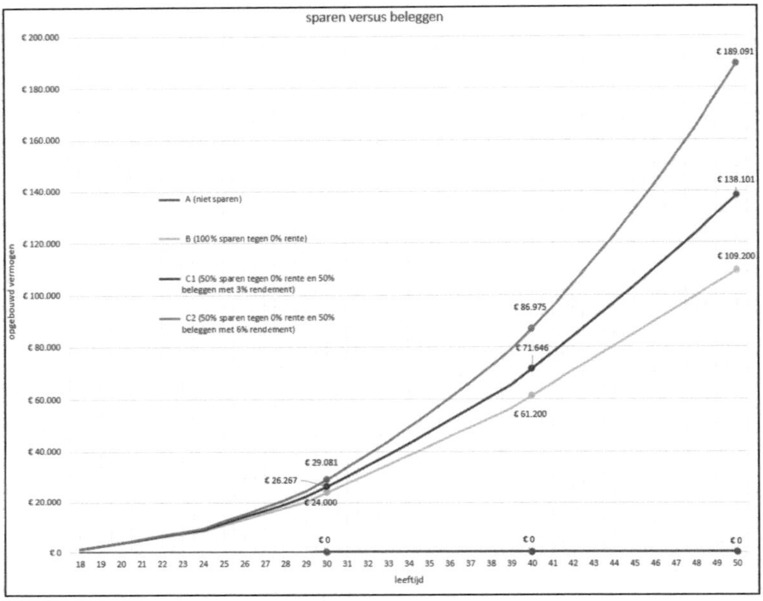

Niet sparen (A)

Als je nul euro spaart bouw je helemaal niets op. In ziekenhuistermen ben je dan een flatliner (spaartechnisch morsdood). Dat zie je in de rode lijn hierboven. Die is zo plat als een dubbeltje. Het gevolg is dat je niet bestand bent tegen financiële tegenvallers. Terwijl je die helaas wel op je bord krijgt. Net als iedereen.

Wel sparen (B)

In de tabel gaan we ervan uit dat je 0 procent rente ontvangt over je spaargeld. Dat kan in de toekomst weer veranderen, maar voor nu gaan we uit van het meest karige scenario, nul procent rente.

Als je zeven jaar lang € 100,- per maand spaart, heb je € 8400,- gespaard. Heb je de smaak te pakken en leg je vervolgens € 200,- apart per maand, dan heb je na twaalf jaar € 20.400,- op je spaarrekening. Als je op je achttiende bent begonnen, heb je dat op je dertigste voor elkaar gekregen. Druk je de spaarknop verder in en verhoog je je bedrag naar € 300,- per maand, dan heb je in 22 jaar tijd maar liefst € 56.400,-. Als je de laatste 10 jaar nog eens € 400,-

spaart, dan zit je na 33 jaar op een bedrag van € 109.200,-. Dat is ruim een ton op je rekening. Je kunt, als je dat fijner vindt, ook beginnen met een hoger spaarbedrag en dat naar beneden toe bijstellen. Dat hangt helemaal van jouw situatie af. Wat ik je wil laten zien is dat tijd in je voordeel werkt. Een ton op je rekening krijgen is gewoon mogelijk, als je maar weet hoeveel je ervoor opzij moet zetten per maand en hoe lang je erover doet.

Sparen en beleggen (C1)

Je kunt er ook voor kiezen om de helft van je inleg te sparen en de andere helft te beleggen. Je begint met elke maand € 50,- sparen en € 50,- beleggen. Je spaarbedrag schroef je door de jaren heen op naar € 200,- sparen en € 200,- beleggen per maand. Stel dat je dat doet met 3 procent rente op je beleggingen. Het kan zijn dat je beleggingen die 3 procent helemaal niet halen, of nog erger: halveren. Maar we gaan er hier van uit dat er wel 3 procent rendement gehaald wordt. 50 procent is sparen, dus de helft van de inleg gaat naar sparen. Na 33 jaar heb je een totaalbedrag van € 54.600,- gespaard. Je hebt in 33 jaar ook € 83.500,- verdiend met je beleggingen. Dat is een totaalbedrag van € 138.101,-

Hoogste rente beleggen (C2)

Het geldtype Waaghals kijkt in de tabel alleen naar de groene kolom met de voorbeeldberekening met de hoogste rente van 6 procent per jaar. Dan houd je na 33 jaar onder aan de streep een bedrag van maar liefst **€ 189.091,-** over. Dat is bijna twee ton. Wees je ervan bewust dat dit een berekening is op basis van een erg enthousiaste prognose van 6 procent rente op jaarbasis. Het kan ook zijn dat er helemaal geen rendement is en dat je geld verliest met beleggen. Dat je uiteindelijk na 33 jaar uitkomt op een bedrag van € 40.000,- aan beleggingen. Bij sparen weet je waar je aan toe bent, bij beleggen veel minder. Daar moet je tegen kunnen. Kies vooral de route die bij jou past en spreid je risico's. Daarover lees je meer bij de vuistregels van beleggen.

Maak je eigen plan voor de toekomst

Het gaat erom dat je de tabel hierboven plakt op je eigen leven en een plan maakt. Dat doe je omdat je financieel gezond wilt zijn. Je doorloopt een aantal stappen:

Stap 1) Je creëert je eigen minimale spaarbuffer.
Stap 2) Je stelt andere spaardoelen. Daar hang je meteen een prijskaartje aan.
Stap 3) Als het bij je past, kun je een aantal van je spaardoelen ook bereiken met beleggen.

Stap 1: Creëer je eigen spaarbuffer

Luister niet naar ome Piet

Luister om te beginnen niet naar ome Piet en tante Bea. Het favoriete onderwerp van ome Piet en tante Bea op verjaardagen: 'Ik ga niet sparen, want ik krijg toch geen rente.' Ik verbaas me over het gemak waarmee mensen dat roepen. Want rente krijgen is helemaal niet het hoofddoel van sparen. Je spaart niet om rente te vangen, je spaart om tegenslag op te vangen. In goede tijden zet je wat geld opzij voor 'de slechte tijden'. Voor als je kind een duur diagnostisch onderzoek nodig heeft, dat nou net niet wordt vergoed door je verzekering. Of voor als je je voet breekt en de komende jaren peperdure aangepaste zolen nodig hebt. Of voor als je auto ermee stopt, ook al zat dat niet in de planning. Je spaart om je leven een stukje makkelijker te maken. Een spaarbuffer is voor pech onderweg. Het is geen potje voor arbeidsongeschiktheid of pensioen, het is voor huis-tuin-en-keukengedoe.

Hoeveel spaarbuffer heb je nodig?

Een gezonde buffer dekt ten minste drie maanden je vaste lasten. Daarnaast is een bedrag van € 1000,- voor onverwachte uitgaven altijd handig. Als alleenstaande kom je dan vaak op een spaarbuffer tussen de € 4000,- en € 6000,- uit. Voor een stel is een bedrag tussen de € 6000,- en € 8000,- vaak voldoende. En heb je kinderen, dan zit je al snel aan een bufferbedrag tussen de € 7000,- en € 8500,-. Heb je verder nog een auto of eigen huis? Dan heb je meer buffer nodig.

De hoogte van je spaarbuffer is ook afhankelijk van jezelf, van je eigen gevoel. Vraag je af met welk bufferbedrag je met een gerust hart in slaap valt. Ik ken mensen die pas lekker slapen met zes tot twaalf nettomaandsalarissen achter de hand. Het allerbelangrijkste is dat je een spaarbuffer hebt en dat dit een bedrag is waardoor je je geen zorgen meer hoeft te maken.

Vul de Bufferberekenaar in voor jouw situatie

Je kunt met deze tool, op de site van het Nibud, in een handomdraai uitrekenen hoe groot jouw buffer moet zijn. Op basis van je persoonlijke situatie zie je wat je in theorie nodig hebt voor bijvoorbeeld onderhoud van je huis en tuin, onverwachte rekeningen en je auto. Het kan zijn dat je een kleine hartaanval krijgt als je de uitkomst van de Bufferberekenaar ziet. Maar dat komt meestal doordat de auto in het kostenplaatje is meegenomen. De tool is vooral bedoeld om je te laten nadenken over je toekomst.

Vuistregels om te sparen

1. De 10 procent-regel

Maak elke maand automatisch 10 procent van je netto-inkomen over naar je spaarrekening. De eerste maanden heb je misschien het gevoel dat je geld tekortkomt. Maar al snel wen je eraan dat je leeft naar 90 procent van je inkomen. Dus als je bijvoorbeeld € 2500,- netto verdient per maand, dan zet je € 250,- opzij op je spaarrekening.

2. Spaar automatisch een vast bedrag

Maak een automatische betaalopdracht aan voor een vast bedrag aan het begin van de maand, dan is het namelijk nog niet op. Zo weet je zeker dat je het niet per ongeluk uitgeeft. Geld dat niet op je betaalrekening staat, geef je minder snel uit. Je maakt van sparen een gewoonte. Het is een 'vaste maandelijkse uitgave'. Je ervaart geen betaalpijn omdat het automatisch gaat.

3. Spaar op een bankrekening die je níét ziet

Zet bij internetbankieren de zichtbaarheid van je spaarrekening uit. Gebruik verschillende spaarrekeningen. Eentje voor je spaarbuffer en andere rekeningen voor je spaardoelen. Door je spaarrekeningen niet zichtbaar te maken, voorkom je de neiging eraan te komen. Het kan ook zijn dat je juist wel je spaarrekening wilt zien groeien. Dat dat je motiveert. Ook prima en zeker doen als je die discipline hebt. Ken jezelf.

4. Meevallers naar je spaarrekening

Heb je een loonsverhoging of een andere meevaller? Hevel het bedrag meteen over naar je spaarbuffer. Zo kom je niet in de verleiding om het gedachteloos uit te geven. Het is een extraatje, dus je mist het ook niet in je dagelijkse doen en laten.

Stap 2: Bepaal je andere spaardoelen

Heb je je buffer op peil en kun je meer geld opzijzetten? Dan ga je kijken voor welke andere doelen je wilt sparen. Zet je zonder doel geld opzij, dan is de verleiding groter dat je creatief gaat boekhouden en geld terugboekt wanneer dat uitkomt. Ik zie ook mensen met hoge inkomens waar het geld als sneeuw voor de zon verdwijnt. Dat voorkom je door met een plan te werken. Je hebt geld nodig om dromen waar te maken.

Als je weet waarvoor je spaart, dan is de kans groter dat je het ook echt gaat doen. Dus zorg voor een helder spaardoel. Bedenk welk prijskaartje eraan hangt, en hoe lang je erover doet om dat bedrag bij elkaar te sparen of te beleggen. Begin met een klein doel. Bijvoorbeeld een lang weekend weg. De kans dat dat je lukt is groot. Dan krijg je vanzelf de smaak te pakken. Ook voor de ongeduldigen onder ons is er hoop. Er is onderzoek gedaan onder 450 mensen die aangaven dat ze onvoldoende sparen en graag meer zouden willen sparen*. Aan deze deelnemers werd gevraagd waarvoor ze graag wilden sparen. Ze moesten in één woord beschrijven hoe het zou voelen om hun spaardoelen te halen. Ten slotte moesten ze de volgende tekst typen: 'Ik kan goed sparen. Ik zal mij inzetten om mijn spaardoelen te behalen.' Conclusie van het onderzoek: je haalt je spaardoelen sneller als je opschrijft wat je doel is en je alvast inbeeldt en invoelt hoe het eruitziet als je je doel behaalt. Met name voor de reptielen onder ons, die vatbaar zijn voor kortetermijnverleidingen, is dit een goed alternatief.

Spaardoel	**Bedrag per maand**	**Termijn maanden of jaren**	**Hoe**
Klein doel	€		Sparen
Reizen	€		Sparen
Auto	€		Sparen
Extra inkomen op je pensioen (doe de pensioencheck)	€		Sparen en/of beleggen
Zonnepanelen, isoleren Check Energiesubsidiewijzer en verbeteruwhuis.nl	€		Subsidie Sparen
Extra aflossen hypotheek	€		Sparen en/of beleggen
Verbouwing	€		Sparen en/of beleggen
Vakantiehuisje	€		Sparen en/of beleggen
Nieuwe woning	€		Sparen en/of beleggen
Anders	€		Sparen en/of beleggen

* Het betreffende onderzoek is terug te vinden in een artikel van Burke, J., Luoto, J., & Perez-Arce, F. (2014), 'Soft versus hard commitments: A test on savings behaviors', in: *Journal of Consumer Affairs*.

Sparen of beleggen?
De keuze voor sparen of beleggen hangt van een aantal factoren af: jezelf, tijd, geld en discipline. Stel, je wilt over twintig jaar een bedrag van € 80.000,- hebben gespaard als extra pensioen. Dan kun je kiezen voor zekerheid en alleen sparen of iets meer risico nemen en erbij beleggen. Als je alleen belegt, kan het eindbedrag minder zijn dan € 80.000,- over twintig jaar. Of meer, dat weet je niet, dat weet niemand. Die onzekerheid en dat risico, daar moet je tegen kunnen. Als je daar niet tegen kunt zijn er genoeg alternatieven voor beleggen. Bijvoorbeeld extra hypotheek aflossen, je huis verduurzamen of banksparen voor je pensioen. Dat is sparen op een geblokkeerde rekening met belastingvoordeel. Je moet het tegoed wel gebruiken voor je pensioen.

Stap 3: Waarom beleggen?

Er zijn inmiddels 1,75 miljoen huishoudens die beleggen (2020). De spaarrentes worden steeds lager en de inflatie stijgt. Dat betekent dat je spaargeld door de jaren heen steeds minder waard wordt. Onderzoeken laten zien dat je na twintig jaar beleggen bijna altijd eindigt met 6 procent rendement. Mocht je ervan uitgaan dat je alleen kunt beleggen met grote bedragen: dat is niet zo. Je kunt starten met € 50,- per maand en soms nog minder. Beleggen doe je met het idee dat je investering op termijn meer geld waard wordt. Je kunt beleggen in bijvoorbeeld aandelen, obligaties, crypto, goud of vastgoed. Beleggen kan een prima manier zijn om je vermogen op te bouwen. Het is alleen wel gekoppeld aan risico. Hoe meer risico je neemt, hoe meer winst je kunt maken. Maar ook hoe meer je kunt verliezen. Als je iets leest over een rendement van 8 procent dan weet je dat het gaat om een risicovolle investering. Gaat het over 2 procent, dan loop je minder risico.

Beleggen gaat vooral over de lange termijn. Als je over drie jaar € 8000,- nodig hebt voor je badkamer, dan ga je sparen en niet beleggen. Doe vooral wat bij je past en gebruik je verstand (wat brengt het mij op de lange termijn). Vertrouw op jezelf en neem alleen een financiële beslissing als je ook echt snapt wat je aan het doen bent. Eventueel met hulp van een goede vriend(in) met financieel inzicht of een adviseur. De gouden regel is: als je het niet begrijpt, dan doe je het niet. Zo simpel is het. Snel geld bestaat niet. Als het te mooi is om waar te zijn, dan is het ook te mooi om waar te zijn.

Beleggen is een vak apart

Je belegt sowieso alleen met geld dat je kunt missen. En ik vind dat je je er goed in moet verdiepen, voordat je ermee begint. Dit boek gaat over het creëren van een gezonde financiële basis. Ik ben geen financieel adviseur of beleggingsexpert. Ik ben meer van het raamwerk, het grotere geheel. Ik vertel je niet welke beleggingen je moet doen of welke crypto door het dak gaan. Ik geef je wel een aantal vuistregels voor beleggen. Als je vermogen wilt opbouwen met beleggen, dan raad ik je een financieel adviseur of financieel planner aan. Dat geldt trouwens ook voor het goed regelen van je pensioen. Dat kost wel wat, maar goed advies is dat dubbel en dwars waard. Uit wetenschappelijk onderzoek blijkt keer op keer dat het inhuren van een gecertificeerd financieel adviseur leidt tot meer vermogen, betere bescherming tegen risico's en minder schulden.*

Ken jezelf

Beleggen is risico's nemen en dat moet wel bij je passen. Dat weet je pas als je het gaat doen. Begin daarom vooral in het klein. Je merkt dan al snel of je een type bent dat veel risico wil nemen of juist niet. In het klein kun je oefenen. Als je in je zelfoverschattingsfase € 200,- verliest is dat minder erg dan € 2000,-. Laat je vooral niet gek maken door Finfluencers en YouTubers die bakken met geld verdienen met beleggen. Juist in de cryptomarkt

* 'Geadviseerde consumenten nemen betere beslissingen, hebben minder stress en ervaren meer geluk,' aldus Fred de Jong, lector Sustainable Finance & Tax in *Het Financieele Dagblad* (30 december 2021).

geldt: snel geld verdienen bestaat niet. In ieder geval niet voor 99 procent van de mensen. Die ene procent die dat wel kan, dat kun jij zijn, maar de kans is groter dat je bij die 99 procent hoort. Houd je hoofd koel, lees er boeken over, volg podcasts en werk met een plan. Als je geen beleggingsplan hebt, dan ben je aangeschoten wild. Dan verander je van strategie zodra de beurs niet doet wat jij wilt. Op die manier waai je met alle winden mee en dat levert verlies op. Als je elk uur je aandelen checkt en bij elke koerswisseling in de stress schiet, dan is beleggen niet iets voor jou.

Handige informatie voor (startende) beleggers

Als je begint met jezelf informeren over beleggen, zorg dan dat je dat doet met je gezonde boerenverstand. Vraag jezelf bij alles wat je leest, hoort en ziet af: wat is het belang van de afzender?

Checklists

Checklist beleggen, Autoriteit Financiële Markten: www.afm.nl
Beleggen of niet: www.nibud.nl
Checklist beleggen: www.wijzeringeldzaken.nl
Stappenplan beleggen – waar begin je: www.consumentenbond.nl
Beleggen voor beginners, beleggersvereniging: www.veb.net

Podcasts

Jong beleggen
De Spaarpodcast
Goed met geld
Gek op beleggen
De Inside Beleggen Podcast van Trends
Beleggen met Rowan Nijboer
BNR Beleggerspanel
IEX Podcast
Planet Money
WorkJuice Podcast over beleggen

Boeken

De intelligente belegger, Benjamin Graham
Verdubbel je geld in vijf jaar, Sam Hollanders
Leer beleggen als Warren Buffet, Hendrik Oude Nijhuis & Björn Kijl
Beleggen voor dummies, Hans Oudshoorn & Peter Siks
Blondjes beleggen beter, Janneke Willemse

Zes vuistregels voor beleggen

1. Los eerst je schulden af

Je lost eerst je schulden af. Denk bijvoorbeeld aan je autolening, rood staan, een persoonlijke lening, openstaande rekeningen bij het postorderbedrijf. Pas als je weer in de plus staat en een spaarbuffer hebt, ga je beleggen. Beleg alleen met geld dat je kunt missen en vraag je af of je dat geld de komende jaren niet nodig hebt voor iets anders. Je wilt namelijk niet dat je over vijf jaar ineens je aandelen moet verkopen, precies op het moment dat de beurs daalt.

2. Niet beleggen met geleend geld

Je gaat ook niet beleggen met geleend geld. Geleend geld is niet van jou. Het feit dat je het leent geeft al aan dat je het zelf niet hebt. Je rekent je rijk, terwijl je dat niet bent. Je kunt winst maken, maar je kunt het net zo goed verliezen. Krab jezelf achter je oren en houd jezelf niet voor de gek. Lenen om te beleggen is een acute vorm van zelfoverschatting. Zorg eerst dat je op eigen kracht meer dan genoeg geld overhoudt en ga dan beleggen.

3. Beleg met een doel en wees trouw aan jezelf

Beleg met een specifiek doel en hang er een prijskaartje aan. Bijvoorbeeld:

€ 100.000,- als extra pensioen
€ 40.000,- voor de studie van je kinderen

€ 150.000,- voor het vakantiehuisje
€ 50.000,- voor een verbouwing

Hoe duidelijker je doel, hoe groter de kans dat je je doel ook haalt. Volg je eigen beleggingsstrategie en houd je daar ook aan. Als je voor jezelf een plan hebt bedacht hoef je dat alleen maar uit te voeren. Je hoeft niet te twijfelen, steeds opnieuw te beslissen wat je wilt, of in paniek je aandelen te verkopen. Trouw zijn aan je eigen plan zorgt ervoor dat je niet handelt vanuit emotie.

4. Beleg periodiek

Het juiste moment om in te stappen bestaat niet. Door elke maand een vast bedrag in te leggen, verklein je het risico dat je met een groot bedrag op een ongunstig moment instapt. Je koopt elke maand of kwartaal voor een vast bedrag wanneer de koersen stijgen, maar ook wanneer ze dalen. Dan kom je vanzelf uit op een gemiddelde prijs. Zo hoef je je niet druk te maken of je te vroeg of te laat bent.

5. Beleg voor de lange termijn

Het grote voordeel van beleggen voor de lange termijn is dat je niet afhankelijk bent van de dagelijkse koerswijzigingen. Tijd is bij beleggen je grote vriend. Hoe langer je je geld kunt missen, hoe groter de kans op een flink eindbedrag. Dat komt door het rendement-op-rendement effect. Stel, je legt elke maand € 100,- in en hebt 5 procent rendement, dan heb je dus € 105,-. De maand daarop heb je weer 5 procent rendement, maar dit keer over € 105,-. En zo gaat dat door. Na tien jaar heb je dan een eindbedrag van ruim **€ 15.499,-**. Terwijl je maar **€ 12.000,-** hebt ingelegd. Die **€ 3.499,-** die is ontstaan door rendement-op-rendement, dat noemt Albert Einstein het achtste wereldwonder. Dit is een voorbeeld van 'geld voor je laten werken'. Als je nog eens tien jaar langer had belegd, dan had je **€ 24.000,-** ingelegd en in totaal **€ 40.746,-** gehad. Dat komt doordat het achtste wereldwonder steeds sterker en sterker wordt door de tijd heen. In dit geval heb je dan **€ 16.746,-** extra. Het kan ook zijn dat je weinig of geen rendement hebt behaald of zelfs verliest. Er zijn allerlei tools zoals berekenhet.nl om je eindkapitaal te berekenen.

Terug naar de grafiek in het begin

In de grafiek is duidelijk te zien wat het effect is van meer rendement op de lange termijn (de blauwe en de groene lijn). Het is wel zo dat een hoger rendement altijd gekoppeld is aan een hoger risico. Je zult voor jezelf moeten bepalen welk risico je durft te nemen én waar je niet wakker van ligt. Probeer de lange termijn voor ogen te houden en niet in paniek te raken als een belegging een paar jaar tegenzit. Zorg dat je tegen je pensioen van een hoger risico naar een lager risico gaat. Als je twintig jaar vóór je doel zit is het niet erg als een belegging 20 procent inzakt, als je twee jaar vóór dat doel zit wel.

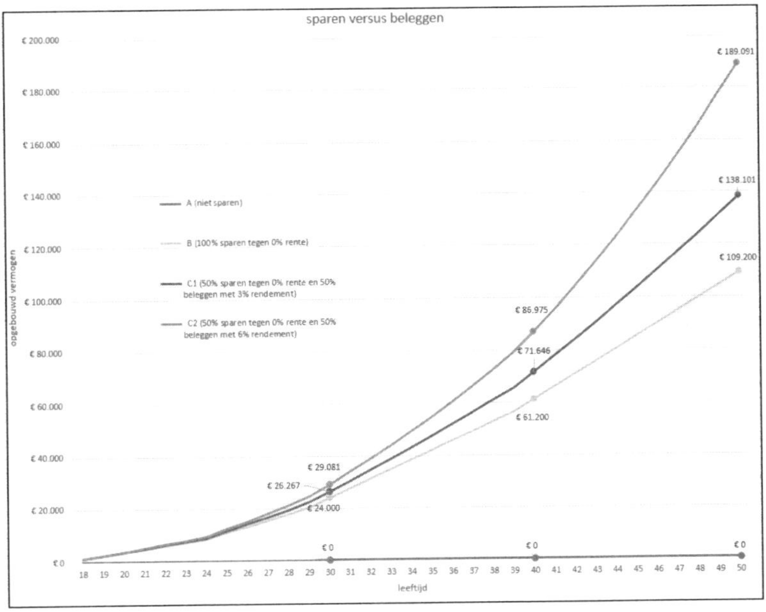

Je spreekt met jezelf een beleggingshorizon af. Dat is de periode waarin je wilt en kunt beleggen. Bijvoorbeeld twintig jaar. Je verkoopt pas als je termijn erop zit. Je plant een of twee momenten per jaar in je agenda om te kijken hoe je beleggingen ervoor staan. Zolang er geen extreme stijging is en je het geld niet acuut nodig hebt, laat je je portefeuille met rust.

Loterij of beleggen voor je kinderen

Wat gebeurt er als je tien jaar lang elke maand twee loten koopt voor € 30,-? Niks, een bak ijs of je wordt miljonair. Wat als je tien jaar € 30,- had belegd tegen 5 procent? Dan had je na tien jaar **€ 4650,-**.

Als je € 30,- had gespaard tegen 0 procent dan had je **€ 3600,-** op je rekening staan. Zowel bij beleggen als bij sparen zie ik een wit strand en palmbomen voor me. Dat is dus geen onbereikbare droom, maar een kwestie van doen en geduld. Heb je kinderen, dan kun je ook nadenken over hun spaarrekening. Je kunt elke maand € 50,- apart zetten tegen 1 procent tot hun achttiende. Dan heb je **€ 11.832,-**

Je kunt er ook voor kiezen om een beleggingsrekening te openen voor ze. Met een rendement van 3 procent is dat **€ 14.276,-** op hun achttiende.

6. Spreid de risico's

Zorg ervoor dat je je geld spreidt in verschillende mandjes. Door te spreiden demp je het risico, zodat je niet al je geld kwijt bent als het met één bedrijf niet goed gaat. Een mooie manier om je beleggingen te spreiden, is via een indexfonds (ook wel ETF of indextracker genoemd). Doordat je daarmee in veel bedrijven tegelijk investeert, spreid je het risico. Als je dan ook nog spreidt binnen beleggingscategorieën (aandelen, obligaties, vastgoed, crypto, goud of zilver) neemt je risico nog verder af.

Twee geldtypen die extra moeten oppassen: de Waaghals en de Controlfreak

Hoeveel vuistregels ik ook noem, uiteindelijk ben jij degene die het gaat doen. En dan kan het zomaar zijn dat er iets misgaat. Dat hoort erbij. Daarom is het ook zo belangrijk om bij beleggen klein en simpel te beginnen. En heel goed te beseffen dat er een verschil is tussen beleggen op de lange termijn en bijvoorbeeld handelen in cryptomunten op de korte termijn. Lees je in en ga er vooral mee spelen. Maar alleen met een klein bedrag! Oefen en onderzoek jezelf.

Let op als je hoog scoort op de Waaghals. Die steekt namelijk vaak de kop op bij beleggen. De Waaghals kent geen angst, rekent op hoge winsten en neemt daardoor grote risico's. De Controlfreak kan in een tunnelvisie terechtkomen en daardoor het grotere plaatje niet meer zien. Hebberigheid is een slechte raadgever. Dat geldt trouwens voor beide geldtypen. Ik begin met mijn eigen avontuur.

De Waaghals

Ik ben een groot voorstander van jezelf uitdagen en nieuwe dingen uitproberen. Gelukkig ken ik mezelf inmiddels een beetje. Zodra ik iets nieuws doe, begin ik klein. En dat was in dit geval maar goed ook. De Waaghals in mezelf meldde zich op een regenachtige zondagochtend. Zou het niet leuk zijn om me aan te melden bij een onlinebeleggingsplatform? Iedereen heeft het over Bitcoin en Ethereum. Ik wilde ook weleens wat cryptomunten verhandelen. Zonder enig voorbehoud ging ik enthousiast aan de slag. Ik startte met € 500,-. Dat was mijn oefengeld en ik kon het missen. Mijn doel: winst maken. En daar ging ik al meteen de mist in. Ik had me niet afgevraagd bij hoeveel winst ik zou stoppen. En ik had me al helemaal niet afgevraagd bij hoeveel verlies ik zou stoppen. Het kwam gewoon niet in me op dat ik zou verliezen. Ik, Eef van Opdorp, zou weleens even de koersen inschatten en voorspellen wat het goede moment was om een munt te kopen en verkopen. Want ik was toch zo goed in patronen herkennen!? En ik had ook nog eens een briljante strategie: laag inkopen en bij € 20,- winst meteen verkopen. Mijn strategie bleek ook echt te bestaan, een soort kaasschaafmethode. Steeds kleine beetjes winst afschaven.

Voor ik het wist had ik in drie weken tijd maar liefst € 750,- winst. Dat had ik in een handomdraai zelf geregeld. Mijn ego, de

Controlfreak, was hierover erg blij en tevreden. Die snelle winst kwam duidelijk door mijn unieke talent voor de cryptohandel. Aan zelfoverschatting had ik geen gebrek. Nu ik er met mijn volle verstand op terugkijk was het niks meer dan beginnersgeluk. Totdat er ineens enorme koerswisselingen ontstonden. Naar beneden toe, wel te verstaan. Mijn € 1250,- werd € 1100,- en daalde al snel naar € 1000,-. Het eerste wat ik 's ochtends deed was naar mijn mobieltje grijpen. Ik wilde het niet aan mezelf toegeven, maar ik werd er heel chagrijnig van dat mijn munten in de min stonden. Dat trok ik me persoonlijk aan. Je zou denken dat er toch niet zo heel veel aan de hand was. Ik had nog steeds € 500,- winst gemaakt. Maar ik deed niks. De dagen erop ging het snel, omdat de cryptomarkt zo volatiel is als een elastiek (hoge pieken en diepe dalen). Mijn munten liepen terug van € 1000,- naar € 800,- naar € 600,- naar € 500,-. En al die tijd heb ik nergens op een knop gedrukt om de boel te verkopen. Om in ieder geval een beetje winst te pakken. En waarom deed ik dat niet? Ik wilde die 750,- die ik in het begin had verdiend terug. Ik was hebberig. Ik durf het hier bijna niet te zeggen, maar twee weken later stond er nog maar € 300,- op mijn rekening. Had iemand me een maand vóór dit avontuur gevraagd of ik € 250,- zou willen door op een knop te drukken, dan had ik ja gezegd. Maar in het echt gedroeg ik me volkomen irrationeel. Ik werd geleid door hebzucht. Ik wilde mijn totale kortstondige winst terug en nam met minder geen genoegen. En dat werd uiteindelijk afgestraft met een verlies van € 200,-.

Ik werd negatief beïnvloed door de cryptorollercoaster. Ik ontdekte mijn minder rooskleurige kanten: knorrig, hebzuchtig en ontevreden. Zo wil ik helemaal niet zijn, dus ik heb de boel stopgezet. Mijn conclusie is dat ik in essentie een reptielerige, emotionele belegger ben. Dat gaat ten koste van mijn denkende brein. Dus ik ga dat niet meer doen. Schoenmaker, blijf bij je leest. Ik heb een herwaardering opgevat voor mijn oerdegelijke beleggingsfonds. Dat heeft de Held in mij al jaren geleden geregeld: ik leg maandelijks een bedrag in en krijg één keer per jaar een mailtje met een jaaroverzicht. Hoe saaier de beleggingsstrategie, hoe beter.

De Controlfreak

Ooit kwam ik in aanraking met een man die altijd voor een dubbeltje op de eerste rij wilde zitten.

De overheid en andere instanties waren tegen hem. Ze wilden altijd maar meer van hem hebben. Meer belasting, meer gegevens, meer regelgeving, hij werd er niet goed van. Iedereen wilde altijd maar van alles van hem. Daarom had hij er een sport van gemaakt om zo min mogelijk te geven. Hij betaalde rekeningen expres te laat, om de ander geen voordeel te laten hebben van zijn geld. De wereld was slecht en 'de mensen' werden steeds asocialer, volgens hem. Ik vroeg wat-ie dan zelf deed voor anderen, vrijwilligerswerk of zo? Dat was meteen het einde van het gesprek. Hij vroeg zich af of ik nou helemaal gek geworden was.

Ondertussen zat-ie daar hele dagen zuur te zijn achter zijn computer. In zijn eigen ik-weet-het-beter-dan-de-rest bubbel. Let wel, dit was een heel slimme man, die ooit zijn eigen huis had gebouwd. Dat huis had-ie verkocht voor ruim € 450.000,-. Dat geld was nu voor hem aan het werken. Na een ellenlange speurtocht had-ie namelijk de perfecte belegging gevonden. Deze gewiekste man, die elk dubbeltje omdraaide en elke gemeentelijke regeling aanvocht, koos voor slechts één soort belegging: vastgoed in Brazilië. De reden dat hij daarvoor koos was een rendement van 10 procent. Daar heeft-ie zich op blindgestaard. Niks spreiden van zijn geld in verschillende mandjes. Deze financieel ontwikkelde man zette al zijn geld op het spel om nog meer te krijgen. Hij wilde het hoogste rendement. En uiteindelijk eindigde hij met niets. In zijn geval was zijn geld in rook opgegaan door fraude. Hij wordt elke ochtend wakker met het gegeven dat € 450.000,- weg is door eigen toedoen. Hoe meer risico je neemt, hoe meer je kan verliezen. 10 procent was misschien ook wel iets te mooi om waar te zijn? Gelukkig was zijn wereldbeeld al niet zo positief, dus daar had-ie dan toch weer zijn eigen gelijk.

De Held

Tijdens mijn werk kom ik allerlei mensen tegen. Zo ook de voorzitter van een jongerenbeleggingsclub bij een universiteit. Ik zag al aan haar manier van kijken dat ze hyperintelligent is. Ze heeft ook nog eens een groot hart. Ze helpt andere jongeren meer grip te krijgen op hun geld. Ik vroeg deze Held wat handig is om te doen als je start met beleggen. Hieronder haar verhaal.

Keep It Stupid Simple (KISS)

Wil je over twee jaar op wereldreis? Dan ga je niet beleggen. Je beleggingstermijn is te kort. Beleggen gaat over geduld hebben. Rendement halen op de lange termijn. Dat is niet spannend, maar zo werkt het wel. Hoe meer tijd je hebt, hoe meer risico je kunt nemen, omdat je schommelingen op de beurs door de jaren heen kunt opvangen. Hoe korter je beleggingstijd, hoe defensiever je profiel. Dat is het veiligst. Beleggers hebben het dan over de *steady risk return*. Hoe defensiever je belegt, hoe minder kans je hebt om veel geld te verdienen. Maar ook hoe meer kans je hebt om weinig te verliezen. Warren Buffet, de koning in de beleggingswereld, heeft er wel iets goeds over te zeggen: *Regel 1: Verlies nooit geld. Regel 2: Vergeet nooit regel 1.* Je kunt beleggen zo ingewikkeld maken als je zelf wilt. Er zijn duizenden boeken over geschreven. Maar uiteindelijk is het een kwestie van beginnen, de eerste stap zetten. En als het niet bij je past, dan stop je ermee. Maar dat weet je pas als je het probeert.

Je start dus met een laag risicoprofiel. Je beleggingswoorden zijn: simpel, makkelijk en toegankelijk. Als je niet begrijpt wat je doet, doe het dan ook niet. Je kunt wel zelf het wiel willen uitvinden, maar waarom moeilijk doen als het makkelijk kan? De meest veilige en simpele manier om te gaan beleggen is: starten met ETF's. Dat is een fonds, een potje waar allerlei verschillende bedrijven in zitten. Je hoeft dan geen verstand te hebben van al die bedrijven. Je hoeft niks te analyseren, je niet zelf het hoofd te breken over winst-en-verliesrekeningen. Vaak gaat het bij beginners mis omdat ze kennis missen en het geheel niet overzien. Je kunt zelf vaak onvoldoende inschatten waarom de markt schommelt, hoe de wereldeconomie beweegt. McDonald's verdient bijvoorbeeld niet per se geld met hamburgers, maar wel met vastgoed. Maar beginners gaan bijvoorbeeld drie bedrijven zoeken om in te beleggen. Dat is net zoiets als zelf drie bomen kopen, terwijl je tot nu toe geen verstand hebt van bomen. Je kunt beter naar Staatsbosbeheer gaan en daar een stukje bos kopen (een ETF). Of een Amerikaans bos met de top 500 van Amerikaanse bedrijven. Om ETF's te kopen kun je terecht bij een broker of bij een bank. Er zijn zeven grote brokers die ETF's aanbieden. Bij de een kun je gratis verhandelen en bij de ander betaal je transactiekosten. Of geen transactiekosten, maar wel een percentage als je geld wilt opnemen. Hoe dan ook: wat belangrijk is, is dat je ETF's koopt. De strategie is als volgt:

1. Meld je aan bij een broker of bank. Dat is eenmalig een administratieve klus. Je hebt je paspoort etc. nodig. Als je bent aangemeld kun je aan de slag.

2. Elke maand koop je op een vast moment voor een vast bedrag ETF's. Bijvoorbeeld: elke 24e van de maand koop ik voor € 200,- ETF's.

3. Je opent je beleggingssite, je maakt het geld over en je sluit de site. Je kijkt niet naar de actuele stand van de aandelen. Daar heb je geen boodschap aan, want je belegt voor de lange termijn.

4. Als je via een broker belegt kun je de ETF's niet automatisch kopen. Dus heb je zelfdiscipline nodig. Openen, overmaken en sluiten. Bij een bank kun je een bedrag instellen dat je elke maand automatisch overmaakt. Dan regelt de bank het voor je; dat kost je wel iets meer geld.

Als je alleen maar belegt in een paar specifieke bedrijven, dan ben je kwetsbaar. Als er iets gebeurt in de markt waardoor je beleggingen dalen, moet je daarnaar handelen. Of juist niet. Daarvoor is kennis nodig van de wereldeconomie en zelfkennis. Wanneer verkoop je of juist niet? Dat is het mooie aan ETF's. Je hebt je aandelen gespreid. Er kan een stukje van de wereld instorten, maar niet de hele wereld tegelijk. Als dat wel zo is, dan zijn we sowieso allemaal de klos.

Je weet nu in grote lijnen welke opties er zijn om jezelf financieel vrij te maken. Financieel vrij zijn is voor iedereen anders, dus kies vooral wat bij jou past. Zet steeds weer een stap, zodat je voldoende geld hebt om zelf te bepalen hoe je graag leeft. Om te gaan en staan op de manier die jij wilt, waar jij je goed bij voelt. Als je de bladzijde omslaat start je met het invullen van je droomleven. Dat kan groots en meeslepend zijn of supersimpel en eenvoudig. Als het maar jouw droomleven is.

Geldplan voor een tevreden toekomst

Je weet het, een droom zonder plan blijft een eeuwige wens. Jij gaat je dromen wel waarmaken, want jij hebt zo meteen een plan. Je eigen geldplan. Je hebt jezelf beter leren kennen en daardoor kun je nu met een frisse blik naar de toekomst kijken. Als je de moeite neemt om voor jezelf uit te stippelen waar je naartoe wilt, dan zal dat zijn vruchten afwerpen. Denk maar aan to-dolijstjes. Nadat je hebt opgeschreven wat je moet doen, sjef je die dingen ook. Je kunt dan al die mini-doelen doorstrepen. Zo gebeurt dat ook in het groot met je geldplan. Je kunt de werkelijkheid naar je hand zetten door te focussen op wat je wél wilt. Omdat je hebt opgeschreven wat er moet gebeuren, gebeurt het meestal ook. De werkelijkheid wikkelt zich om jouw doelen heen. Gebruik je instinct, je gevoel en je verstand om te beschrijven en uit te tekenen waar je naartoe wilt. Omarm geld als een prachtig middel om het leven te leiden dat bij jou past. Zet je denkende brein aan en laat je verrassen door al het moois dat nog gaat komen.

Ik wens je heel veel durf, nieuwsgierigheid en geldplezier!

PS Vertrouw op jezelf, je kunt dit.

Do. Or do not. There is no try. – Yoda

HOOFDSTUK 10

GELDPLAN

Je geldplan is niets anders dan een manier om letterlijk in kaart te brengen wat je belangrijk vindt in je leven. Bij het maken van je geldplan mag je zoveel fantaseren als je wilt. Misschien heb je weinig te wensen en alleen wat kleine dromen. Of juist een paar heel grote. Neem rustig de tijd om hiermee aan de slag te gaan. Het is helemaal niet vreemd als je er meerdere dagen op 'broedt'. Stel dat je een dag minder wilt werken, dan is de kans aanwezig dat je dat idee bij voorbaat uitsluit. Omdat het onmogelijk lijkt. Als je twijfelt of denkt dat het niet kan, schrijf het dan juist wel op. Geef jezelf de ruimte en tijd om groot te dromen.

Vervolgens werk je uit hoe je je dromen waarmaakt door ze te vertalen in doelen, plaatjes en stappen. Je hebt korte, middel- en langetermijndoelen. Afhankelijk van hoe lang je erover doet om ze te bereiken. Daar hang je een prijskaartje aan. Vervolgens hak je je doel in hapklare brokken (bedragen) per maand en zorg je ervoor dat je je beloningscentrum blijft prikkelen. Zodat je de kans vergroot dat je het volhoudt. Als je wilt dat je dromen uitkomen, dan is het een kwestie van doen. Doen wat werkt voor jou. Zoek support bij de mensen om je heen die jou het beste gunnen. Die niets liever willen dan dat jij je doelen haalt. Start een geldclubje waarin je elkaar helpt en meedenkt om doelen te halen. Samen heb je zo veel meer denkkracht en stimulans om dingen voor elkaar te krijgen. Nog los van al het plezier dat je zult hebben. Het gaat er niet om wie er meer of minder verdient, het gaat erom dat je elkaar verrast met het delen van ervaringen, kennis en manieren om geld voor je te laten werken. Dat je elkaar stimuleert om een positieve en krachtige relatie met geld te krijgen en te houden.

Vaste ingrediënten voor je geldplan

Mijn geldovertuiging is:

Budgetoverzicht:
Per maand in
Per maand uit
Per maand over € .... (dit bedrag verdeel ik over mijn doelen)

Ik bespreek mijn doelen met:
- o vriend(in)
- o partner
- o ouders
- o geldclub of beleggingsclub
- o adviseur
- o anders (afhankelijk van je doel)

Vier stappen om je doel te bereiken

Maak gebruik van je denkkracht en wees je bewust van je eigen gedrag. Iedereen is anders, maar om de kans te vergroten dat jij je doelen waarmaakt zijn er vier stappen die helpen. Stel je voor dat je medium doel het verbouwen van je tuin is. Dan zeg je niet 'ik ga sparen', maar maak je het concreet: 'Voor mijn tuinverbouwing spaar ik de komende 24 maanden elke maand € 250,-. Aan het einde van de rit heb ik dan € 6000,-.'

De volgende stappen zorgen ervoor dat je de eindstreep ook haalt.

Stap 1: Prikkel je reptielenbrein met een plaatje van je doel. Zet bijvoorbeeld op je startscherm een foto van je lievelingstuin.

Stap 2: Maak je spaarproces leuk, zodat je gemotiveerd blijft om je doel te halen. Spaar samen met een vriendin (ook al hebben jullie verschillende doelen) of je partner. Beeld jezelf in hoe het eruitziet als je je doel behaalt. En voel hoe het is als je doel is behaald. Dit vergeten we vaak, terwijl dat juist steeds weer een goed gevoel geeft.

Stap 3: Kom in actie en maak het jezelf zo gemakkelijk mogelijk. Wat automatisch kan, doe je ook automatisch. Sluis elke maand automatisch je spaarbedrag door naar je spaarrekening. Je hakt je grotere doel in kleine stukjes. Zo is het geen zevenmijlslaarsstap maar steeds een kleine stap die je zet.

Stap 4: Stimuleer je beloningscentrum. Twee jaar lang elke maand € 250,- apart zetten is soms lastig. Beloon jezelf tussentijds met een zelfgemaakt etentje, een goed boek, een plantje of een compliment aan jezelf omdat je het volhoudt. Dat vergroot de kans dat je slaagt.

Begrijp je gedrag: anticiperen op valkuilen

Dit klinkt allemaal heel gemakkelijk en logisch. Maar waarom sneuvelen dan toch zo veel doelen onderweg? Stel jezelf eens tien personen op een rij voor. Alle tien hebben ze hetzelfde doel: sparen voor een auto. Je kunt nu al een kruis zetten door acht van de tien mensen. Slechts twee ervan zullen hun spaardoel wel halen. Waarom lukt het alleen die twee wel? Naast de vier stappen stellen ze zichzelf de juiste vraag: waardoor gaat mijn plan niét lukken? Waar zitten mijn valkuilen? Waar ga ik misschien de mist in? Wanneer kom ik in de verleiding om toch even wat geld van mijn spaarrekening te halen?

Juist degenen die van tevoren nadenken over de valkuilen hebben een grotere kans om te slagen. Dat komt doordat ze zich extra bewust zijn van hun zwaktes. En dat is goed, want dan kun je eromheen fietsen. En als je dan toch in je eigen valkuil trapt, dan is dat niet zo erg omdat je het al had voorzien. Je valt er minder van achterover. Het is geen verrassing en het voelt dan ook minder heftig. Een kleine tegenslag hoort bij het proces om je langetermijndoel te bereiken. Je valt een keer en dan sta je weer op. Je gaat door waar je gebleven was. Als je niét hebt nagedacht over je eigen valkuilen, dan ben je wel verrast. Grote kans dat je je teleurgesteld voelt in jezelf en er het liefst meteen mee wilt stoppen. En dat is hartstikke jammer. Dus anticiperen, leren en weer doorgaan is het devies, zodat jij bij die twee van de tien hoort die het wel lukt.

Drie soorten doelen

Als je klein begint, krijg je vanzelf de smaak te pakken.

Kort: kortetermijndoelen (wandelschoenen, weekendje weg, fiets)
Middel: middellange termijn (verbouwing, auto, keuken, studie)
Lang: langetermijndoelen (appartement, pensioen, minder werken)

Je vindt achter in dit boek een uitklapbaar invulschema. Schrijf, teken, plak, kras, denk, voel, doe en reken. Je mag je geldplan aanpassen en veranderen. Niets is in beton gegoten. Het gaat erom dat je begint. Of zoals auteur Stephen Covey het zou hebben gezegd: '*Begin with the end in mind.*'
Succes, en geniet ervan!

NAWOORD

Mijn romantische idee van ik-schrijf-een-boek-en-loop-over-van-inspiratie-en-geniet-met-volle-teugen-van-al-die-schrijfmomenten heeft precies één dag geduurd. De dag dat ik van de uitgeverij hoorde: we geloven in je idee, ga het maar doen. De uitvoering was pittiger dan ik had gedacht. Maar het heeft me zoveel meer gebracht dan een boek. Mijn faalangst is overwonnen (voor nu), ik heb meer zelfvertrouwen en ben zo blij met iedereen om me heen. Al deze grote cadeaus kon ik alleen maar uitpakken door jullie. En met jullie bedoel ik:

Deborah Price, de oprichter van The Money Coach Institute, die mijn pad kruiste. Jij hebt ervoor gezorgd dat het zaadje werd geplant voor dit boek. Jouw kennis en kunde gaat kilometers verder dan de geldtypen. Juist de spirituele, innerlijke kracht, daar gaat het om.

Tanya en de anderen uit mijn coachpraktijk: geweldig dat ik jullie ervaringen mocht beschrijven. Ik ben ervan overtuigd dat lezers hierdoor met meer compassie naar zichzelf kijken. Zodat er ruimte komt voor een nieuw perspectief.

En Sacha, je inzet voor Humanitas en jongeren en je kennis over beleggen zijn goud waard.

De uitgeverij die besloot dat dit boek er mocht komen. Het geduld, het begrip en de lieve kaartjes en bloemen van Antje en haar team. En de glinstering in Antjes ogen toen we praatten over dit boek.

Mijn bijzondere dank gaat uit naar Hester, mijn eindredacteur. Wat ben je slim, goed in je werk en lief. Je hebt mij een onzichtbare basis gegeven waarin ik mocht vallen en weer opstaan. Zodat ik uiteindelijk die hele kleine laatste punt kon zetten.

Het hele team van *Uitstel van Executie* is me dierbaar. Door de jaren heen ben ik met jullie volwassen geworden: met Jan, Alice, Wicher, Sacha en alle anderen achter de schermen. Dankjewel voor alle lol, levenservaring en kracht. Zonder jullie was dit boek er niet geweest.

En nee heren, ik vergeet jullie niet! Martijn mijn jungske, Alex met je wijsheid en Duncie met je kleine grote hart: dank dat jullie bestaan. We hebben het geflikt, we hebben het beter gemaakt voor een heleboel mensen. En die ervaring zit nu in dit boek.

Mijn vrienden. Ik noem hier vooral degenen die het meest last hebben gehad van de fases waarin ik het liefst wilde kappen met het boek. De drie musketiers Betje, Schweinie en Meul. Dankjewel voor jullie eerlijkheid, humor en vriendschap. Jullie zijn mij toetsstenen, al meer dan 35 jaar. Annique die me steeds weer een nieuwe blik op mezelf geeft. Wat ben ik blij dat je er bent. Jouw vertrouwen gaf mij vertrouwen.

Wat ben ik dankbaar voor die bloemkool-knoflookpasta van jou, Katja. Omdat die staat voor de momenten waarop je je leven definieert en er vervolgens keihard om lacht. En dankjewel Monique, voor de vele wandelingen, waarin niks maar ook alles gezegd kon worden. Dat gaf me precies de energie om door te gaan.

De lieve Opdorpjes Jan, Cheryl, Julia en Lucas. Die me warm hielden toen het koud was. Wat ben ik blij met de ijzersterke band die we hebben. Die we meekregen van mijn ouders. Wat zullen ze vol trots naar beneden kijken, als we weer een weekendje weg zijn.

Want ja, mam, het is geoorloofd om gelukkig te zijn. En wat een geluk dat we zo lang van jullie mochten genieten. Dit boek is ons boek.

En tot slot: mijn rots in de branding, Cilla. Die geruisloos mijn onzekerheden gladstrijkt en het leven zo makkelijk en mooi maakt.

Mijn zoons Zef en Romein die bij het ontbijt gratis tips uitdelen: 'Mam, wat doe je nou moeilijk? Wij móéten naar school, wij móéten de hele tijd toetsen doen die we niet willen. Hak dat boek gewoon in kleine stukken. Dan ben je er vanzelf ooit klaar mee. En word je hier trouwens miljonair van?'

Jouw geldplan

KORT

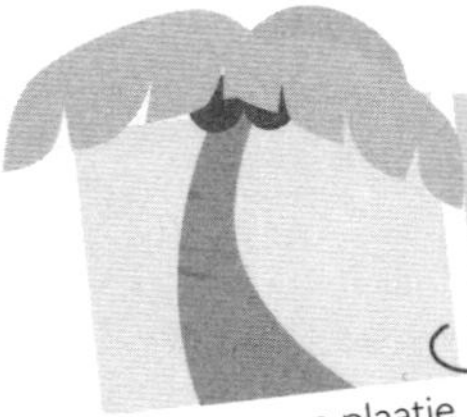

plak hier een plaatje van jouw doel!

met wie? ______________

€ ______________

1 jaar

jan feb mrt apr mei juni juli aug sept okt nov **dec**

plak hier een plaatje van jouw doel!

met wie? ______________

€ ______________

5 jaar

jan feb mrt apr mei juni juli aug sept okt nov de

plak hier een plaatje van jouw doel!

met wie? ______________

€ ______________

20 jaar

jan feb mrt apr mei juni juli aug sept okt nov de

Mijn

GELDPROFIEL

Mijn geldplan

Mijn geldmotto

Mijn geldtypen

- O Magiër
- O Held
- O Controlfreak

IN

€

UIT

€

Wie support je bij je doelen?

- O ouders
- O partner
- O vrienden
- O beleggingsclubje
- O financieel adviseur

Doelen

KORT

MIDDEL

LANG

MIDDEL

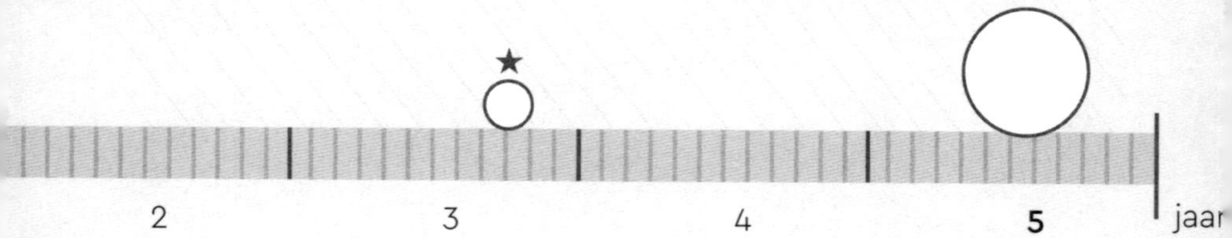

LANG

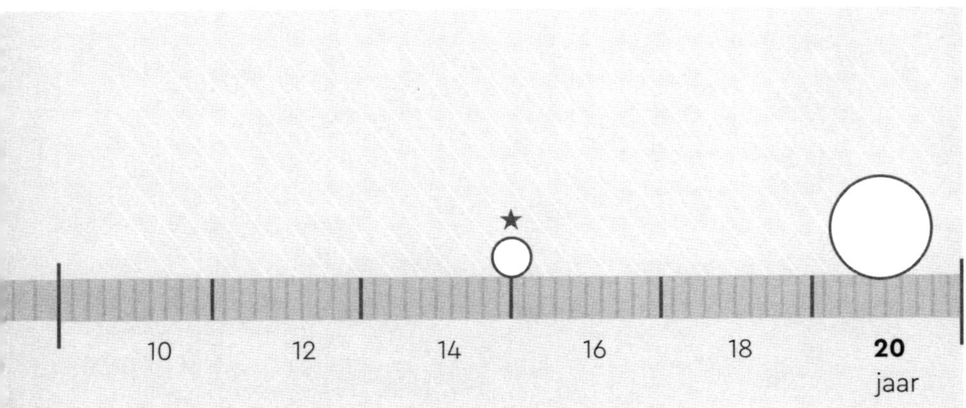